Bernd Traxl (Hrsg.)

Körpersprache, Körperbild und Körper-Ich

Die Bedeutung des körperlich-psychischen Zusammenspiels zeigt sich entlang aller Entwicklungsstadien vom pränatalen Leben, über die Säuglingszeit, der frühkindlichen Entwicklung, Schul- und Latenzzeit bis hin zur Adoleszenz. Die Fallbeispiele aus Säuglings-Eltern-Behandlungen, Kinder- und Jugendlichen-Psychotherapien lassen die Vielschichtigkeit einer Bedeutungsmatrix erkennen, die entlang unserer Entwicklung, im Zwischenland von Körper und Psyche, entsteht.

Gerade im Hinblick auf das Säuglings- und Kleinkindalter und deren Auswirkungen auf die weiteren Entwicklungsprozesse gilt es, die komplexe Verschränkung von Psyche und Soma in ihrer interaktionellen und intersubjektiven Genese zu verstehen. Die wesentliche Aufgabe der Psychoanalyse liegt vor allem darin, die Bedeutung dieser körperlich-psychischen Prozesse vor dem Hintergrund ihres biographischen Gewordenseins zu verstehen.

Die Autorinnen und Autoren nähern sich, aus ihrer jeweiligen Forschungs- und Praxisperspektive, dem komplexen Zusammenspiel körperlicher und psychischer Prozesse an. Dabei werden vor allem jene Verläufe im Kindes- und Jugendalter beleuchtet, bei denen es zu psychosomatischen Reaktionen, somatoformen Verarbeitungsvarianten und physiologischen Regulationsstörungen kommt.

Der Herausgeber:

Bernd Traxl, Prof. Dr., Heilpädagoge und Psychoanalytiker für Kinder, Jugendliche und Erwachsene; tätig an den Universitäten Innsbruck und Mainz, jetzt Professur an der Medical School Berlin. Seit 2015 Leitung der Kinderpsychoanalytischen Konferenz am Mainzer Psychoanalytischen Institut, im Wissenschaftlichen Beirat der Zeitschrift *Kinder- und Jugendlichen-Psychotherapie. Zeitschrift für Psychoanalyse und Tiefenpsychologie,* zahlreiche Veröffentlichungen zum Kindes- und Jugendalter.

Bernd Traxl (Hrsg.)

Körpersprache, Körperbild und Körper-Ich

Zur psychoanalytischen Therapie
körpernaher Störungsbilder
im Säuglings-, Kindes- und Jugendalter

Mit Beiträgen von
Elisabeth Brainin, Susanne Hauser,
Agathe Israel, Sabine S. Klemz,
Maria Rhode, Catharina Salamander,
Katarzyna Schier, Viktoria Schmid-Arnold,
Christian Schubert, Magdalena Singer,
Angelika Staehle, Bernd Traxl

Brandes & Apsel

Auf Wunsch informieren wir Sie regelmäßig über Neuerscheinungen
in dem Bereich Psychoanalyse/Psychotherapie – Globalisierung/
Politisches Sachbuch/Afrika – Interkulturelles Sachbuch –
Sachbücher/Wissenschaft – Literatur.

Bitte senden Sie uns dafür eine E-Mail an info@brandes-apsel.de
mit Ihrem entsprechenden Interessenschwerpunkt.

Gerne können Sie uns auch Ihre Postadresse übermitteln,
wenn Sie die Zusendung unserer Prospekte wünschen.

Außerdem finden Sie unser Gesamtverzeichnis mit aktuellen
Informationen im Internet unter: www.brandes-apsel.de

1. Auflage 2016
© Brandes & Apsel Verlag GmbH, Frankfurt a. M.
Alle Rechte vorbehalten, insbesondere das Recht der Vervielfältigung
und Verbreitung sowie der Übersetzung, Mikroverfilmung, Einspeicherung
und Verarbeitung in elektronischen oder optischen Systemen, der öffentlichen
Wiedergabe durch Hörfunk-, Fernsehsendungen und Multimedia sowie
der Bereithaltung in einer Online-Datenbank oder im Internet zur Nutzung
durch Dritte.
DTP und Umschlag: Felicitas Alt, Brandes & Apsel Verlag,
unter Verwendung des Bildes *black and violet* (1923)
von Wassily Kandinsky.
Druck: STEGA TISAK d.o.o., Printed in Croatia
Gedruckt auf einem nach den Richtlinien des Forest Stewardship
Council (FSC) zertifizierten, säurefreien, alterungsbeständigen
und chlorfrei gebleichten Papier.

Bibliografische Information der Deutschen Nationalbibliothek:
Die Deutsche Nationalbibliothek verzeichnet diese Publikation
in der Deutschen Nationalbibliografie; detaillierte bibliografische
Daten sind im Internet über www.ddb.de abrufbar.

ISBN 978-3-95558-181-7

INHALT

Bernd Traxl

EINFÜHRUNG –
IM ZWISCHENLAND VON KÖRPER UND PSYCHE

Die Psychoanalyse ist seit jeher eng mit der Frage des Somatischen verbunden. Insbesondere im Verständnis der Anfänge alles Psychischen ist die Beschäftigung mit körperlichen Prozessen essentiell. Dies gilt einerseits für die grundlegende Konzeption des Triebs als ein »Grenzbegriff zwischen Seelischem und Somatischem« (Freud, 1915), aber auch für das Verständnis des Ichs »als vor allem ein körperliches« (Freud, 1923). Die komplexe Verschränkung von Psyche und Soma hat in weiterer Folge Generationen von PsychoanalytikerInnen beschäftigt. Teilweise verschränkt mit einer durch die bildgebenden Verfahren boomenden Neuropsychologie, entwickelte sich auch das psychosomatische Gesamtverständnis kontinuierlich weiter. Die grundlegenden Funktionszusammenhänge geben jedoch bis heute große Rätsel auf. Gerade im Hinblick auf das Kindesalter und dessen Auswirkungen auf die weiteren Entwicklungsprozesse gilt es noch vieles von der komplexen Verschränkung zwischen Psyche und Soma in ihrer interaktionellen und intersubjektiven Genese zu entdecken.

Dies ist auch das Anliegen des Buches und der Beiträge, die hier versammelt sind. Sie alle haben gemein, dass sie sich mit der Bedeutung der Körperlichkeit im Entwicklungsverlauf des Kindes- und Jugendalters auseinandersetzen. Das Somatische stellt einerseits eine Bedingung für psychisches Erleben dar, wird aber seinerseits kontinuierlich durch psychische Prozesse geformt. Über die gesamte Lebensspanne hinweg bleiben diese Vorgänge relevant, stellen jedoch im Kindes- und Jugendalter die maßgeblichen Moderatoren der weiteren Entwicklung dar. Dies wird insbesondere dann deutlich, wenn es zu Beeinträchtigungen in Form von psychosomatischen Reaktionen, somatoformer Verarbeitung oder physiologischen Regulationsstörungen kommt.

Die AutorInnen dieses Buches nähern sich dem komplexen Zusammenspiel körperlicher und psychischer Prozesse aus ihrer jeweiligen Forschungs- und Praxisperspektive. So beschreiben am einen Ende des Spektrums Christian Schubert und Magdalene Singer die neuroimmunologischen Reaktionen, die Stress, Traumata und Verwahrlosung im Kindesalter auslösen können und welche Langzeitfolgen damit in Verbindung gebracht werden. Am anderen Ende des Spektrums ist der Beitrag von Maria Rhode anzusiedeln, der sich mit dem Körperbild auf rein phantasmatischer Ebene beschäftigt. Basierend auf den verdichteten Erfahrungen im psychoanalytischen Prozess, beschreibt die Autorin die potentiellen Phantasien und das Erleben von Kindern im Autismusspektrum. Zwischen diesen beiden Polen, somatisch-medizinischer Forschung einerseits und psychoanalytischer Erfahrung andererseits, bewegen wir uns zwangsläufig, wenn wir uns mit der Thematik von Körpersprache, Körperbild und Körper-Ich beschäftigen. Einige der AutorInnen, speziell VertreterInnen aus der Medizin, integrieren in ihren Beiträgen sowohl die neurologische Basis als auch genuin psychoanalytisches Verstehen. So führt uns beispielsweise Agathe Israel sehr detailliert in die neurobiologischen Prozesse der Selbstwerdung ein, bevor sie die Brücke zur psychoanalytischen Theorie schlägt. Insgesamt zeigt sich, über alle Beiträge hinweg, der Versuch mittels eines differenzierten, psychodynamischen Verständnisses den Entwicklungsprozessen von Körper und Psyche näherzukommen. Auch wenn es in den meisten Beiträgen zu einem übergreifenden und integrativen psychodynamischen Verständnis kommt, wird ebenso offensichtlich, wie unterschiedlich das psychoanalytische Grundverständnis und die theoretischen Präferenzen der AutorInnen sein können: von der klassischen Triebtheorie, über die postkleinianische Perspektive bis hin zu Beiträgen, die stärker interaktionistisch geprägt sind.

Anliegen des Buches ist es zudem, neben diesen unterschiedlichen Zugängen, auch die Bedeutung des körperlich-psychischen Zusammenspiels in den unterschiedlichen Entwicklungsstadien aufzuzeigen: vom pränatalen Erleben, über die erste Säuglingszeit, der frühkindlichen Entwicklung, der Schul- und Latenzzeit bis hin zur Adoleszenz. Die Fallbeispiele der AutorInnen aus Säuglings-Eltern-Behandlungen, Kinderpsychotherapien und Jugendlichen-Psychoanalysen lassen damit die Bandbreite und Vielschichtigkeit einer Bedeutungsmatrix erahnen, die entlang unserer ontogenetischen Entwicklung zwischen Körper und Psyche entsteht.

Christian Schubert und Magdalene Singer eröffnen das Buch von neuro-immunologischer Seite. Auf Basis aktueller Forschungsarbeiten machen sie uns einerseits mit den grundlegenden neuroimmunologischen Vorgängen und andererseits mit den wesentlichen Zusammenhangsfaktoren von Psyche und Soma vertraut; die Teildisziplin der Psychoneuroimmunologie scheint den wesentlichen psychosomatischen Vorgängen Schritt für Schritt näherzukommen. Mit ihrem Beitrag »Die Psychoneuroimmunologie des frühen Traumas« konzentrieren sich die AutorInnen vor allem auf die Auswirkungen früher aversiver Entwicklungserfahrungen, die in Form von unreguliertem Stress immunologische Abwehrreaktionen auslösen können. Dies kann bei langfristigen oder stark traumatischen Belastungsfaktoren zu einer grundlegenden Funktionseinschränkung des Stressregulationssystems führen. So weisen insbesondere Kinder, die früh aversivem Stress wie Misshandlungen ausgesetzt waren, auch noch im späteren Leben langfristige endokrine und immunologische Veränderungen auf. Anhand zahlreicher Untersuchungen belegen sie eindrucksvoll die klassische psychoanalytische These der massiven Auswirkungen früher Erfahrungen auf das gesamte spätere Leben. Daraus folgt, auch aus psychoneuroimmunologischer Perspektive, so früh wie möglich in belastete und potentiell schädliche Familiensysteme therapeutisch einzugreifen, ein Grundsatz dem aus kinder- und jugendpsychoanalytischer Perspektive nur zugestimmt werden kann.

Anknüpfend an den vorigen Beitrag nähert sich Agathe Israel ebenfalls zuerst von der somatischen Seite. In Ergänzung zu Christian Schubert und Magdalene Singer beschreibt sie jedoch vor allem die neurologischen Grundlagen, auf denen Wahrnehmung, Selbstentwicklung und Objektbeziehung gründen. Ihr Beitrag bildet nun die Brücke zu einem genuin psychodynamischen Verständnis und legt damit die Grundlage für eine Vereinbarkeit beider Perspektiven dar. Um das Schicksal des Körperlichen zu beantworten, befasst sie sich mit den frühesten Objektbeziehungen im Rahmen der psychischen Entwicklung. Jedoch nicht aus einer Außenperspektive, wie wir es aus der klassisch-psychologischen Säuglingsbeobachtung kennen, sondern im Versuch einer Beschreibung innerer Prozesse, in der Präkonzeptionen auf emotionale Erfahrungen und Projektion auf Containment treffen. Mit der Fokussierung subjektiven Erlebens eröffnet sie eine Tiefendimension, die in herkömmlichen Betrachtungsweisen von Mutter-Säuglings-Interaktionen vielfach fehlt. Mit Hilfe zahlreicher Fallbeispiele aus der psychoanalytischen Säuglings-Kleinkind-Eltern-Psychotherapie werden uns das potentielle Erleben von Säuglingen, Gefährdungen der Entwicklungsverläufe, aber auch therapeutische Herausforderungen nähergebracht. Damit zeigt die Autorin sehr anschaulich die Verwobenheit körperlich-psychischer Prozesse in den frühen, interaktionellen Beziehungsepisoden zwischen Säuglingen und ihren Bezugspersonen auf.

Die frühesten Interaktions- und Entwicklungsprozesse sind auch das zentrale Thema im Beitrag von Susanne Hauser, Catharina Salamander und Viktoria Schmid-Arnold. Als Team der »Babyambulanz« der Münchner Arbeitsgemeinschaft für Psychoanalyse fragen sie sich gemeinsam, wie es im Laufe der Entwicklung zu einer lustvollen Aneignung des eigenen Körpers kommen kann. Als theoretischer Bezugsrahmen dienen ihnen hierbei die Konzepte des »imaginären Kindes« von Lebovici und der »rätselhaften Botschaften« von Laplanche. Anhand von klinischem Material aus der psychoanalytischen Arbeit beschäftigen sie sich mit gelingenden und misslingenden körperlich-sinnlichen Austauschprozessen zwischen Kind und Eltern. Insbesondere wird die entwicklungsrelevante Bedeutung vorgeburtlicher Phantasien, traumatischer Erfahrungen und inadäquater Feinabstimmungen evident. In den zahlreichen Fallvignetten aus der Babyambulanz wird schließlich auch anschaulich dargestellt, wie TherapeutInnen sowohl als neues mütterliches Modell für eine lustvolle, spielerische Beziehungsebene als auch als eine Mittlerin zwischen Kind und Eltern fungieren können.

Die in den vorhergehenden Beiträgen fokussierten Mutter-Säuglings-Interaktionen werden von Katarzyna Schier durch eine Langzeitperspektive ergänzt. Es geht nun also um die Auswirkungen früh gestörter Entwicklungsprozesse auf den weiteren Entwicklungsverlauf im Kindes- und Jugendalter (bis hin zum Erwachsenenalter). Dabei konzentriert sich Katarzyna Schier vor allem auf den Zusammenhang von pathologischen elterlichen Zuschreibungen und psychosomatischen Störungen von Kindern. Mittels klassischer klinisch-psychologischer Forschung können diese Zusammenhänge mittlerweile gut belegt werden. So konnte Katarzyna Schier in mehreren Studien nachweisen, dass Parentifizierungsphänomene nicht nur die Wahrscheinlichkeit erhöhen, sich depressiv zu entwickeln, sondern darüber hinaus auch mit dem Auftreten somatoformer Schmerzen als auch mit vegetativen Symptomen wie Schwindel, Übelkeit, Herzklopfen, Herzrasen und Magenproblemen assoziiert sind. Solche psychosomatischen Zusammenhänge werden von der Autorin auch anhand eines Fallbeispiels aus der eigenen psychoanalytischen Praxis beschrieben. Zuschreibungen und Parentifizierungen müssen, wie die Autorin jedoch abschließend aufzeigt, nicht unbedingt nur einen pathologischen Verlauf nehmen, sondern können unter bestimmten Bedingungen auch entwicklungsförderliches Potential besitzen.

Auch bei Angelika Staehle geht es gewissermaßen um die Kompensation elterlicher Funktionen. In ihrem Fallbeispiel eines Mädchens im Latenzalter waren bereits die frühen Interaktionsprozesse zwischen Mutter und Kind aufgrund transgenerationaler Vulnerabilitäten und einer psychischen Erkrankung der Mutter stark beeinträchtigt. Die daraus entstandenen Entbehrungen setzten im Fall des Mädchens einerseits eine progressive Verarbeitung in Gang, die die vorhanden Defizite der Mutter ausgleichen sollten, andererseits entwickelte das Mädchen im Verlauf des Latenzalters eine Essstörung. Beide Seiten zeigen die widersprüchlichen Bedürfnisse von Autonomie und Kontrolle, der Abwehr vor Nähe und Fusion, aber auch die Angst, das geliebte mütterliche Objekt zu verlieren. All diese Aspekte tauchen auch in der Übertragungs- und Gegenübertragungsdynamik auf, die im therapeutischen Prozess sorgsam reflektiert werden. Das Mädchen pendelt darin immer wieder zwischen dem Aufbau einer eigenständigen Identität und dem aufopfernden Rückfall in die Dyade. Eine triadische Entwicklung, Symbolisierungsfähigkeit und ein leib-seelisches Identitätsgefühl müssen sich erst im Laufe der Therapie langsam entwickeln. Theoretisch orientiert sich die Autorin dabei vor allem an den Arbeiten von Winnicott, Bick, Bion und Williams, um die grundlegenden Beziehungen zwischen dem Körpererleben, der Qualität der frühen Objektbeziehungen und der psychischen Entwicklung zu beschreiben.

Im Anschluss an das Latenzalter beschäftigt sich Elisabeth Brainin nun mit den adoleszenten Entwicklungsprozessen. Insbesondere widmet sie sich den Schwierigkeiten, die die Aneignung eines sich drastisch verändernden Körpers und sich verändernder innerpsychischer Kräfteverhältnisse mit sich bringen kann. Auch in diesem Zusammenhang sind die frühen

Objektbeziehungen zentral, die die Grundlage für späteres Körpererleben oder auch somatischer Desorganisation bilden; mit Alessandra Lemma gesprochen: das Ausmaß, in dem der Körper als ein gastliches oder ungastliches Zuhause für das Selbst erlebt wird, spiegelt die Qualität der frühesten Identifizierungen wieder. Um diese Entwicklungsprozesse zu beschreiben, bleibt Elisabeth Brainin weitgehend der klassisch-psychoanalytischen Triebtheorie, mit Anknüpfungspunkten an kognitions- und neurowissenschaftlichen Ansätzen, verbunden. Anhand klinischer Beobachtungen aus Psychoanalysen, insbesondere adoleszenter Entwicklungsphasen, zeigt die Autorin die Bedeutung von Körper-Ich-Symptomen, Körpersensationen und ihrer psychischen Verarbeitung auf. In zahlreichen Fallbeispielen bildet Elisabeth Brainin das breite Spektrum von Ängsten, libidinösen Besetzungen, Autonomie- und Kontrollwünschen ab, die in dieser Entwicklungsphase über den eigenen Körper ausgetragen werden können.

Um adoleszente Entwicklungsprozesse geht es nun auch in dem Beitrag von Sabine Klemz »Wie es sich anfühlt, Ich zu sein. Zur Körperlichkeit transsexueller Jugendlicher«. Sie beschäftigt sich mit dem Leiden junger Menschen, welche das Gefühl oder auch die Gewissheit haben, in einem falschen Körper geboren worden zu sein. Diese befinden sich, im Verständnis der Autorin, in einem inkongruenten Zustand zwischen biologischem, von ihrer Umwelt zugewiesenen, und identitärem, subjektiv empfundenem Geschlecht. Mit der Annahme einer angeborenen Diskrepanz vertritt Sabine Klemz ein dezidiert essentialistisches Verständnis, weshalb der Beitrag nicht auf eine psychoanalytische Untersuchung von Objektschicksalen und Identifizierungen zielt. Der Fokus der Autorin liegt ganz und gar darauf, die Betroffenen auf ihrem Weg zur Angleichung ihres Geschlechts psychodynamisch-psychotherapeutisch zu begleiten. So kritisch diese Position aus psychoanalytischer Perspektive vielleicht auch gesehen werden könnte, so eindeutig sind sich vielfach Betroffene und Behandelnde (wie in dem Beitrag auch vielfach und überzeugend dargestellt) über die Unveränderlichkeit ihres Erlebens. Man vergleiche hierzu vielleicht auch die lange vertretene und problematische psychoanalytische Position zur Homosexualität. Auch wenn dies Psychoanalytiker natürlich nicht davon abhalten sollte (und auch nicht wird), generell ein Verständnis und Theorien über die Genese von Geschlechtsidentität und Objektwahl zu entwickeln, scheint mir die Anerkennung des subjektiven Erlebens und damit die praktische therapeutische Begleitung, wie von der Autorin vertreten, bedeutend und handlungsleitend.

Im letzten Beitrag dieses Buches werden LeserInnen mit einer kleinianisch geprägten Sichtweise auf innere Entwicklungsprozesse vertraut gemacht. Maria Rhode, emeritierte Professorin der Tavistock Clinic in London, bezieht sich in ihrem theoretischen Rahmen insbesondere auf die Arbeiten von Tustin, Meltzer, Britton und Haag. In dieser objektbeziehungstheoretischen Sichtweise sind es vor allem die potentiellen Phantasien des Kindes, die im Zentrum der Betrachtung stehen. Die Erfahrungen des eigenen Körperbildes und die Entwicklung einer eigenständigen Identität hängen generell untrennbar mit dem Erleben der Beziehungen zu den primären Bezugspersonen zusammen; diese Beziehungs- und Objekterfahrungen nehmen Kinder via Identifizierung in sich auf. Bei Kindern im autistischen Spektrum können es jedoch primitive oder doppelte Identifikationen sein, die eine reife Entwicklung des Körperbildes verhindern. Anhand eines ausführlichen Fallbeispiels werden maligne Verarbeitungsmodi, das psychoanalytische Verständnis und die therapeutische Arbeitsweise der Autorin veranschaulicht. Maria Rhode führt, in der Folge von Frances Tustin, den psychoanalytisch-kleinianischen Versuch fort, die nur schwer zugänglichen inneren Prozesse von Kindern im Autismusspektrum zu erahnen und zu beschreiben. Auch wenn hier natürlich vieles im Spekulationsbereich bleiben muss, ist das konsequente Bemühen eines Verständnisses innerer Prozesse durchgehend gegeben.

Das vorliegende Buch entstand im Rahmen der 8. Kinderanalytischen Konferenz des Mainzer Psychoanalytischen Instituts, bei der Agathe Israel, Katarzyna Schier und Elisabeth Brainin ihr psychoanalytisches Verständnis zum Thema »Körpersprache, Körperbild & Körper-Ich« vor- und zur Diskussion stellten. Ich möchte mich deshalb ganz herzlich bei den drei Vortragenden bedanken, die gewissermaßen den Startschuss für das vorliegende Buch gegeben haben. Im gleichen Zug möchte ich mich aber auch beim Mainzer Psychoanalytischen Institut für das mir gegenüber gebrachte Vertrauen bedanken, die Organisation der Kinderanalytischen Konferenz zu übernehmen. Hierbei hatte ich kräftige Unterstützung durch Karin Junker vom MPI und den ehemaligen Studierenden des Studiengangs Sonderpädagogik der Universität Mainz: Katharina Pulch, Larissa See, Marie Gerlach und Rebecca Kempf. Mein Dank gilt aber auch den weiteren AutorInnen, die im Laufe des Projekts hinzugekommen sind, viel Mühe und Arbeit investiert haben und das Buch in seiner inhaltlichen Breite und Tiefe bereichern konnten. Als Herausgeber hoffe ich, dass ich die AutorInnen dabei ausreichend begleiten und unterstützen konnte, die Zusammenstellung der Beiträge gelungen ist und Sie als LeserIn nun spannende Einblicke in das Zwischenland von Körper und Psyche gewinnen.

Christian Schubert / Magdalena Singer

DIE PSYCHONEUROIMMUNOLOGIE DES FRÜHEN TRAUMAS

Die Basis
eines modernen psychosomatischen Verständnisses?

Sind so kleine Hände
winz'ge Finger dran.
Darf man nie drauf schlagen
die zerbrechen dann.

Sind so kleine Füße
mit so kleinen Zehn.
Darf man nie drauf treten
könn' sie sonst nicht gehn.

Sind so kleine Ohren
scharf, und ihr erlaubt.
Darf man nie zerbrüllen
werden davon taub.

Sind so kleine Münder
sprechen alles aus.
Darf man nie verbieten
kommt sonst nichts mehr raus.

Sind so klare Augen
die noch alles sehn.
Darf man nie verbinden
könn' sie nichts mehr sehn.

Sind so kleine Seelen
offen ganz und frei.
Darf man niemals quälen
gehn kaputt dabei.

Ist so'n kleines Rückgrat
sieht man fast noch nicht.
Darf man niemals beugen
weil es sonst zerbricht.

Grade, klare Menschen
wär'n ein schönes Ziel.
Leute ohne Rückgrat
hab'n wir schon zuviel.

Bettina Wegwner 1976 (Wegner, 1979)

Traumatische Erfahrungen in der Kindheit erhöhen das Erkrankungsrisiko ein Leben lang. Wie kann eine solch langfristig nachteilige Entwicklung erklärt werden? Die Psychoneuroimmunologie (PNI), jene Wissenschaftsdisziplin, die diesen Verlauf von frühem toxischem Stress hin zu späterer Erkrankung zunehmend nachverfolgen und begründen kann, soll in diesem Kapitel vorgestellt werden. Eingebettet in ein psychoneuroimmunologisches Lebenslaufkonzept wird dabei besonderes Augenmerk auf die Grundlagen der Stressverarbeitung, die Entwicklung des Immunsystems und auf die vielschichtigen Krankheitsfolgen von frühen aversiven Erfahrungen gelegt. In einem weiteren Schritt werden psychosoziale und psychotherapeutische Interventionen beschrieben, die das Potenzial haben, die kindliche PNI zu schützen, indem sie den maladaptiv-stressassoziierten Kreislauf durchbrechen. Das Übersehen dessen, dass viele Erkrankungen auf den Narben früher Verletzungen beruhen, kann auf eine erkenntnistheoretische Kurzsichtigkeit (Dualismus, Reduktionismus) in der vorherrschenden Biomedizin zurückgeführt werden, die in dieser Arbeit kritisch diskutiert wird. Denn schließlich wird das rechtmäßige Aufzeigen von und Reagieren auf weitreichende Traumafolgestörungen nur in einer Medizin möglich sein, die den gesamten Mensch samt seiner biopsychosozialen Vergangenheit, Gegenwart und Zukunft in den Mittelpunkt stellt.

1. Einführung

Ziel der Kinderpsychotherapie – und damit auch der Kinderanalyse – ist es, psychosozial oder auch psychosomatisch bedingte Verhaltensstörungen und Leidenszustände von Kindern bewusst und geplant mit Hilfe von wissenschaftlich-psychotherapeutischen Methoden zu behandeln (Reinelt, 1997, S. 12). »Psychosozial bedingt« umschreibt schädigende, vom sozialen Umfeld ausgehende Einflüsse, bei denen traumatische Ereignisse, bzw. körperliche und psychische Gewalt, die traurigen Paradebeispiele darstellen. Derartige Verletzungen des Kinderwohls werden trotz ihres zumeist kumulativen Auftretens (Egle & Cierpka, 2006) häufig den drei Bereichen Vernachlässigung, körperliche Misshandlung und sexueller Missbrauch zugeteilt (Hardt & Engfer, 2008).

Frühe aversive Gewalt- bzw. Stresserfahrungen erhöhen die Wahrscheinlichkeit, im Erwachsenenalter eine psychische oder körperliche Erkrankung zu erleiden bzw. daran zu sterben (Egle & Cierpka, 2006; Fagundes, Glaser, & Kiecolt-Glaser, 2013; Stirling & Amaya-Jackson, 2008). Diese Assoziation ist mittlerweile unumstritten. Offen bleibt jedoch die Frage, welche Mechanismen diesem Zusammenhang zu Grunde liegen, wobei grundsätzlich von einem multifaktoriellen Zusammenspiel auszugehen ist:

Die Funktionsweise des Immunsystems erweist sich in diesem komplexen Zusammenspiel als empirisch ausschlaggebend (Fagundes et al., 2013). Sie ist eng mit den für die Stressverarbeitung zuständigen Systemen verknüpft und es ist dieses »Immuno-neuro-endokrine Netzwerk« (Besedovsky & del Rey, 2007), das massiven Schaden erleidet, wenn die menschlichen und insbesondere die kindlichen Coping-Mechanismen durch aversive Einflüsse überwältigt werden (American Academy of Pediatrics, 2014). Eine Überflutung des tolerierbaren Stressausmaßes durch intensive, langanhaltende oder gehäuft auftretende negative Entwicklungserfahrungen erzeugt toxischen Stress (American Academy of Pediatrics, 2014). Toxischer Stress führt per definitionem zu negativen Langzeitfolgen (Center on the Developing Child at Harvard University), die als entwicklungspsychologische und psychobiologische »Narben« begriffen werden (Egle & Cierpka, 2006, S. 373) und neben großer psychischer Not überlebenswichtige Immunfunktionen in eine gefährliche Schieflage bringen.

2. Frühes Trauma, späte Erkrankung: Ein psychoneuroimmunologisches Modell

Fagundes et al. stellen 2013 ein Modell vor, das entwicklungspsychologische und psychobiologische Erkenntnisse zusammenbringt, um den Zusammenhang von frühem Trauma und späterer Erkrankung zu erklären (Fagundes et al., 2013). Dieses Modell, das in Folge dargestellt werden soll, ist im Bereich der Psychoneuroimmunologie (PNI) angesiedelt, jener wissenschaftlichen Disziplin, die untersucht, wie sich psychosoziale Stimuli in Körpersystemen und schließlich im Immunsystem abbilden (Kropiunigg, 1990).

Aversive Bedingungen in der Kindheit, zu denen neben Gewalt auch ein niedriger sozioökonomischer Status und familiäre Konflikte zählen, stehen im Modell von Fagundes et al. (2013) am Anfang einer Kausalkette (siehe Abbildung 1), die sich über das Alter hinweg fortsetzt.

Wie in Abbildung 1 ersichtlich, erhöhen frühe nachteilige Entwicklungserfahrungen die psychophysiologische Stresssensitivität nachhaltig, wodurch Stress im zukünftigen Leben intensiver und häufiger erlebt wird.

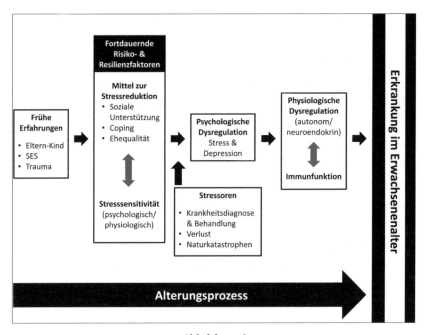

Abbildung 1
(adaptiert nach Fagundes et al., 2013)

Fagundes et al. beschreiben weiter, dass Personen, die frühen Stresserlebnissen ausgesetzt waren, weniger effektive Möglichkeiten zur Stressreduktion zur Verfügung stehen. Die Kombination aus dysfunktionaler Stressregulation und erhöhter Stresssensitivität resultiert darin, dass akuter Stress im späteren Entwicklungsverlauf (z. B. Verlusterlebnisse, Krankheit) fatale Anstiege der Stresslevels zur Folge hat (Fagundes et al., 2013).

Weniger effektive Mittel zur Stressreduktion werden laut empirischer Befunde beispielsweise hinsichtlich sozialer Aspekte deutlich. Menschen mit kindlichen Misshandlungs- oder Vernachlässigungserfahrungen erleben im Vergleich zu Menschen mit vorwiegend positiven Beziehungserfahrungen weniger soziale Unterstützung im späteren Leben – ein desolates Umfeld bietet weniger Möglichkeiten dafür, sich die für die spätere Beziehungsgestaltung notwendigen sozialen und emotionalen Fähigkeiten anzueignen (Fagundes, Bennett, Derry, & Kiecolt-Glaser, 2011). Es ist davon auszugehen, dass Einbußen in der Bindungsqualität hier ursächlich wirksam werden (Stirling & Amaya-Jackson, 2008). Durchaus denkbar ist auch, dass die geringe soziale Unterstützung, die viele Traumatisierte erfahren, mit dysfunktionalen psychoneurotischen Beziehungsdynamiken zu tun haben (z. B. Beziehungen mit missbräuchlichem Konfliktmuster).

Frühe aversive Erfahrungen legen den Grundstein für viele weitere Risikofaktoren, die die Stresslevels aufrechterhalten, weil sie die kindliche Wahrnehmung bzw. die Reaktionen auf neue Stimuli langfristig verändern (American Academy of Pediatrics, 2014). Als Beispiele können eine erhöhte Vigilanz gegenüber potentiellen Bedrohungen, intrusive Gedanken, Einbußen in der Emotionsregulation oder die Übernahme maladaptiver Coping-Strategien genannt werden (Fagundes et al., 2013; Miller, Chen, & Parker, 2011). Wie auch immer, wenn die Stressachsen auf diese Weise chronisch beansprucht werden, geraten die psychophysiologischen Systeme aus dem Gleichgewicht (Fagundes et al., 2013). Wie diese stressassoziierte Dysregulation die Immunfunktion und in weiterer Folge die Gesundheit beeinträchtigt, soll in den nächsten Abschnitten dargestellt werden.

2.1 Exkurs – PNI und Erkenntnistheorie

Das Rahmenmodell von Fagundes et al. (2013) ermöglicht eine wertvolle Einordnung psychoneuroimmunologischer Aspekte in ein übergreifendes Lebenslaufkonzept (American Academy of Pediatrics, 2014). Im Ausblick des Artikels von Fagundes et al. (2013) wird die kognitive Verhaltenstherapie als therapeutische Interventionsmöglichkeit der Wahl vorgeschlagen, um den maladaptiv-stressassoziierten Kreislauf zu durchbrechen. Auch aus der Beschreibung der unterschiedlichen Modellelemente (z. B. Coping, Stressreduktion) geht die lerntheoretische Orientierung des Modells hervor. Das Modell spiegelt damit die in der PNI-Forschung allgemein vorherrschende behavioristische Ausrichtung wider. Berücksichtigt werden muss, dass es sich dabei um »einen ersten« und nicht um »den einen« für die PNI gültigen erkenntnistheoretischen Blickwinkel handelt – das »P« der PNI kann sozusagen auf unterschiedliche Art und Weise gefüllt werden. Einen vielversprechenden Beitrag könnte beispielsweise die Verbindung zwischen PNI und psychodynamisch-tiefenpsychologischen Konzepten liefern, insbesondere um sich der Thematik der PNI des frühen Traumas anzunähern. Denn die Auseinandersetzung mit den innerpsychischen Folgen traumatischen Erlebens hat eine lange Tradition in der Geschichte der Psychoanalyse (Bohleber, 2000; Fischer, Reddemann, Barwinski-Fäh, & Bering, 2003). Voraussetzung dafür wird eine Offenheit der modernen empirischen PNI sowie der Psychoanalyse sein, die ein paradigmatisch-vielfältiges Spektrum zulässt und wertschätzt.

3. Wie Stress das Immunsystem beeinflusst

Nach diesem Exkurs wird das Augenmerk nun auf den Einfluss von Stress auf das Immunsystem gelegt. Im Mittelpunkt steht demnach das vorletzte Element der in Abbildung 1 dargestellten Kausalkette und damit auch das Stresssystem. Stress kann allgemein als Anpassung des Organismus an Innen- und Außenreize definiert werden. Ist eine solche Anpassungsleistung des Organismus erforderlich, werden anatomisch und funktionell verknüpfte Bereiche des Gehirns – z. B. Hippokampus, Amygdala, frontaler Cortex und Hypothalamus – und bestimmte periphere Strukturen aktiviert, die man als Stresssystem bezeichnet. Zum Stresssystem werden aufgrund ihrer engen dynamischen und wechselseitigen Verbindung zum Zentralnervensystem (ZNS) auch Teile des Hormon- und Immunsystems gezählt (Tsigos & Chrousos, 2002) (siehe Abbildung 2). Was aber passiert bei akutem Stress?

3.1 Akuter Stress und das Immunsystem

Akuter Stress kann sowohl durch somatisch-materielle Stressoren, wie z. B. eine Virusinfektion oder Verwundung, als auch durch psychologisch-immaterielle Stressoren ausgelöst werden. Dabei kommt es zunächst zu einer durch das sympathische Nervensystem (SNS) vermittelten Aktivierung verschiedener Organsysteme. Der Organismus wird also mobil gemacht, um schnellstmöglich auf eine drohende Gefahr zu reagieren (Fight-Flight-Reaktion). Dieser Aktivierungszustand äußert sich beispielsweise in einer gesteigerten Atem- und Herzfrequenz, einem erhöhten Muskeltonus, vermindertem Hautwiderstand und einer verringerten Verdauungstätigkeit. Durch direkte sympathische Innervierung und über die Ausschüttung von Katecholaminen (v. a. Adrenalin und Noradrenalin) aus dem Nebennieren-

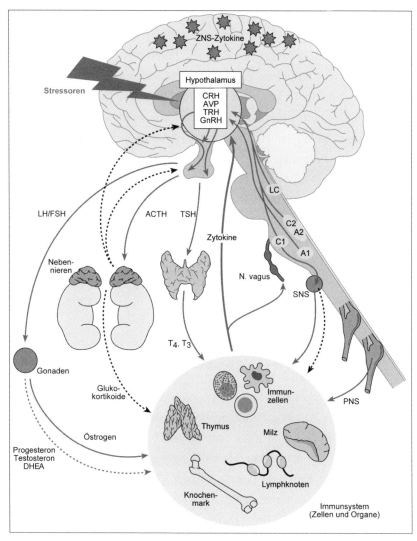

Abbildung 2
(adaptiert nach Webster, Tonelli, & Sternberg, 2002)

mark, die bei akutem Stress um das Zehnfache erhöht ist (Cole & Sood, 2012), kommt es auch im Immunsystem zu einer funktionalen Anpassung. Makrophagen produzieren mehr pro-inflammatorische, d. h. entzündungs-förderliche Proteine, die sog. T-Helfer Typ 1 (TH1)-Zytokine. Dazu zählen unter anderem Interleukin (IL)-1, IL-2, IL-12, Interferon-Gamma (IFN-γ) und Tumor-Nekrose-Faktor-Alpha (TNF-α) (siehe Abbildung 2). Sie gehören zum zellulären Immunsystem und bieten immunologischen Schutz, sollte der Organismus durch Verwundungen oder Infektionen Schaden erleiden. Die Aktivierung des zellulären Immunsystems als zeitlich begrenzte Reaktion auf einen Stressor stellt also eine überlebenswichtige Abwehrfunktion des Organismus dar (Dhabhar, 2014; Tsigos & Chrousos, 2002): Wunden heilen schneller, Fremdantigene werden besser abgewehrt und entartete Zellen (z. B. Krebszellen) können erfolgreich überwacht und beseitigt werden. Eine langfristige, chronische Erhöhung der pro-inflammatorischen Aktivität kann hingegen ernsthafte negative Konsequenzen nach sich ziehen, nämlich die Schädigung körpereigenen Gewebes, die maligne Entartung von Zellen und auch die Hemmung der protektiven Immunabwehr (Dragos & Tanasescu, 2010; Sapolsky, Romero, & Munck, 2000; Tsigos & Chrousos, 2002). Der Organismus muss also die stressbedingten Entzündungsanstiege rückregulieren, um gesundheitsschädigende Auswirkungen der Stressreaktion zu verhindern (Tracey, 2002; Tsigos & Chrousos, 2002).

3.2 Mechanismen der anti-inflammatorischen Gegenregulation

Zur Rückregulation der entzündungsförderlichen, pro-inflammatorischen Stressreaktion wird ein entzündungshemmendes Gegengewicht benötigt, welches vermutlich durch zwei zentrale Mechanismen geschaffen wird. Zum einen wird der parasympathische Teil des autonomen Nervensystems, der Vagus-Nerv, aktiviert. Die sensorisch-afferenten Nervenfasern des Vagus-Nervs können Entzündungssignale aus der Körperperipherie aufnehmen und in das ZNS weiterleiten, woraufhin die efferenten parasympathischen Nervenfasern mittels Ausschüttung von Acetylcholin (Ach) und Deaktivierung von Makrophagen die stressbedingten Entzündungsanstiege verringern (»inflammatorischer Reflex«, Tracey, 2002). Zum anderen aktivieren TH1-Zytokine über das ZNS die Hypothalamus-Hypophysen-Nebennierenrinden (HPA)-Achse (Besedovsky & del Rey, 2007). Über Botenstoffe wie das Corticotropin-Releasing-Hormon (CRH) und das Adrenocorticotropes Hormon (ACTH) werden die einzelnen Komponenten der HPA-Achse angeregt, wobei letztlich die Nebennierenrinde das Hormon Cortisol produziert und in den peripheren Blutkreislauf abgibt. Cortisol sorgt durch eine Hemmung des Transkriptionsfaktors nuclear factor-kappa B (NF-κB) in den Makrophagen für eine Verschiebung der zellulären, pro-inflammatorischen TH1- zu einer humoralen, anti-inflammatorischen T-Helfer-Typ 2 (TH2)-Immunität (z. B. IL-4, IL-10), wodurch die stressassoziierte Entzündungsreaktion letztendlich eingedämmt wird (siehe Abbildung 2). Dieser Prozess wird als TH1/TH2-Shift bezeichnet und dürfte einen wesentlichen Einfluss auf die stressbedingte Entwicklung körperlicher Erkrankungen haben (Elenkov & Chrousos, 1999). Zusammenfassend kann gesagt werden, dass verschiedene Mechanismen in verschiedenen biologischen Systemen des Organismus (nerval, hormonell, immunologisch) ineinandergreifen, um den Körper vor den Folgen einer konstant erhöhten Entzündungsaktivität zu schützen.

3.3 Chronischer Stress und das Immunsystem

3.3.1 Die Überfunktion der HPA-Achse: Hypercortisolismus

Bei chronischem Stress, der durch wiederholte biologische und psychosoziale Stressreize entsteht, wird die HPA-Achse übermäßig aktiviert, was zu erhöhten Cortisolwerten (Hypercortisolismus), dauerhafter Herabsetzung der zellulären TH1-Immunität und einer langfristigen Erhöhung der TH2-Immunität führt (Elenkov & Chrousos, 1999). Die längerfristige Aufrechterhaltung dieses Zustandes geht mit gesundheitsschädlichen Folgen einher. Zum einen kann sich die übermäßige Cortisolproduktion schädigend auf das Körpergewebe auswirken (z. B. Osteoporose) und zum anderen werden Gesundheitsrisiken, wie erhöhte Infektanfälligkeit, gestörte Wundheilung, Depression (melancholisch), Allergien und Krebsentstehung – alles Bereiche, bei denen das zelluläre TH1-System schützend wirkt –, begünstigt (Nicolaides, Kyratzi, Lamprokostopoulou, Chrousos, & Charmandari, 2015; Schubert, 2015a; Tsigos & Chrousos, 2002). Die folgende Studie vom amerikanischen PNI-Forscher Sheldon Cohen und seinen Kollegen soll exemplarisch verdeutlichen, wie psychische Belastungen zu einer verringerten Immunfunktion beitragen können (Cohen, Janicki-Deverts, Doyle, Miller, Frank, Rabin, & Turner, 2012): Unter Quarantänebedingungen wurden Testpersonen gezielt mit bestimmten Viren (z. B. Erkältungsviren) infiziert und anschließend engmaschig psychoimmunologisch untersucht. Dabei stellten Cohen und Mitarbeiter fest, dass sich bei Weitem nicht alle Versuchspersonen mit dem Virus ansteckten oder an einer Erkältung erkrankten. Personen, die beispielsweise aufgrund eines belastenden Lebensereignisses im Vorlauf der Studie vulnerabler waren, hatten eine deutlich erhöhte Erkrankungswahrscheinlichkeit (Cohen et al., 2012). Als Schutzfaktor konnte demgegenüber die soziale Integration der Versuchspersonen ermittelt werden. Das bedeutet, dass Personen, die sozial besser eingebettet waren, auch ein geringeres Risiko hatten, virale Symptome zu entwickeln. Individuen reagieren also nie nur passiv auf ankommende Reize, sondern bio-psycho-soziale Faktoren bestimmen, ob und wie ein Angriff auf den Organismus abgewehrt werden kann (Schubert & Schiepek, 2003).

3.3.2 Die Unterfunktion der HPA-Achse: Hypocortisolismus

Bei massiver Überbeanspruchung des HPA-Regulationssystems und/oder chronischem Hypercortisolismus kann die HPA-Achsenfunktion gewissermaßen zusammenbrechen (»Crash«, Van Houdenhove, Van Den Eede, & Luyten, 2009). Das bedeutet, dass bei funktionaler Beanspruchung des Stresssystems (z. B. im Rahmen einer psychischen Stresssituation) in weiterer Folge nicht ausreichend Cortisol bereitgestellt werden kann (Hypocortisolismus) bzw. die Sensitivität der Glucocorticoidrezeptoren verringert ist, was sich darin äußert, dass sie nicht mehr adäquat auf Cortisol ansprechen (Glucocorticoidresistenz, Cohen et al., 2012). Durch eine solche Unterfunktion der HPA-Achse können nachfolgende stressbedingte Entzündungsreaktionen nicht ausreichend rückreguliert werden, was in den Zustand einer nicht spürbaren, chronischen Entzündung münden kann (niedriggradige Entzündung oder »silent inflammation«, Petersen & Pedersen, 2005). Dauerhaft erhöhte Entzündungswerte wiederum sind, wie schon erwähnt, mit ernstzunehmenden gesundheitlichen Konsequenzen verbunden. Sie können beispielsweise zu beschleunigtem Altern (»inflamm-aging«, Franceschi, Bonafe, Valensin, Olivieri, De Luca, Ottaviani, & De Benedictis, 2000) sowie zu Autoimmunerkrankungen (z. B. rheumatoide Arthritis, Diabetes mellitus), Herzkreislauferkrankungen, Krebs und Depression (atypisch) führen (Nicolaides et al., 2015; Schubert, 2015a; Tsigos & Chrousos, 2002). Ursache chronischer Stresssystemüberlastungen können also emotional bedeutsame, psychosoziale Stressoren sein, die über einen längeren Zeitraum (Jahre oder sogar Jahrzehnte) hinweg wiederholt auftreten.

Forschungsbeispiele aus der PNI, die die Konsequenzen von Hypocortisolismus aufzeigen, beziehen sich oftmals auf die Untersuchung von sog. »Caregivern« (Pflegekräfte). Eine Studie zeigt in diesem Zusammenhang beispielsweise auf, dass Personen, die jahrelang die Pflege eines dementen Ehepartners übernommen hatten, viermal höhere IL-6-Entzündungswerte aufwiesen als eine entsprechende Kontrollgruppe, die einer solchen Pflegebelastung nicht ausgesetzt war. Auch mehrere Jahre nach dem Tod des zu pflegenden Partners waren diese Entzündungswerte noch erhöht. Die Versuchspersonen, die ihren Partner pflegten, wiesen bereits mit 75 Jahren Entzündungswerte auf, die in der Regel erst im Alter von 90 Jahren auftreten (Kiecolt-Glaser, Preacher, MacCallum, Atkinson, Malarkey, & Glaser, 2003). Diese Ergebnisse spiegeln einen deutlich beschleunigten Alterungsprozess wider.

Doch nicht nur chronische Stressbelastungen, sondern auch besonders aversive, traumatische Erlebnisse können zu einer Funktionseinschränkung des Stresssystems mit Hypocortisolismus führen (Pace & Heim, 2011; Rohleder, Joksimovic, Wolf, & Kirschbaum, 2004; Yehuda, Kahana, Binder-Brynes, Southwick, Mason, & Giller, 1995). Die Studienergebnisse der PNI sind in diesem Bereich aber nicht immer eindeutig. Die Posttraumatische Belastungsstörung (PTBS) zeigte sich in anderen Studien beispielsweise auch mit Hypercortisolismus assoziiert (Sriram, Rodriguez-Fernandez, & Doyle, 2012). Es bleibt zu hoffen, dass in zukünftigen PNI-Studien traumaspezifische Fragestellungen gezielt adressiert und beantwortet werden.

4. Früher Lebensstress und die Entwicklung des Stresssystems

Nun aber zurück zum kindlichen Trauma. In der Literatur zur neurobiologischen Stressforschung werden die späten Gesundheitsschäden im Kontext von frühem Trauma auf stressbedingte Entwicklungsstörungen des

Gehirns zurückgeführt. Das Gehirn ist in dieser Zeit besonders anfällig für toxischen Stress, was zu Fehlentwicklungen von verschiedenen zerebralen Bereichen (z. B. präfrontaler Cortex, Amygdala, Hippocampus) und insbesondere der beiden Stressachsen (HPA, SNS) führen kann. Die Funktionen der Stressachsen stehen in engem Zusammenhang mit der lebenslangen Anpassung an Stressoren. Sind die Stressachsen in ihrer Entwicklung gestört, ist das, wie bereits mehrmals betont wurde, mit einem erhöhten Risiko verbunden, an einer schweren entzündlichen Krankheit zu erkranken und frühzeitig zu versterben (Anda, Felitti, Bremner, Walker, Whitfield, Perry, Dube, & Giles, 2006; Bremner & Vermetten, 2001; Danese & McEwen, 2012; Wright & Enlow, 2008). In diesem Zusammenhang ist die HPA-Achse weitaus besser erforscht als das SNS (Matthews & Gallo, 2011).

4.1 Kindheit

Bei der Geburt sind die HPA-Achse und die mit ihr verbundenen neuronalen Schaltkreise (u. a. limbisches System) noch nicht ausgereift. Sie bilden sich erst mit den ersten Lebenserfahrungen aus (Gunnar & Quevedo, 2007; Tarullo & Gunnar, 2006). Das heranreifende Individuum ist in dieser Zeit besonders anfällig gegenüber akuten und chronischen, psychisch überfordernden Belastungen. Gesunde Neugeborene zeigen eine gesteigerte Reagibilität der HPA-Achse und reagieren dementsprechend mit deutlichen Anstiegen von ACTH- und Cortisollevel auf aversive Reize, wie z. B. eine ärztliche Untersuchung. Aufgrund einer verstärkten Feedbackregulation der HPA-Achse und einer verminderten Sensitivität der Nebennierenrinde für ACTH nimmt die Reagibilität des Stresssystems im Entwicklungsverlauf ab und es folgt eine Phase der erschwerten Stimulierbarkeit des Stresssystems, die stress hyporesponsive period (SHRP) (Gunnar, 2003). Diese Phase überdauert die Kindheit und ist mit stärkerer linksfrontaler Gehirnaktivität und vermehrter Parasympathikusaktivität verbunden (Gunnar & Quevedo, 2007). Während der SHRP dient die fürsorgliche Haltung der Eltern als psychosozialer Puffer, der die Wirkung von Stress auf die HPA-Achse gewissermaßen abfedert. Sicher gebundene Kinder zeigen beispielsweise bei schwach belastenden Situationen (z. B. Impfung, Begegnung mit fremden Personen) keine Cortisolerhöhungen (Fisher, Gunnar, Dozier, Bruce, & Pears, 2006; Nachmias, Gunnar, Mangelsdorf, Parritz, & Buss, 1996). Geraten hingegen misshandelte Kinder mit unsicher vermeidendem Bindungsstil in Stresssituationen, haben sie den Schutz der primären Bezugsperson während dieser Zeitperiode nicht. Dadurch sind sie gegenüber Stressoren besonders vulnerabel und reagieren vermehrt mit stressbedingten Cortisolerhöhungen. Die HPA-Achse ist bei misshandelten Kindern in dieser Entwicklungsphase demnach über Gebühr aktiviert (Spangler & Grossmann, 1993). Ähnliches gilt auch für das SNS. In einer Reihe von Studien konnte gezeigt werden, dass Kinder, die unterhalb der Armutsgrenze aufwuchsen und damit besonderer psychosozialer Belastung ausgesetzt waren, sowohl beim ersten Untersuchungszeitpunkt als auch innerhalb der darauf folgenden drei bis vier Jahre signifikant höhere Adrenalinlevel bzw. SNS-Aktivität aufwiesen als Kinder aus mittlerer sozialer Schicht (Evans & English, 2002; Evans, Kim, Ting, Tesher, & Shannis, 2007).

4.2 Pubertät

Typischerweise endet die SHRP mit dem Eintritt in die Pubertät. Während die regulatorische Funktion sozialer Pufferfaktoren abnimmt, beeinflussen nun zirkadiane Rhythmusgeber das Stresssystem mehr und mehr (u. a. zunehmender Anstieg der morgendlichen Cortisolwerte) (Tarullo & Gunnar, 2006). Dieser Übergang ist bei Kindern, die frühem Stress ausgesetzt waren, vermutlich umgekehrt: Das bisher eher hyperresponsive Stresssystem (Hypercortisolismus) wird im Erwachsenenalter zu einem hyporesponsiven Stresssystem (Hypocortisolismus) mit gestörtem zirkadianen Rhythmus. Das bedeutet, dass während der Kindheit erhöhte und im Erwachsenenalter zunehmend niedrigere Cortisollevel vorliegen. Dies legen Ergebnisse aus Längsschnittstudien an misshandelten Kindern und an Adoptivkindern, die in rumänischen Waisenhäusern aufwuchsen, nahe. Beide Samples zeigten über den Tag gemittelt erhöhte Cortisolwerte (Cicchetti & Rogosch, 2001; Gunnar, Morison, Chisholm, & Schuder, 2001). Darüber hinaus konnten Studien an sexuell missbrauchten Mädchen zeigen, dass diese im Alter von elf Jahren noch erhöhte (De Bellis & Putnam, 1994) und bereits mit 18 Jahren erniedrigte Cortisolmorgenwerte aufwiesen (Putnam, 2003).

Funktionell gesehen schützt also die erschwerte Stimulierbarkeit des Stresssystems bzw. die SHRP das sicher gebundene Kind vor den Auswirkungen von Stress in der Kindheit. Kinder, die frühe traumatische Erfahrungen erlebten, scheinen diesen Schutz nicht zu haben. Sie sind dem Stress somit ungeschützt ausgesetzt (Hypercortisolismus). Das wiederum kann zum bereits beschriebenen »Crash« im Stresssystem mit Hypocortisolismus und den entsprechenden Anstiegen der pro-inflammatorischen TH1-Parameter führen.

Wann es in der Entwicklung des Kindes oder Jugendlichen zu diesem »Crash« im Stresssystem kommt (Van Houdenhove et al., 2009), ist in der Forschungsliteratur derzeit noch ungeklärt. Jedenfalls verweisen die Ergebnisse auf eine langfristige kumulative Genese von Funktionsstörungen des Stresssystems. Das ist bei Kindern der Fall, die in rauen Familienverhältnissen leben und intensiv-traumatischen Stresserlebnissen aufgrund des Abhängigkeitsverhältnisses zu den primären Bezugspersonen chronisch-prolongiert ausgesetzt sind.

5. Frühe aversive Erfahrungen
verursachen ein immunologisches Ungleichgewicht

5.1 Stress aktiviert Entzündung

Bei diesen Kindern werden also im Gegensatz zu Kindern, die in einem harmonischen Umfeld aufwachsen, Entzündungsanstiege (durch die ständige Überaktivierung des Stresssystems) begünstigt (Fagundes et al., 2013). Danese und Kollegen (Danese, Pariante, Caspi, Taylor, & Poulton, 2007) konnten nachweisen, dass Stresserfahrungen in den ersten zehn Kindheitsjahren (u. a. Trennung von den primären Bezugspersonen, körperlicher und sexueller Missbrauch, überstrenger Erziehungsstil, Zurückweisung durch die Mutter) 20 Jahre später mit erhöhten Entzündungswerten assoziiert waren, was sich in einer erhöhten Konzentration des C-reaktiven Proteins (CRP) und Fibrinogens sowie der Leukozytenzahl manifestierte. Dieser Zusammenhang war umso stärker, desto klarer die Hinweise auf Missbrauch in der Kindheit waren. Dieselben Autoren fanden heraus, dass Kinder, die zusätzlich an Depressionen erkrankt waren, bereits im Alter von zwölf Jahren erhöhte Levels an CRP im Vergleich zur Kontrollgruppe aufwiesen. »Nur« misshandelte und »nur« depressive Kinder unterschieden sich dabei nicht signifikant von der gesunden Kontrollgruppe (Danese, Caspi, Williams, Ambler, Sugden, Mika, Werts, Freeman, Pariante, Moffitt, & Arseneault, 2011). Eine Studie von Kiecolt-Glaser et al. (Kiecolt-Glaser, Gouin, Weng, Malarkey, Beversdorf, & Glaser, 2011) an Caregivern konnte weiter zeigen, dass sich der Zusammenhang zwischen widrigen Kindheitserfahrungen und erhöhten Entzündungswerten auch im höheren Erwachsenenalter fortsetzt. Bei dieser Untersuchung wurden 58 Caregiver mit einem Durchschnittsalter von 70 Jahren, die ein an Demenz erkranktes Familienmitglied pflegten, untersucht und einer Kontrollgruppe (74 Probanden, keine Pflegesituation) gegenübergestellt. Die Ergebnisse belegen, dass Caregiver, die in der Kindheit missbraucht wurden, höhere TNF-α-Level aufweisen als Caregiver, die keine widrigen Kindheitserfahrungen durchgemacht hatten. Letztere unterschieden sich in Bezug auf TNF-α-Level ebenfalls signifikant von der Kontrollgruppe, die keine Pflegeaufgaben zu erfüllen hatten (Kiecolt-Glaser et al., 2011). Die Ergebnisse sind ein klarer Hinweis dafür, dass chronisch gestresste Personen früher als üblich schwere Entzündungserkrankungen erleiden und eine geringere Lebenserwartung aufweisen (Graham, Christian, & Kiecolt-Glaser, 2006). Darüber hinaus zeigt die Studie aber auch, dass sich dieses Risiko nochmals erhöht, wenn zusätzlich zum chronischen Stress (Caregiver, aber z. B. auch langwierige Eheprobleme, Verlust emotional nahestehender Bezugspersonen) traumatisierende Erlebnisse in der Kindheit vorliegen.

Wie aber kann erklärt werden, dass sich aversive Erfahrungen in der Kindheit derart chronisch bis ins hohe Alter fortsetzten? Miller et al. (2011) beantworten diese Frage folgendermaßen: Früher Stress löst epigenetische Veränderungen, posttranslationale Modifikationen sowie Gewebsveränderungen aus, wodurch Entzündungstendenzen in Monozyten und Makrophagen sozusagen »hineinprogrammiert« werden. Die Autoren listen empirische Befunde auf, die belegen, dass Monozyten und Makrophagen vor dem Hintergrund früher Stresserfahrungen tatsächlich stärkere proinflammatorische Reaktionen zeigen. Akute Stressreize würden in weiterer

Folge mit stärkeren Entzündungsanstiegen beantwortet werden (Fagundes et al., 2013; Miller et al., 2011). Solcherart pro-inflammatorische Tendenzen würden durch traumaassoziiert-veränderte Verhaltensweisen (z. B. erhöhte Vigilanz, Misstrauen, ungesunde Verhaltensweisen) und deren Wechselwirkungen mit veränderten hormonellen und autonomen Abläufen noch verstärkt werden. Miller et al. (2011) gehen also davon aus, dass sich physiologische und psychologische Stressreaktionsprozesse gegenseitig aufschaukeln.

5.1.1 Exkurs: Dualismus und die Konzeption von Trauma

Aber ist es zulässig, physiologische und psychologische Stressreaktionsprozesse als auf diese Art und Weise voneinander getrennt zu betrachten? Es handelt sich dabei um einen klar dualistischen Blickwinkel.

Man könnte sich diesem Thema schließlich auch von einer völlig anderen Perspektive nähern und von einer psychosomatisch-synchronisierten Einheit des Menschen ausgehen: einem biopsychosoziales Gesamtsystem, bei dem physiologische und psychologische Vorgänge untrennbar miteinander verflochten sind. Die Tatsache, dass die vermeintlichen Subsysteme ein scheinbar übergeordnetes Ziel verfolgen, könnte einen Hinweis in diese Richtung darstellen: Denn letztendlich haben sowohl Abwehrprozesse des Immunsystems in Form biologischer Reaktionen, als auch Abwehrmechanismen der Psyche, also seelische Manöver, das Ziel, dem Gesamtsystem Mensch Schutz vor bedrohlichen inneren und äußeren Reizen zu gewährleisten (Schubert, im Druck).

Dissoziation stellt denjenigen Schutzmechanismus dar, der mit einem Rückzug oder einer Veränderung des Bewusstseins (Spaltung des Selbst, Seibold, 2011) einhergeht und als drastisches Notfallprogramm (Gast, 2004) oder, wie man hypothetisieren könnte, als »letzter Ausweg« das Aushalten einer traumatischen Situation ermöglicht. Während dissoziative Vorgänge in der akuten Belastungssituation essentiellen Schutz gewährleisten, sind sie nachhaltig mit posttraumatischen Langzeitfolgen assoziiert (Gast, 2004). Charakteristisch ist dabei eine Trennung von normalerweise assoziierten Bewusstseinsfunktionen wie dem Gedächtnis (Amnesie), der Wahrnehmung von Körper und Umwelt (Depersonalisation, Derealisation) sowie dem Selbst bzw. der Identität (Dissoziative Persönlichkeitsstörung)

(Gast, 2004). Dissoziative Reaktionen können sich verfestigen oder »einfrieren«, vor allem dann, wenn früh im Leben Traumatisches erlebt wird (Gast, 2004). Die Symptome manifestieren sich sowohl in einem Zuviel (Hypervigilanz, erhöhte Erregung, Schreckhaftigkeit, Flashbacks) als auch in einem Zuwenig (Abgestumpftheit, Taubheit, Amnesien) bezogen auf Emotionen, Körperwahrnehmungen und Erinnerungsbilder (Gast, 2004). Ein solches »Erstarren« macht demnach ein flexibles Wechselspiel zwischen »viel« und »wenig« bzw. die entsprechende ausgleichende Gegenregulation bei zunehmendem Traumatisierungsgrad unwahrscheinlicher. Hier werden Ähnlichkeiten zum Stresssystem deutlich: Denn Ergebnisse der PNI zeigen, dass normalerweise flexible Rückkoppelungsmechanismen der HPA-Achse als Reaktion auf toxischen Stress (»dissoziativ«?) unterbrochen werden und bei Hypercortisolismus in einem Zuviel bzw. bei Hypocortisolismus in einem Zuwenig (und in weiterer Folge in einem Entzündungszustand) bezogen auf Cortisol »erstarren« (siehe Abschnitt 3.3). Die vielen Studien, die Überschneidungen zwischen PTBS und unterschiedlichen HPA-Achsen-Dysfunktionen bzw. immunologischen Entgleisungen aufzeigen, unterstreichen diese Parallelen (Pace & Heim, 2011; Rohleder et al., 2004; Sriram et al., 2012; Yehuda et al., 1995). Hypothetisiert werden könnte also, dass übliche PTBS-Symptombeschreibungen zu kurz greifen, weil traumatischer Stress das Gesamtsystem Mensch mit all seinen psychoneuroimmunologischen Wahrnehmungsmöglichkeiten verändert bzw. »erstarren« lässt.

Von Interesse sind in diesem Zusammenhang metatheoretische Konzepte und Methoden der Theorie komplexer dynamischer Systeme bzw. der Synergetik (Haken & Schiepek, 2010), die besagen, dass wesentliche Systemkomponenten mit einer deutlichen Aktivierung oder Hemmung von Feedbackschleifen (Anstieg oder Abfall der Komplexitätsintensität) und anderen Regulationsmechanismen reagieren, wenn besonders intensive Einflüsse Individuen überfordern (Belair, Glass, an der Heiden, & Milton, 1995; Glass, Mackay, & Princeton, 1988). Sogenannte »Integrative Einzelfallstudien«, die Berechnungsverfahren der dynamischen Komplexität (Schiepek & Strunk, 2010; Schiepek, Weihrauch, Eckert, Trump, Droste, Picht, & Spreckelsen, 2003) für die Auswertung psychoneuroimmunologischer Variablen heranziehen, machen systematische Veränderungen der

Fluktuationsdynamiken deutlich, wenn emotional bedeutsame und biographisch relevante Alltagserlebnisse im Studienzeitraum auftreten (Schubert, Exenberger, Aas, Lampe, & Schiepek, 2015; Schubert & Schiepek, 2003): Zwei Patientinnen mit systemischem Lupus erythematodes (SLE) »erstarrten« beispielsweise während belastenden Trennungsereignissen im Ausdrücken von emotionaler Gereiztheit und der subjektiven Einschätzung ihrer Krankheitsaktivität, während die dynamischen Komplexitäten der zellulären Immunaktivität und der Stimmung in genau diesen kritischen Zeitintervallen zunahmen. Eine ausführliche Darstellung dieser Ergebnisse findet sich in Schubert & Schiepek (2003) und Schubert, Fuchs, Lambertz, Bräunig, Weihrauch, Trump, Eckert, Schiepek & Haken (2006). Zukünftige Untersuchungen von psychoneuroimmunologischen Fluktuationsdynamik-veränderungen im Bereich von Traumafolgestörungen könnten wertvolle Einblicke in Bezug auf das Erstarren von psychoneuroimmunologischen Systemen (beispielsweise als Reaktion auf traumatische Trigger) gewähren.

5.2 Stressassoziierte Entzündung verkürzt Telomere

Entzündung im Organismus begünstigt, über eine erhöhte T-Zell-Proliferation, Telomer-Verkürzungen (Fagundes et al., 2013). Telomere befinden sich an den Enden von Chromosomen und stabilisieren die DNA-Stränge. Sie schützen die Chromosomen vor freien Radikalen, regulieren die Zellreplikation und werden mit jeder Zellteilung kürzer (Kiecolt-Glaser et al., 2011). Das Tempo, mit dem dieser Prozess vor sich geht, gilt als Biomarker für den chronologischen Alterungsprozess (Rizvi, Raza, & Mahdi, 2014). Vitales Altern bedeutet, dass sich die Telomere nur langsam und allmählich verkürzen; bei beschleunigtem Altern verkürzen sie sich rasch. In der in Abschnitt 5.1 beschriebenen Caregiver-Studie von Kiecolt-Glaser et al. (2011) konnte gezeigt werden, dass diejenigen Testpersonen, die in der Kindheit emotionalen, physischen oder sexuellen Missbrauch erlebten, zum Untersuchungszeitpunkt kürzere Telomere aufwiesen als Personen, die diesen Gewalterfahrungen nicht ausgesetzt waren. Die derzeitige empirische Datenlage weist darauf hin, dass früher Lebensstress über altersmäßig unterschiedliche Testpopulationen hinweg (u. a. auch bei jungen Erwachsenen) mit einer verringerten Telomer-Länge assoziiert ist (Fagundes et al., 2013).

5.3 Stress und die Schwächung der adaptiven Immunabwehr

Stress ist mit einer Verringerung der adaptiven Immunabwehr (Baniyash, 2006) assoziiert und erhöht damit die Wahrscheinlichkeit, an beispielsweise viralen Infektionen (TH1-Suppression) und/oder an Allergien (TH2-Anstieg) zu erkranken. Ein Hinweis dafür ist die Studie von Shirtcliff und Kollegen (2009), die Kinder im Alter von 9 bis 14 Jahren untersuchten, welche entweder in ihrer Familie von früh an körperlicher Gewalt ausgesetzt waren oder in den ersten Lebensjahren im Waisenhaus aufwuchsen, mit einer Kontrollgruppe von Kindern, welche aus einem günstigen familiären Milieu stammten, verglich. Dabei konnte gezeigt werden, dass Kinder, die unter ungünstigen Bedingungen aufgewachsen waren, höhere Werte an Herpes-Simplex-Virus (HSV)-1-sekretorischem Immunglobulin A (sIgA), einem Marker für die HSV-1-Aktivität, aufwiesen. Dies kann als Beleg für eine negative Beeinflussung der adaptiven TH1-Immunabwehr durch frühe Traumatisierungserfahrungen gesehen werden. Interessanterweise unterschieden sich auch die Kinder, die im Waisenhaus aufwuchsen, von jenen, die aus missbräuchlichen Familien stammten. Letztere wiesen geringere HSV-1-sIgA Werte auf als die Kinder, die in einem Waisenhaus aufwuchsen, was die Autoren dahingehend deuten, dass ein Verbleiben in der missbräuchlichen Primärfamilie trotz Gewalt weniger psychosozial belastend sein dürfte als die Erfahrung, die ersten Lebensjahre weg von den primären Bezugspersonen in einem Heim verbracht zu haben. Ungünstige Bedingungen in der Kindheit (z. B. Armut) zeigten sich in weiteren PNI-Studien auch mit erhöhten Konzentrationen von Antikörpern gegen das Epstein-Barr-Virus bzw. das Cytomegalovirus assoziiert (Fagundes et al., 2013). Auch diese Befunde weisen auf eine Suppression des TH1-Immunsystems hin: Denn ist die Immunantwort unterdrückt, können sich diese Viren schneller replizieren.

6. Das immunologische Ungleichgewicht
verursacht Gesundheitsschäden

6.1 Entzündungserkrankungen

Diese in Abschnitt 5 skizzierten immunologischen Folgen von toxischem Stress führen langfristig – die Rede ist von einigen Jahren bis hin zu Dekaden – zu schweren Erkrankungen, mit Entzündungsbeteiligung. Ein Beispiel ist Bluthochdruck. Durch den konstant erhöhten Blutstrom kann es zu Läsionen an den Gefäßinnenwänden mit entzündlichen Veränderungen und der Entwicklung von arteriosklerotischen Prozessen kommen. Koronare Herzkrankheit (KHK) und Gehirninsult können die Folge sein (Dinh, Drummond, Sobey, & Chrissobolis, 2014). Darüber hinaus wurden Erkrankungen wie Osteoporose, Arthritis, Autoimmunerkrankungen, lymphoproliferative Erkrankungen, Krebs, Lungenerkrankungen, Lebererkrankungen und Demenz, also fast das gesamte Spektrum der chronischen Erkrankungen in der Medizin bis hin zu Sarkopenie (Gebrechlichkeit im Alter), mit der chronischen Erhöhung von Entzündungsparametern (z. B. IL-6, CRP) in Verbindung gebracht (Naugler & Karin, 2008). Die adverse childhood experience (ACE)-Studie von Vincent Felitti, die dieser im Rahmen seiner Tätigkeit in einer großen amerikanischen Lebensversicherung durchführte, illustriert den Zusammenhang zwischen frühen aversiven Erfahrungen und Entzündungserkrankungen im Erwachsenenalter sehr eindrücklich. An zwei umfangreichen Samples von insgesamt fast 27.000 Personen wurde eine reguläre Gesundheitsuntersuchung durchgeführt. Zwei Wochen später wurde den Teilnehmern ein Fragebogen zugesandt, welcher die Missbrauchs-, Traumatisierungs-, Misshandlungs- und Vernachlässigungserfahrungen in der Kindheit und Jugend explorierte (Felitti et al., 1998). Durch Korrelation der Daten sollte in weiterer Folge der Zusammenhang zwischen dem ersten und dem letzten Element der in Abbildung 1 dargestellten Wirkkaskade eruiert werden. In der Tat zeigten die Ergebnisse, dass Probanden, die in der Kindheit aversiven Erfahrungen ausgesetzt waren, ein signifikant höheres Risiko hatten, im Erwachsenenalter insbesondere an solchen schweren körperlichen Erkrankungen zu laborieren, die mit einem unterfunktionierenden Stresssystem (Hypocortisolismus, Glukokortikoidresistenz), silent inflammation, inflamm-aging und verkürzter Lebenserwartung verbunden sind.

6.2 Entzündung und psychische Befindlichkeit – Sickness Behavior

Nicht nur schwere körperliche Erkrankungen können als Folge chronischer Entzündung entstehen, sondern auch Depressionen. So neigen Patienten, die an Hepatitis C- oder Tumorerkrankungen leiden und aufgrund derselben mittels Immuntherapie bzw. TH1-Zytokinen (IL-2, IFN-α) behandelt werden, oftmals zu Erschöpfung, getrübter Stimmung, sozialem Rückzug, verringertem Appetit, schlechtem Schlaf und einer erhöhten Schmerzsensitivität (Dantzer, O'Connor, Freund, Johnson, & Kelley, 2008). Die Ähnlichkeit zu depressiven Symptomen liegt auf der Hand. Die Symptome sind keinesfalls bloße Nebenwirkungen der somatischen Erkrankung, sondern ein bedeutendes psychoneuroimmunologisches Phänomen, das als »Sickness Behavior« bezeichnet wird. Die Ursachen von Sickness Behavior liegen in der bidirektionalen Verbindung von Nerven- und Immunsystem. Immunsignale gelangen direkt (z. B. durch Lücken in der Blut-Hirn-Schranke) oder indirekt (z. B. über afferente Fasern des Vagus-Nervs) ins Gehirn, wo sich zelluläre »Monitoring-Experten«, die das Immungeschehen »überwachen«, ein Bild vom Ist-Zustand in der Körperperipherie machen (Dantzer et al., 2008). So können die pro-inflammatorischen Zytokine über die zentrale Aktivierung des Transkriptionsfaktors NF-κB eine Art »Energiesparmodus« aktivieren, der dem Organismus Energie bereitstellen soll, um mit der kräftezehrenden Entzündung fertig zu werden (Dantzer et al., 2008) (siehe Abbildung 2). Eine intensive oder langanhaltende Immunaktivierung kann in Kombination mit spezifischen Vulnerabilitäten letztlich zu manifesten depressiven Störungen (vermittelt u. a. durch zentrale Verminderung von Monoaminen) führen, die als maladaptive Version des sonst reversiblen Sickness Behavior verstanden werden können (Dantzer et al., 2008).

7. Frühe psychosoziale Interventionen und Psychotherapie

Die vorangegangenen Abschnitte verdeutlichen, wie toxischer Stress im Kindesalter über Störungen der Stressverarbeitung und Fehlleitungen der immunologischen kindlichen Entwicklung mit einem erhöhtem Risiko für unterschiedliche Folgeerkrankungen und frühzeitiger Mortalität einhergeht. Folglich dürften größere Erfolgsaussichten bestehen, die biopsychosoziale Entwicklung des Kindes zu schützen, desto früher Interventionen die kumulativ-gesundheitsschädigende psychoneuroimmunologische Spirale unterbrechen und desto mehr das Umfeld des Kindes einbezogen wird (z. B. Veränderung des aversiven familiären Milieus). Oft können psychosoziale Interventionen erste positive Beziehungserfahrungen ermöglichen.

7.1 Psychotherapie

Kinderpsychotherapie zählt zu diesen früh ansetzenden Interventionsmöglichkeiten. Dabei kann eine tragfähige Beziehung zwischen Kind und Therapeut, insbesondere unter Anwendung traumatherapeutischer Methoden, eine affektive, kognitive, körperliche und verhaltensmäßige Integration bzw. Verarbeitung traumatischer Erfahrungen fördern: Traumatische Erinnerungen sind in weiterer Folge mit weniger Angst und Gefühlen der Überwältigung verbunden, wodurch Kontrolle statt Ohnmacht erlebt werden kann (Reddemann, 2011). Traumatische Erfahrungen verändern Menschen und hinterlassen Narben, das ist unumgänglich – erzielt werden aber kann eine Heilung mit Narben, die nicht mehr so sehr schmerzen (Reddemann, 2011) und dadurch auch weniger psychophysiologischen Stress verursachen.

Als Beispiel für einen psychotherapeutischen Ansatz, der die Integration traumatischer Erfahrungen explizit anstrebt, kann die von Luise Reddemann entwickelte psychodynamisch-imaginative Traumatherapie (PITT) (Reddemann, 2011) angeführt werden. PITT wurde für die traumatherapeutische Behandlung von Kindern explizit adaptiert (Krüger & Reddemann, 2009). Ein Kernelement von PITT, das sich am Konzept der »ego-states« (Reddemann, 2006; Seibold, 2011; Watkins & Watkins, 1997) orientiert, umfasst die Auseinandersetzung bzw. das In-Dialog-Treten mit eigenen verletzten und verletzenden inneren Anteilen (Reddemann, 2009; Reddemann, 2011). Durch Einsicht, Deutung, Imagination und emotionale Rekonstruktion können solche (im traumatischen Kontext einst in unterschiedlichem Ausmaß dissoziativ abgespaltene) emotionale Persönlichkeitsanteile integriert werden, beispielsweise indem sie gewürdigt, getröstet und nachträglich versorgt werden (Reddemann, 2009). Die jahrzehntelange klinische Anwendung von PITT zeigt, dass dysfunktionale Anteile auf diese Art und Weise nachreifen bzw. Heilung erfahren können und so – oft erst viele Jahre oder Jahrzehnte nach der traumatischen Begebenheit – zur Ruhe kommen können (Reddemann, 2011). Der traumatische Stress kann sich zurückbilden (Reddemann, 2011), und es wäre verwunderlich, wenn so nicht auch die eigene PNI eine gewisse Form der »Beruhigung« erfahren würde. Da keine empirischen Befunde zur psychoneuroimmunologischen Wirkung von traumaspezifischer Kinderpsychotherapie vorliegen, stellen solche Annahmen aber lediglich Hypothesen dar, die es in der Zukunft zu erforschen gilt.

7.2 Systemische Interventionen

Es ist von großer Wichtigkeit, dass bei einer Intervention im Kindesalter nicht nur die betroffenen Kinder psychosozial behandelt werden, sondern auch die Eltern oder Zieheltern in die Therapie eingebunden werden (Buske-Kirschbaum, 2008). Einen Zugang dazu bieten systemische Interventionen, die das familiäre Umfeld miteinbeziehen (z. B. Verbesserung elterlicher Fähigkeiten, Vermehrung von familiären Routinen). Zwar steht die PNI-Forschung auch in diesem Bereich erst am Anfang, allerdings konnten erste Studien zeigen, dass die HPA-Achsenaktivität durch psychosoziale Intervention bei Waisenkindern positiv beeinflusst werden kann. Eine Untersuchung von Pflegekindern, deren Betreuungspersonen an einem speziellen Lernprogramm zur Verbesserung elterlicher Fähigkeiten teilnahmen (u. a. Erkennen von Belastungsanzeichen beim Kind, sensitives Anpassen an die Notwendigkeiten des Kindes), konnte zeigen, dass die Cortisollevels im Vergleich zu einer Kontrollgruppe, die keine Intervention bekam, abgesenkt wurden und sich somit nicht mehr von Kindern aus normalen Familienverhältnissen unterschieden (Dozier, Manni, Gordon, Peloso, Gunnar, Stovall-McClough, Eldreth, & Levine, 2006). Neben der Verbesserung des Hypercortisolismus wurden auch problematische Verhaltensweisen der Pflegekinder durch die Intervention verbessert. Eine andere Studie zeigte, dass sich die niedrigen morgendlichen Cortisollevels (Hypocortisolismus) bei drei- bis fünfjährigen Pflegekindern in Folge einer Intervention zur Verbesserung der elterlichen Fähigkeiten (u. a. konsistentes und kontingentes Reagieren auf kindliche Verhaltenssignale) nach acht bis neun Monaten erhöhten. Darüber hinaus verbesserten sich die Bindungssicherheit und das Vermeidungsverhalten. Schließlich waren im weiteren Verlauf weniger Versuche nötig, die Kinder in permanente familiäre Obhut zu vermitteln (Fisher et al., 2006). Die dargestellten Ergebnisse legen unmissverständlich nahe, welchen entscheidenden positiven Einfluss frühe psychosoziale und psychotherapeutische Interventionen auf die langfristige Korrektur biografisch bedingter psychoimmunologischer Funktionsstörungen haben dürften. Sie können als primärpräventive Maßnahme zur Vermeidung stress-assoziierter chronischer Entzündungserkrankungen angesehen werden.

8. Fazit

Anhand der in diesem Kapitel dargestellten psychoneuroimmunologischen Erkenntnisse kann klar resümiert werden, dass Krankheit kein abgeschottetes Element einer Lebensphase ist. Es zeigt weiter die Übernahme einer »Life Course«-Perspektive (American Academy of Pediatrics, 2014) als Voraussetzung für ein umfassendes Verständnis von Gesundheit und Krankheit auf: Gemeint ist damit eine Langzeitperspektive, die unterschiedliche Lebensphasen als miteinander verbunden annimmt und toxischen Stress als Grundlage späterer Gesundheitsschäden anerkennt (American Academy of Pediatrics, 2014). Während verschiedene psychotherapeutische Schulen, und hier insbesondere die tiefenpsychologischen Verfahren, geradezu auf einer solchen Lebenslauf-Perspektive beruhen, ist unsere moderne Biomedizin von querschnittlichen Betrachtungen und, damit verbunden, einem undifferenzierten Umgang mit den Faktoren »Zeit« und »Bedeutung« geprägt (Schubert, 2015b). Dies betrifft die klinische Praxis gleichermaßen wie die Forschung.

In der biomedizinischen Diagnostik und Behandlung von traumatisierten Patienten mangelt es beispielsweise eklatant am narrativen Verstehen des Betroffenen. Dadurch fehlt den Patienten in vielen Fällen die Möglichkeit, mit Hilfe der Erzählung die verletzte Identität und das gestörte Verhältnis zur Umwelt darzustellen und das Erlebte in der Permanenz der Zeit sinnhaft einzubinden (Ricœur, 1996). Hierzu passt programmatisch, dass auch die biomedizinische Forschung von Forschungsansätzen dominiert wird (z. B. Prä-post-Design, randomized controlled trial [RCT]), die weder der Erfassung von Prozesshaftigkeit menschlichen Lebens noch der Bedeutungsrekonstruktion von Erlebtem methodisch angemessenen Raum geben (Schubert, 2015b). Die mangelhafte Integration von Zeit und Bedeutung in medizinischer Forschung und Klinik sind demnach Gegebenheiten, die den in unserem Gesundheitssystem vorherrschenden Reduktionismus und Dualismus nur zu gut widerspiegeln: Neben vergangenen und gegenwärtigen Ereignissen werden auch psychische und physische Prozesse (siehe Abschnitt 5.1.1) mehrheitlich als isolierte Einzelelemente und ohne ihre Integration in ein Ganzes betrachtet.

Festgestellt werden muss demnach, dass nur grundlegende paradigmatische Veränderungen in der Medizin ein durchgängiges Bewusstsein dafür ermöglichen werden, dass toxischer und traumatischer Stress als Überbringer einer soziopsychoneuroimmunologischen Signatur das Erkrankungsrisiko lebenslang und weit über die Zeit der ursprünglichen Stresserfahrung hinaus erhöht (Shonkoff, Garner, Committee on Psychosocial Aspects of Child and Family Health, Committee on Early Childhood, Adoption, and Dependent Care, & Section on Developmental and Behavioral Pediatrics, 2012). Neben dem Aufzeigen und Anerkennen solcher Zusammenhänge muss sowohl die Implementierung früher präventiver Maßnahmen als auch die adäquate Einbettung traumaspezifischer Behandlungsansätze zum erklärten Ziel einer solchen neuen Medizin werden. Eine Medizin, in deren biopsychosozialen Fokus der gesamte Mensch – samt seiner Vergangenheit, seiner Gegenwart und seiner Zukunft – rückt.

9. Legende

Abbildung 1: Modellhafte Darstellung der Trajektorie von frühen aversiven Erfahrungen hin zu einer immunologischen Dysregulation im Erwachsenenalter. Angenommen wird, dass Personen, die früher Aversion ausgesetzt waren, längerfristig eine erhöhte psychophysiologische Stresssensitivität in Kombination mit weniger effektiven Mitteln zur Stressreduktion aufweisen. Dies begünstigt stressassoziierte Dysbalancen, die die Immunfunktion und in weiterer Folge die Gesundheit nachhaltig beeinträchtigen (adaptiert nach Fagundes et al., 2013).

Abbildung 2: Bidirektionale Kommunikation zwischen Nerven-, Hormon- und Immunsystem bei Stress. Psychosoziale Stressoren aktivieren eine Rückkopplungsschleife, die ihren Ausgang im ZNS nimmt und über die Aktivierung des SNS und der HPA-Achse periphere Immunzellen erreicht. Dabei kommt es zunächst durch den Sympathikus zur Aktivierung von NF-κB in Makrophagen (nicht dargestellt) und zur Bildung von pro-inflammatorischen Zytokinen. Diese führen wiederum im ZNS zu einer Reihe von entzündungsassoziierten Effekten, die eine Veränderung des Erlebens und Verhaltens bedingen (Sickness Behavior). Zusätzlich wird rückwirkend die HPA-Achse stimuliert, was die Freisetzung von Glucocortcoiden (u. a. Cortisol) fördert. Glucocorticoide drosseln via negativem Feedbackmechanismus die stressbedingte Entzündungsreaktion. Eine weitere Rolle in der Rückregulation von stressbedingter Entzündungsaktivität spielt der Vagus-Nerv, dessen sensorisch-afferente Nervenfasern Entzündungssignale in der Peripherie aufnehmen und ins ZNS weiterleiten. Die efferenten Nervenfasern des Vagus-Nervs (nicht dargestellt) werden daraufhin gegenregulatorisch wirksam (cholinerger inflammatorischer Reflex) (adaptiert nach Webster et al., 2002) ACTH = Adrenocorticotropes Hormon, AVP = Arginin-Vasopressin, CRH = Corticotropin-Releasing-Hormon, PNS = parasympathisches Nervensystem, SNS = sympathisches Nervensystem.

10. Literatur

American Academy of Pediatrics (2014): *Adverse Childhood Experiences and the Lifelong Consequences of Trauma. Online in Internet.* Online: https://www.aap. org/en-us/Documents/ttb_aces_consequences.pdf. [Stand 30. Mai 2016].

Anda, R. F., Felitti, V. J., Bremner, J. D., Walker, J. D., Whitfield, C., Perry, B. D., Dube, S. R., & Giles, W. H. (2006): The enduring effects of abuse and related adverse experiences in childhood. A convergence of evidence from neurobiology and epidemiology. *Eur Arch Psychiatry Clin Neurosci,* 256 (3), S. 174–186.

Baniyash, M. (2006): Chronic inflammation, immunosuppression and cancer: new insights and outlook. *Semin Cancer Biol,* 16 (1), S. 80–88.

Belair, J., Glass, L., an der Heiden, U., & Milton, J. (1995): Dynamical disease: Identification, temporal aspects and treatment strategies of human illness. *Chaos,* 5 (1), S. 1–7.

Besedovsky, H. O., & del Rey, A. D. (2007): Physiology of psychoneuroimmunology: a personal view. *Brain Behav Immun,* 21 (1), S. 34–44.

Bohleber, W. (2000). Die Entwicklung der Traumatheorie in der Psychoanalyse. *Psyche – Z Psychoanal,* 9 (10), S. 797–839.

Bremner, J. D., & Vermetten, E. (2001): Stress and development: behavioral and biological consequences. *Dev Psychopathol,* 13 (3), S. 473–489.

Buske-Kirschbaum, A. (2008): Treating the parents to heal the child? *Brain Behav Immun,* 22 (4), S. 431–432.

Center on the Developing Child at Harvard University (2016): Key concepts: toxic stress. Online: http://developingchild.harvard.edu/science/key-concepts/toxic-stress/ [Stand 30. Mai 2016].

Cicchetti, D., & Rogosch, F. A. (2001): The impact of child maltreatment and psychopathology on neuroendocrine functioning. *Dev Psychopathol,* 13 (4), S. 783–804.

Cohen, S., Doyle, W. J., & Skoner, D. P. (1999): Psychological stress, cytokine production, and severity of upper respiratory illness. *Psychosom Med,* 61 (2), S. 175–180.

Cohen, S., Janicki-Deverts, D., Doyle, W. J., Miller, G. E., Frank, E., Rabin, B. S., & Turner, R. B. (2012): Chronic stress, glucocorticoid receptor resistance, inflammation, and disease risk. *Proc Natl Acad Sci U S A,* 109 (16), S. 5995–5999.

Cole, S. W., & Sood, A. K. (2012): Molecular pathways: beta-adrenergic signaling in cancer. *Clin Cancer Res,* 18 (5), S. 1201–1206.

Danese, A., Caspi, A., Williams, B., Ambler, A., Sugden, K., Mika, J., Werts, H., Freeman, J., Pariante, C. M., Moffitt, T. E., & Arseneault, L. (2011): Biological embedding of stress through inflammation processes in childhood. *Mol Psychiatry,* 16 (3), S. 244–246.

Danese, A., & McEwen, B. S. (2012): Adverse childhood experiences, allostasis, allostatic load, and age-related disease. *Physiol Behav,* 106 (1), S. 29–39.

Danese, A., Pariante, C. M., Caspi, A., Taylor, A., & Poulton, R. (2007): Childhood maltreatment predicts adult inflammation in a life-course study. *Proc Natl Acad Sci U S A,* 104 (4), S. 1319–1324.

Dantzer, R., O'Connor, J. C., Freund, G. G., Johnson, R. W., & Kelley, K. W. (2008): From inflammation to sickness and depression: when the immune system subjugates the brain. *Nat Rev Neurosci,* 9 (1), S. 46–56.

De Bellis, M. D., & Putnam, F. W. (1994): The psychobiology of childhood maltreatment. *Child Adolesc Psychiatr Clin N Am,* 3 (4), S. 663–678.

Dhabhar, F. S. (2014): Effects of stress on immune function: the good, the bad, and the beautiful. *Immunol Res,* 58 (2–3), S. 193–210.

Dinh, Q. N., Drummond, G. R., Sobey, C. G., & Chrissobolis, S. (2014): Roles of Inflammation, Oxidative Stress, and Vascular Dysfunction in Hypertension. *Biomed Res Int,* S. 1–11.

Dozier, M., Manni, M., Gordon, M. K., Peloso, E., Gunnar, M. R., Stovall-McClough, K. C., Eldreth, D., & Levine, S. (2006): Foster children's diurnal production of cortisol: an exploratory study. *Child Maltreat,* 11 (2), S. 189–197.

Dragos, D., & Tanasescu, M. D. (2010): The effect of stress on the defense systems. *J Med Life,* 3 (1), S. 10–18.

Egle, U. T., & Cierpka, M. (2006): Missbrauch, Misshandlung, Vernachlässigung. In: A. Lohaus, M. Jerusalem, & J. Klein-Heßling (Hrsg.): *Gesundheitsförderung im Kindes- und Jugendalter.* Göttingen: Hogrefe. S. 370–400.

Elenkov, I. J., & Chrousos, G. P. (1999): Stress, cytokine patterns and susceptibility to disease. *Baillieres Best Pract Res Clin Endocrinol Metab,* 13 (4), S. 583–595.

Evans, G. W., & English, K. (2002): The Environment of Poverty: Multiple Stressor Exposure, Psychophysiological Stress, and Socioemotional Adjustment. *Child Dev,* 73 (4), S. 1238–1248.

Evans, G. W., Kim, P., Ting, A. H., Tesher, H. B., & Shannis, D. (2007): Cumulative risk, maternal responsiveness, and allostatic load among young adolescents. *Dev Psychol,* 43 (2), S. 341–351.

Fagundes, C. P., Bennett, J. M., Derry, H. M., & Kiecolt-Glaser, J. K. (2011): Relationships and Inflammation across the Lifespan: Social Developmental Pathways to Disease. *Soc Personal Psychol Compass,* 5 (11), S. 891–903.

Fagundes, C. P., Glaser, R., & Kiecolt-Glaser, J. K. (2013): Stressful early life experiences and immune dysregulation across the lifespan. *Brain Behav Immun,* 27 (1), S. 8–12.

Fischer, G., Reddemann, L., Barwinski-Fäh, R., & Bering, R. (2003): Trauma-adaptierte tiefenpsychologisch fundierte und analytische Psychotherapie. *Psychotherapeut,* 48, S. 199–209.

Fisher, P. A., Gunnar, M. R., Dozier, M., Bruce, J., & Pears, K. C. (2006): Effects of therapeutic interventions for foster children on behavioral problems, Caregiver attachment, and stress regulatory neural systems. *Ann N Y Acad Sci,* 1094 (1), S. 215–225.

Franceschi, C., Bonafe, M., Valensin, S., Olivieri, F., De Luca, M., Ottaviani, E., & De Benedictis, G. (2000): Inflamm-aging. An evolutionary perspective on immunosenescence. *Ann N Y Acad Sci,* 908, S. 244–254.

Gast, U. (2004). Das zersplitterte Selbst – Dissoziation zwischen Störung und Heilung. Online: http://www.traumhaus-bielefeld.de/traumatherapie/vortrage-texte [Stand 30. Mai 2016].

Glass, L., Mackay, M. C., & Princeton, N. J. (1988): *From Clocks to Chaos: The Rhythms of Life.* Princeton: University Press.

Graham, J. E., Christian, L. M., & Kiecolt-Glaser, J. K. (2006): Stress, age, and immune function: toward a lifespan approach. *J Behav Med,* 29 (4), S. 389–400.

Gunnar, M. R. (2003): Integrating neuroscience and psychological approaches in the study of early experiences. *Ann N Y Acad Sci,* 1008, S. 238–247.

Gunnar, M. R., Morison, S. J., Chisholm, K., & Schuder, M. (2001): Salivary cortisol levels in children adopted from romanian orphanages. *Dev Psychopathol,* 13 (3), S. 611–628.

Gunnar, M., & Quevedo, K. (2007). The neurobiology of stress and development. *Annu Rev Psychol,* 58, S. 145–173.

Haken, H., & Schiepek, G. (Hrsg.) (2010). *Synergetik in der Psychologie.* Göttingen: Hogrefe.

Hardt, J., & Engfer, A. (2008). Vernachlässigung, Misshandlung und Missbrauch von Kindern. In: R. Oerter, & L. Montada (Hrsg.): *Entwicklungspsychologie* (6. Aufl.). Weinheim: Beltz PVU. S. 803–821.

Kiecolt-Glaser, J. K., Gouin, J. P., Weng, N. P., Malarkey, W. B., Beversdorf, D. Q., & Glaser, R. (2011): Childhood adversity heightens the impact of later-life caregiving stress on telomere length and inflammation. *Psychosom Med,* 73 (1), S. 16–22.

Kiecolt-Glaser, J. K., Preacher, K. J., MacCallum, R. C., Atkinson, C., Malarkey, W. B., & Glaser, R. (2003): Chronic stress and age-related increases in the proinflammatory cytokine IL-6. *Proc Natl Acad Sci U S A,* 100 (15), S. 9090–9095.

Kropiunigg, U. (1990): *Psyche und Immunsystem – Psychoneuroimmunologische Untersuchungen.* Wien/New York: Springer.

Krüger, A., & Reddemann, L. (2009): *Psychodynamisch Imaginative Traumatherapie für Kinder und Jugendliche. PITT-KID – Das Manual.* Stuttgart: Klett Cotta.

Matthews, K. A., & Gallo, L. C. (2011): Psychological perspectives on pathways linking socioeconomic status and physical health. *Annu Rev Psychol,* 62, S. 501–530.

Miller, G. E., Chen, E., & Parker, K. J. (2011): Psychological stress in childhood and susceptibility to the chronic diseases of aging: moving toward a model of behavioral and biological mechanisms. *Psychol Bull,* 137 (6), S. 959–997.

Nachmias, M., Gunnar, M., Mangelsdorf, S., Parritz, R. H., & Buss, K. (1996): Behavioral inhibition and stress reactivity: the moderating role of attachment security. *Child Dev,* 67 (2), S. 508–522.

Naugler, W. E., & Karin, M. (2008). The wolf in sheep's clothing: the role of interleukin-6 in immunity, inflammation and cancer. *Trends Mol Med,* 14 (3), 109–119.

Nicolaides, N. C., Kyratzi, E., Lamprokostopoulou, A., Chrousos, G. P., & Charmandari, E. (2015): Stress, the stress system and the role of glucocorticoids. *Neuroimmunomodulation,* 22 (1–2), S. 6–19.

Pace, T. W., & Heim, C. M. (2011). A short review on the psychoneuroimmunology of posttraumatic stress disorder: from risk factors to medical comorbidities. *Brain Behav Immun,* 25 (1), S. 6–13.

Petersen, A. M. W., & Pedersen, B. K. (2005). The anti-inflammatory effect of exercise. *J Appl Physiol,* 98 (4), S. 1154–1162.

Putnam, F. W. (2003): Ten-year research update review: child sexual abuse. *J Am Acad Child Adolesc Psychiatry,* 42 (3), S. 269–278.

Reddemann, L. (2006). *Überlebenskunst.* Stuttgart: Klett Cotta.

Reddemann, L. (2009). Psychodynamisch-imaginative Traumatherapie (PITT). In: A. Maercker (Hrsg.): *Posttraumatische Belastungsstörungen* (3. Aufl.). Heidelberg: Springer Medizin. S. 259–274.

Reddemann, L. (2011): *Psychodynamisch Imaginative Traumatherapie PITT – Das Manual.* Stuttgart: Klett-Cotta.

Reinelt, T. (1997): Was ist Kinderpsychotherapie. In: T. Reinelt, G. Bogyi, & B. Schuch (Hrsg.): *Lehrbuch der Kinderpsychotherapie. Grundlagen und Methoden.* München u. a.: Ernst Reinhardt. S. 12.

Ricœur, P. (1996): *Das Selbst als ein Anderer*. München: Fink.

Rizvi, S., Raza, S. T., & Mahdi, F. (2014): Telomere length variations in aging and age-related diseases. *Curr Aging Sci,* 7 (3), S. 161–167.

Rohleder, N., Joksimovic, L., Wolf, J. M., & Kirschbaum, C. (2004): Hypocortisolism and increased glucocorticoid sensitivity of pro-Inflammatory cytokine production in Bosnian war refugees with posttraumatic stress disorder. *Biol Psychiatry,* 55 (7), S. 745–751.

Sapolsky, R. M., Romero, L. M., & Munck, A. U. (2000): How do glucocorticoids influence stress responses? Integrating permissive, suppressive, stimulatory, and preparative actions. *Endocr Rev,* 21 (1), S. 55–89.

Schiepek, G., & Strunk, G. T. (2010): The identification of critical fluctuations and phase transitions in short term and coarse-grained time series-a method for the real-time monitoring of human change processes. *Biol Cybern,* 102, S. 197–207.

Schiepek, G., Weihrauch, S., Eckert, H., Trump, T., Droste, S., Picht, A., & Spreckelsen, C. (2003): Datenbasiertes Real-time-Monitoring als Grundlage einer gezielten Erfassung von Gehirnzuständen im psychotherapeutischen Prozess. In: G. Schiepek (Hrsg.): *Neurobiologie der Psychotherapie*. Stuttgart: Schattauer. S. 235–272.

Schubert, C. (2015a): Psychoneuroimmunologie körperlicher Erkrankungen. In: C. Schubert (Hrsg.): *Psychoneuroimmunologie und Psychotherapie* (2. Aufl.). Stuttgart: Schattauer. S. 68–116.

Schubert, C. (2015b): Soziopsychoneuroimmunologie – Integration von Dynamik und subjektiver Bedeutung in die Psychoneuroimmunologie. In: C. Schubert (Hrsg.): *Psychoneuroimmunologie und Psychotherapie* (2. Aufl.). Stuttgart: Schattauer. S. 418–452.

Schubert, C. (im Druck): Bewusstwerdung als Heilung – die Wirkung künstlerischen Tuns auf das Immunsystem. In: F. von Spreti (Hrsg.): *Kunsttherapie*. Stuttgart: Schattauer.

Schubert, C., Exenberger, S., Aas, B., Lampe, A., & Schiepek, G. (2015): Psychoneuroimmunologische Langzeitfolgen frühkindlicher Traumatisierung und Stresserfahrungen. In: U. Egle, P. Joraschky, A. Lampe, I. Seiffge-Krenke, & M. Cierpka (Hrsg.): *Missbrauch, Misshandlung, Vernachlässigung* (4. Aufl.). Stuttgart: Schattauer. S. 441–459.

Schubert, C., Fuchs, D., Lambertz, M., Bräunig, G., Weihrauch, S., Trump, T., Eckert, H., Schiepek, G., & Haken, H. (2006): Psychoneuroimmunologie. In: H. Haken, & G. Schiepek (Hrsg.): *Synergetik in der Psychologie*. Göttingen: Hogrefe. S. 221–243.

Schubert, C., & Schiepek, G. (2003): Psychoneuroimmunologie und Psychotherapie: psychosozial induzierte Veränderungen der dynamischen Komplexität von Immunprozessen. In: G. Schiepek (Hrsg.): *Neurobiologie der Psychotherapie*. Stuttgart: Schattauer. S. 485–508.

Seibold, R. (2011): Ego-State-Therapie in der Psychotraumatologie. *Journal für Psychologie*, 19 (3). Online: http://www.journal-fuer-psychologie.de/index.php/jfp/article/view/93/56 [Stand 30. Mai 2016].

Shirtcliff, E. A., Coe, C. L., & Pollak, S. D. (2009): Early childhood stress is associated with elevated antibody levels to herpes simplex virus type 1. *Proc Natl Acad Sci U S A*, 106 (8), S. 2963–2967.

Shonkoff, J. P., Garner, A. S., Committee on Psychosocial Aspects of Child and Family Health, Committee on Early Childhood, Adoption, and Dependent Care, & Section on Developmental and Behavioral Pediatrics (2012): The Lifelong Effects of Early Childhood Adversity and Toxic Stress. *Pediatrics*, 192 (1), S. 232–246.

Spangler, G., & Grossmann, K. E. (1993): Biobehavioral organization in securely and insecurely attached infants. *Child Dev,* 64 (5), S. 1439–1450.

Sriram, K., Rodriguez-Fernandez, M., & Doyle, F. J. (2012): Modeling Cortisol Dynamics in the Neuro-endocrine Axis Distinguishes Normal, Depression, and Post-traumatic Stress Disorder (PTSD) in Humans. *PLoS Comput Biol,* 8 (2), e1002379.

Stirling, J., & Amaya-Jackson, L. (2008): Understanding the Behavioral and Emotional Consequences of Child Abuse. *Pediatrics,* 122 (3), S. 667–673.

Tarullo, A. R., & Gunnar, M. R. (2006): Child maltreatment and the developing HPA axis. *Horm Behav,* 50 (4), S. 632–639.

Tracey, K. J. (2002): The inflammatory reflex. *Nature,* 420 (6917), S. 853–859.

Tsigos, C., & Chrousos, G. P. (2002): Hypothalamic-pituitary-adrenal axis, neuroendocrine factors and stress. *J Psychosom Res,* 53 (4), S. 865–871.

Van Houdenhove, B., Van Den Eede, F., & Luyten, P. (2009): Does hypothalamic-pituitary-adrenal axis hypofunction in chronic fatigue syndrome reflect a »crash« in the stress system? *Med Hypotheses,* 72 (6), S. 701–705.

Watkins, J. G., & Watkins, H. H. (1997): *Ego states, theory and therapy*. New York: Norton.

Webster, J. I., Tonelli, L., & Sternberg, E. M. (2002): Neuroendocrine regulation of immunity. *Annu Rev Immunol,* 20, S. 125–163.

Wegner, B. (1979): *Wenn meine Lieder nicht mehr stimmen*. Reinbeck: Rowohlt.

Wright, R. J., & Enlow, M. B. (2008): Maternal stress and perinatal programming in the expression of atopy. *Expert Rev Clin Immunol,* 4 (5), S. 535–538.

Yehuda, R., Kahana, B., Binder-Brynes, K., Southwick, S. M., Mason, J. W., & Giller, E. L. (1995): Low urinary cortisol excretion in Holocaust survivors with posttraumatic stress disorder. *Am J Psychiatry,* 152 (7), S. 982–986.

Agathe Israel

Annäherung an die psychische Realität des Babys entlang seiner Körperlichkeit

Erfahrungen aus der psychoanalytischen Säuglings-Kleinkind-Eltern-Psychotherapie und Säuglingsbeobachtung

1. Frühes Erleben aus neurobiologischer und psychoanalytischer Perspektive

Am Lebensanfang sind körperliches und seelisches Erleben noch völlig ungetrennt ineinander verwoben. Wegen seiner ständig wechselnden körperlichen Befindlichkeit oszilliert das Baby zwischen Zuständen der Integriertheit, in denen es relativ ruhig Reize aufnehmen und verarbeiten kann, und Zuständen der Desintegriertheit, wenn es von heftigen Reizen überflutet wird, die sein eigener kleiner Behälter noch nicht zu bewältigen vermag. Seine Mittelhirnregion versieht zeitgleich alle Körperphänomene je nach deren Qualität mit primitiven Affekten »bedrohlich – schlecht« oder »nicht-bedrohlich – gut«. Der innere Körper ist also ein erlebendes Subjekt, das Freuds »Es« entspricht. Über neuronale Verbindungen wird der *innere Körper* auf die Oberfläche des Kortex als äußerer Körper projiziert und damit zu einem Wahrnehmungsobjekt (vgl. Solms, 2013), das Freuds »Ich« entspricht. So kann zum Beispiel sein beißender leerer Magen vom Baby so erlebt werden, als würde es vernichtet, während es sich mit vollem Magen ruhig und zusammengehalten in der Welt aufgehoben fühlt. Anders gesagt, das *rudimentäre Ich* strukturiert sich zuerst entlang unterschiedlicher roher körperlicher Befindlichkeiten und damit verbundenen Seins-Zuständen, die zwar *bewusst erlebt* werden, aber für deren Ursprünge, wie z. B. hungrig oder satt sein, existiert im Baby noch kein sinnstiftender Gedanke, der diese Zustände beziehungsweise ihre zeitliche und räumliche Begrenzung erkennt. Es gibt also noch keine Vorstellung über ihre Dauer und ihr Ende und über ihre Verortung. Ebensowenig kann es gedanklich seine unterschiedlichen Seins-Zustände miteinander verbinden. Das Baby ist hineingeworfen und ausgeliefert. So könnte man m. E. von einer *Bewusst-Heit* sprechen, die noch kein *Bewusst-Sein* hat. Aber wie differenziert sich aus rohen Körperzuständen und primitiven Affekten ein Selbstempfinden, das nach und nach viele Erfahrungen innerlich organisiert, den körperlichen Zusammenhalt erschafft, dem zeitliche Kontinuität und eigene Affektivität bewusst sind, das die Urheberschaft eigener Handlungen erkennt und sich als ein eigenes Subjekt wahrnimmt, das zur Interpersonalität fähig ist, »und schließlich das Empfinden, Bedeutungen zu vermitteln« (vgl. Stern, 1992, S. 19)?

2. Neurobiologische Perspektive der Selbst-Entwicklung

Im Folgenden beziehe ich mich überwiegend auf das Selbst-Entwicklungsmodell des Neurowissenschaftlers Antonio Damasio. Er geht davon aus, dass *Homöostase* das angestrebte Daseinsgefühl ist und deshalb, wegen der ständig wechselnden Körperzustände, *homöostatische Systeme* lebenserhaltende Körperfunktionen steuern müssen.

> Das Selbst ist in jedem bewussten Geist der oberste Vertreter individueller Lebenssteuerungsmechanismen, der Wächter und Bewahrer des biologischen Wertes [...]. Selbst-Prozesse werden durch spezifische neuronale Strukturen und Mechanismen erzeugt. (Damasio, 2013, S. 196)

Zum Selbst gehören Bilder, die *Objekte im Bewusstsein* beschreiben, sowie *Bilder, die das Ich* beschreiben. Letztere beinhalten den *körperliche Standpunkt*, von dem aus die Bilder aufgezeichnet werden, das Gefühl, dass Objekte in meinem Geist als *Eigentum* repräsentiert sind, das Gefühl von *Handlungsvollmacht* für den Umgang mit Objekten sowie *ursprüngliche Körpergefühle* (Urbilder aller anderen Gefühle). Aus dieser *Selbst-Gesamtheit* entsteht in Verbindung *mit äußeren Objektbildern* ein *bewusster Geist*, dessen Vorhandensein sich nicht »vernünftig« interpretieren lässt.[1]

---

[1] Bilder sind hier nicht im herkömmlichen Sinne als Sehbilder zu verstehen, sondern als neuronale Muster aller Objekte und Handlungen, die im Gehirn verarbeitet werden.

2.1 Der Selbstentwicklungsprozess

Das Selbst wird stufenweise in getrennten, aber koordinierten Arbeitsbereichen des Gehirns aufgebaut. Am Anfang werden die ständigen Impulse (Körperzustände) aus dem *inneren Körpermilieu* (*Interozeptives System*) über neuronale Verbindungen und chemische Signale in Kernen des oberen Hirnstamms und im Mittelhirn zusammengeführt und modifiziert. Die Kerne (bes. der Hypthalamus) regulieren die Lebensprozesse und erzeugen *ursprüngliche Körpergefühle, z. B.* Enge-Gefühl, Hunger- und Durstgefühl, und übertragen gleichzeitig diese Informationen an die Großhirnrinde (besonders die Inselrinde), die sie zusammensetzt zu Körperbildern. Das sind kurzzeitig existierende *Abbildungsmuster* oder Spiegelungen von Körperzuständen und deren begleitenden Gefühlen, die nun bewusst werden. Rückläufig »antwortet« das Großhirn über den gleichen Weg und nimmt damit auch Einfluss auf Körperzustände. Das gleiche gilt für äußere Sinneseindrücke, die durch *sensorische Portale für die Außenwelt* (funktionale Einheiten der Sinnesorgane mit den jeweils beteiligten Körperteilen und Hirnstrukturen) verarbeitet werden. Die sensorischen Portale sorgen zum Einen dafür, dass eine geistige Position des Gesamtorganismus zum äußeren Objekt entsteht: z. B. aus dem oberflächlichen Reiz »Licht« wird »Sehen des Lichts«, das zugleich ein Bild des Objekts (Eindruck) und spontane Körpergefühle und -reaktionen erzeugt. Daraus eröffnet sich die *Perspektive* ein Sehender (Körper) zu sein, der eine Position zu einem äußeren Objekt bezieht. Zum Anderen stellen sie eine Verbindung zwischen dem Wahrgenommenen (geistige Inhalte des Objekts) und dem beteiligten wahrnehmenden Körperteil her. »Wir spüren […], wie wir mit den Augen sehen« (vgl. Damasio, 2013, S. 209). Aus der Integration von interozeptiven und sensorischen Mustern sowie übergeordneten Abbildungen des Gesamtorganismus entsteht ein *Proto-Selbst,* ein unbewusstes sprachloses »Wissen«, das über *gefühlte* Bilder des Körpers und damit verbundene ursprüngliche Gefühle wie Schmerz, Lust und Angst das aktuelle Daseinsbefinden anzeigt. Das *Proto-Selbst,* ist eine *Selbst-Repräsentation erster Ordnung,* »eine Insel der Stabilität in einem Meer der Bewegung« (ebd., S. 212) und sorgt dafür, dass der restliche Körper stets untrennbar mit dem Gehirn verbunden bleibt […]. Es (Anm. d. Autorin) ist die Grundlage der Entstehung ursprünglicher Gefühle, und der einzigartigen Beziehung zwischen dem Körper als Objekt und dem Gehirn, das dieses Objekt repräsentiert (ebd., S. 213).

Die weitere Entwicklung zu einem *Kern-Selbst* bedarf einer *unaufhörlichen Interaktion* des Protoselbst mit Objekten außerhalb des Körpers. Die Interaktion (z. B. das Objekt berühren) wandelt das Proto-Selbst, also die ursprünglichen Gefühle, in das *Gefühl, das Objekt zu kennen, zu erahnen.* Die *Aufmerksamkeit* richtet sich auf das Objekt und seine *körperliche Ansprache*: *die Gegenwart* des Objekts wird gefühlt. Und zugleich entsteht das Gefühl der Berührende (Protagonist) zu sein, der durch eine *objektbezogene emotionale Reaktion* sich und das Objekt miteinander verbindet, was die Vorstellung von Handlungsfähigkeit erzeugt (vgl. ebd., S. 214ff.). In diese Prozesse sind das limbische System sowie bestimmte *Hirnrindenfelder* (somatosensorische Rindenfelder und Sinnesfelder wie z. B. die Sehrinde) einbezogen. Dort werden sie als *Karten* (gefühlte Bilder) *im Bewusstsein* aufgezeichnet. Sie enthalten also die äußere Erscheinung des Objekts, die damit verbundene *gefühlte motorische Interaktion* und abgewandelte *ursprüngliche Körpergefühle*. Das Kern-Selbst hat nur die Fähigkeit, emotional und zweckgerichtet auf etwas hier und jetzt zu reagieren und es abzubilden. Wird ein Objekt erinnert, zieht es unweigerlich nach sich, dass die objektbezogenen Gefühle auch aktuelle ursprüngliche Körpergefühle (z. B. Hunger-Gefühl) verändern (embodied memories). Kern-Bewusstsein ist die vorsprachliche Erzählung »wortlosen Wissens« von der Welt und unseren Wechselwirkungen mit ihr. Arbeitsgedächtnis, Kurzzeitgedächtnis, Langzeitgedächtnis sind dafür nicht erforderlich.

Um schließlich ein *autobiographisches Selbst* aufzubauen bedarf es neben den Hirnregionen und Netzwerken, die das Kern-Selbst nutzt, weiterer Strukturen (vgl. ebd., S. 225). Zum Einen sind es eng vernetzte Zellgruppen, sog. *Konvergenz-Divergenz-Zentren*, innerhalb der *reizverarbeitenden Hirnrindenareale*. Sie schaffen einen *Dispositionsraum*, indem sie aktuelle Bilder aufnehmen, die aus den primären sensorischen Arealen der Großhirnrinde (wie Hörrinde, Sehrinde) kommen und diesen Input mit früher erworbenen Kenntnissen aus tiefer gelegenen Hirnstrukturen koordinieren. Dadurch lenken sie die Art, *wie* die Bilder verarbeitet werden. Das »wie«

ist der unbewusste Teil der Verarbeitung, z. B. eine Gestimmtheit, eine unbewusste Phantasie, Motivation. Sie arbeiten also sozusagen in zwei Richtungen: Vergangenheit und Gegenwart. Zum Anderen bedarf es eines *schnell koordinierenden neuronalen Netzes*. Das leitet einzelne ausgewählte biographische Erinnerungen, die als *einzigartige* Objekte hervorgehoben werden, an das Proto-Selbst weiter, das die *ursprüngliche* Wahrnehmung *wiederbelebt*, und führt die Ergebnisse dieser Interaktion in einem Muster vorübergehend zusammen. Die Interaktion wird durch Pulse des *Kern-Selbst* koordiniert. Unter seiner Regie entstehen Kurzzeit-, Arbeits-, Langzeitgedächtnis und semantisches Gedächtnis (deren Wechselwirkungen die Gesamtheit menschlicher kognitiver Fähigkeiten ausmachen). So erhalten aktuelle Wahrnehmungen einen Kontext, zeitlich-räumliche Struktur und ein Ziel, einen biographischen Zusammenhang, der erinnerte Vergangenheit und vorweggenommene Zukunft einschließt. Bei Damasio enthält das Gedächtnis nicht nur Erinnerungen, sondern es bildet zugleich die Grundlage für eine freie Phantasietätigkeit, für einen durch Reflexion gesteuerten Bildverarbeitungsapparat, in dem die bisherigen gespeicherten Erfahrungen in einem Prozess des Überlegens erinnert und verändert werden.

2.2 Emotionen und ihr Beitrag zur Selbstentwicklung

Emotionen tragen entscheidend zur Selbstentwicklung bei. *Emotionen* sind komplexe, größtenteils automatisch ablaufende, von der Evolution gestaltete Programme für Handlungen – ergänzt durch Gedanken und Kognitionsformen – und damit *immer an den Körper* gebunden.

Das *Fühlen der Emotionen* beginnt und endet im Gehirn, wenngleich in anderen Hirnregionen. Es ist die *Wahrnehmung* dessen, was sich *im Körper* während des Ablaufs einer Emotion vollzieht, und des *Geisteszustands* während der gleichen Zeit.

Sogenannte Basisemotionen oder *universelle Emotionen* wie Angst, Wut, Trauer, Glück, Abscheu, Ekel, Interesse, Überraschung laufen automatisch ab (vgl. Ekman, 2010). Die ausgelösten emotionalen Reaktionen sind jedoch sehr individuell. Zwei weitere Gruppen sind von Bedeutung: die sogenannten *Hintergrundemotionen* und die *sozialen Emotionen* (vgl. Damasio, 2013). Bei Hintergrundemotionen, wie z. B. Begeisterung und

Entmutigung, wirkt der emotional kompetente Reiz meist im Verborgenen. Sie sind eng verwandt mit Stimmungslagen. Soziale Situationen (zwischenmenschliche Interaktionen) lösen soziale Emotionen aus wie Mitgefühl, Peinlichkeit, Scham, Schuldgefühle, Verachtung, Eifersucht, Neid, Stolz, Bewunderung. Auch sie werden – wie die Basisemotionen – von starken körperlichen Veränderungen begleitet.

Für *alle* Emotionen trifft zu, dass sie durch aktuelle oder erinnerte Bilder von Objekten oder Ereignissen (emotional kompetente Reize) ausgelöst werden und im Gehirn eine explosionsartige Kettenreaktion in Gang setzen, die den momentanen *Lebenszustand* durcheinanderbringt: Über die *corticalen primären Sinnesfelder* wahrgenommene Reize aktivieren *zuerst subcorticale Zentren,* die alle vegetativen Funktionen, überlebenswichtiges Verhalten (wie Aufmerksamkeit) regulieren sowie Episoden und Kontexte speichern. Sie – besonders die Amygdala – *bewerten* den Reiz und senden ihr Ergebnis dann über rückläufige Verbindungen in *reizverarbeitende Areale* der *Hirnrinde* zurück. Damit wird der Reiz *bewusst.* Diese Areale überwachen Verhalten und speichern semantisches Wissen (Wissensgedächtnis). Zugleich aktivieren die subcorticalen Zentren tiefergelegene Umschaltstellen, Neuromodulatoren auszuschütten, die das *vegetative Nervensystem* aktivieren oder dämpfen. Das wiederum reguliert das *innere Körpermilieu* (z. B. Blutdruck, Atemfrequenz, Muskeltonus, Blutzucker). Die Rückmeldung seines Zustands (und damit verbundener Körpergefühle) in die subcoritcalen und corticalen Zentren des Gehirns übernehmen nun Botenstoffe über die Blutbahn. Aus der Gesamtheit aller Reaktionen entsteht ein *emotionaler Zustand*, der sehr schnell die Kognitionsvorgänge verändert. So verlangsamt z. B. Trauer das Denken und den Antrieb, sich aus der auslösenden Situation zu lösen. Mit Hilfe von Neuroimaging (bildgebenden Verfahren) können Gefühle »sichtbar« gemacht werden – d. h. ihr Weg und ihre Wirkungsorte sind darstellbar – und daraus konnte geschlossen werden, dass es sich um *unbewusste Gehirnvorgänge* handelt, die höchst wirksam bewusste Vorgänge beeinflussen (vgl. Goschke, 1997, 1998), indem sie Wahrnehmung, Vorstellung, Erinnerung und Handlungsplanung affektiv und emotional einfärben (vgl. Roth, 2001).

Neben den subliminalen und vorbewussten Komponenten der Wahrnehmung sind dies vor allem Vorgänge im *limbischen System.* Aktuelle

Befunde lokalisieren im *limbischen* System das ursprüngliche *»zentrale Bewertungssystem des Gehirns«* (Lück, Roth, 2007, S. 65). Es durchzieht das gesamte Gehirn und umfasst Teile des Hirnstamms, des Mittel- und Zwischenhirns, subcorticale Zentren sowie Hirnrindenareale. Es arbeitet weitestgehend unbewusst. »Affekte und Emotionen als Erlebniszustände sind der bewusst gewordene Ausdruck« seiner Tätigkeit (ebd., S. 52). Seine wichtigsten *Hirnzentren* (z. B. Formatio reticularis Amygdala, Hypothalamus, Hippocampus, prä- und orbitofrontaler Cortex, Inselrinde) und sein neuronales *Netzwerk* (Leitungen) sowie seine *neuromodulatorischen Systeme* (z. B. Noradrenalin-, Serotonin-, Dopamin-, Cholin-System) beginnen bereits *vorgeburtlich* zu arbeiten. Die neuromodulatorischen Systeme *beeinflussen* die Vorgänge an den Synapsen (Kopplungsstellen) in den subcorticalen und in den corticalen Zentren des limbischen Systems und werden zugleich in einer Art Rückkopplung wieder von seinen subcorticalen Zentren kontrolliert. Als anatomisch-funktionale Einheit prägt es sich in den ersten Lebensjahren während »sensibler Phasen« und ist später kaum veränderbar. Dagegen entwickelt sich das *corticale System*, als Träger des bewussten Ich (i. S. der Zusammenfassung verschiedener Bewusstheiten wie Körper-, Subjekt-, Handlungs-, sprachliches, reflexives Ich), erst *nachgeburtlich* bis zur Pubertät und verfügt über ein blitzschnell arbeitendes Netzwerk.

Charakteristisch ist, dass die corticale Bewusstseinsebene die starke Beeinflussung durch die subcorticalen limbischen Ebenen nicht wahrnimmt oder sie gar *leugnet.* Entsprechend scheinen unsere Gedanken, Absichten, Wünsche und Handlungspläne von nirgendwoher »aufzutauchen«, sie kommen »plötzlich«, oder wir schreiben sie uns selbst, d. h. dem Ich zu, dessen Status gleichzeitig ihm/uns rätselhaft bleibt. Die Erklärung für diesen Vorgang besteht darin, dass das bewusste Ich die Herkunft dieser intentionalen Empfindungen nicht zurückverfolgen kann. (Roth, 2001, S. 11)

3. Eine Brücke zwischen Neurowissenschaften und psychoanalytischer Theorie

Eine brauchbare Brücke wurde m. E. mit der Entdeckung der Spiegelneuronen geschlagen. Dadurch angeregte Hypothesenbildungen verbinden am deutlichsten die psychoanalytische Perspektive der inneren Erfahrung mit der neurowissenschaftlichen äußeren Wahrnehmung des Geistes als Körperorgan, weil sie die Qualitäten menschlicher Begegnung einbeziehen. Spiegelneurone gehören zum Startset, das die genetische Grundausstattung dem Säugling zur Verfügung stellt, »die ihm die Fähigkeit verleihen, bereits wenige Tage nach der Geburt mit seinen Bezugspersonen erste Spiegelaktionen vorzunehmen« (Bauer, 2005, S. 57). Sie ermöglichen eine wesentliche Fähigkeit: sich in einen anderen hineinzuversetzen. Aber sie können sich *nur* entwickeln, wenn ein geeignetes und angemessenes Beziehungsangebot durch einen Partner Spiegelaktionen ermöglicht: »[...] denn Nervenzellsysteme, die nicht benutzt werden, gehen verloren.« (ebd., S. 27) Ebenso können Angst und Stress ihre Aktivität so mindern, dass ein Lernen aus Erfahrung nicht mehr möglich ist.

Bei der Spiegelung handelt es sich um das Phänomen der *Als-ob-Körperschleife*, in der das Gehirn vorab simuliert, welches Körperbefinden demnächst bevorstehen könnte (z. B. die Folgen einer Bewegung), was, ohne dass es wirklich geschieht, eine *neurobiologische Resonanz* auslöst. Dieses Phänomen ist an die *Spiegelneuronen* in den motorischen und prämotorischen Hirnrindenarealen gebunden. Sie unterteilen sich in *Handlungsneurone,* die die körperliche Selbstwahrnehmung sowie den möglichen Ausgang einer Handlung speichern, und in *Bewegungsneurone*, die motorische Tätigkeiten aktivieren. »Die Beobachtung einer durch einen anderen vollzogenen Handlung aktiviert im Beobachter ein eigenes neurobiologisches Programm, und zwar das Programm, das die beobachtete Handlung bei ihm zur Ausführung bringen könnte.« (ebd., S. 23ff.) Die Spiegelneurone aktivieren also während der beobachteten Handlung ein eigenes motorisches Schema (und die damit verbundenen Gefühle), das intern die Handlung kopiert. Indem der Beobachter »das, was er erlebt, unbewusst als internes Simulationsprogramm erlebt, *versteht* er, und zwar spontan und ohne nachzudenken« (ebd., S. 27). Dies macht ihm die *Innen-*

perspektive des Handelnden und letztlich *gemeinsame Bedeutungsräume* zugänglich. Besonders aktiv werden die Spiegelneurone, wenn die beobachtete Handlung gleichzeitig auch motorisch imitiert wird.

4. Die psychoanalytische Perspektive der Selbstentwicklung

Selbst wenn wir uns noch ausführlicher mit den neurobiologischen Vorgängen und anatomischen Orten der Geistestätigkeit befassen würden, stünden wir weiter vor der Frage: Was oder wen braucht ein Baby am Lebensanfang, um ursprüngliche körperliche Bewusst-Heit in Selbst-Bewusstsein zu transformieren? *Ein Baby kann allein aus sich heraus das nicht schaffen.*

Bion bietet für die frühe Lebensphase zwei Überlegungen an: Zum Einen den *spezifischen Kommunikationsmodus* der *projektiven Identifizierung*, der auf vorsprachliche Verständigung zielt (vgl. Meltzer, 2009, S. 90ff.). Zum Anderen entwarf er das *Modell vom Container-Contained*, das ein Zusammenspiel von äußeren Protagonisten und inneren Räumen beschreibt, aus dem sich entlang der projektiven Identifizierung das Selbst strukturiert: Das Baby entledigt sich unerträglicher körperlicher Zustände und Sinneseindrücke und der damit verbundenen Affekte (die es selbst nicht in sich halten kann) durch Ausstoßung (*Projektion*) in seine Mutter, z. B. durch einen Schrei, mit dem »Ziel«, in ihr diejenigen Gefühle hervorzurufen, die es loszuwerden wünscht. Der Mutter-Behälter (*Container*) hat die Funktion den abgespaltenen Inhalt aufzunehmen und zu bedenken, also mit sinnstiftender Bedeutung zu versehen und in Handlungen (*Containment*) umzuwandeln.[2] Voraussetzung dafür ist, dass der verstehende Andere dazu *bereit und fähig* ist, sich in einer Art träumerischen Ahnungsvermögens von den rohen (Körper-)Zuständen quasi *anstecken*, aber *nicht überwältigen* zu lassen, sie zu übersetzen (zu transformieren), und alles dafür zu tun, was nötig ist, um die Not zu mildern, also *in erträglicher Form* an das Baby *zurückzugeben*. Die kann nun das Baby, weil gemildert

---

[2]   Bion bezeichnet die rohen (körperlichen) Sinnesdaten, die immer mit Katastrophengefühlen verbunden sind, als *Betaelemente;* das träumerische Ahnungsvermögen der Mutter als *Alphafunktion* und bearbeitete, in Gedanken transformierte rohe Sinnesdaten als *Alphaelemente* (Bion, 1963, S. 52).

und erträglicher, aufnehmen und in sich behalten *(Introjektion)*. Das Baby reintrojiziert deshalb mit der »mildernden Antwort« nicht nur eine Besserung seines Befindens, sondern *immer gleichzeitig* eine *Objektbeziehung*, die seine unbewusste Beziehungsphantasie prägt, die mit Erwachsenenworten lauten könnte: z. B. »Zusammen-Kommen hilft«. Es internalisiert gleichzeitig das äußere Objekt, das fähig ist, Angst in sich zu bewahren, sein Bedürfnis nach Liebe und Erkennen zu stillen, z. B. die »BeschützerIn«. Das bedeutet, dass ein Baby nicht nur eine kognitive Einsicht gewinnt, z. B. »so fühlt sich ein voller Magen an, das ist satt sein«, sondern auch gleichzeitig eine psychische Erfahrung macht, die aus der intimen Verständigung mit der Mutter entsteht, z. B. »aufkeimende Hoffnung und Orientierung: Schmerz kann überlebt werden«. Diesen entscheidenden und zugleich schwer erfassbaren Moment der Wandlung vom rohen Körperlich-Sinnlichen ins Mentale beschreibt Bion folgendermaßen:

> In der primitiven Phase, die Freud zufolge im Zeichen des Lustprinzips steht und noch kein funktionierendes Gedächtnis kennt, weil dieses die Entwicklung der Denkfähigkeit voraussetzt […], wird der Mechanismus der *projektiven Identifizierung* eingesetzt, um [*solange*][3] die Aufgaben des Denkens zu erfüllen, bis dieses selbst [*im Kind*] funktionsfähig wird. Die projektive Identifizierung manifestiert sich zunächst zwischen Mund und Brust und dann zwischen introjiziertem Mund und introjizierter Brust. (Bion, 2009, S. 38)

Brust und Mund sollten wir hier wie Metaphern verstehen. Zum einen können auch andere Körperteile der Mutter, wie ihre Hände oder Augen, diese Verbindungserfahrung vermitteln, weil das Baby von Geburt an zur »*amodalen Wahrnehmung*« (Stern, 1992, S. 74ff.) des Anderen fähig ist. So kann es unabhängig davon, welche Sinnesmodalität es nutzt (z. B. Sehsinn, Tastsinn), die »globalen« Merkmale der mütterlichen Botschaft erkennen. Doch nicht nur sein Mund dient der »Einverleibung« (Erikson, 1971, S. 66ff.), sondern auch andere sensible Körperteile, wie z. B. seine Haut oder Augen. Zum anderen sind damit psychische Haltungen und alle damit verbundenen Gefühle und Handlungen gemeint: die mütterliche »Brusthaftigkeit« (Hingabebereitschaft) und die »Mundhaftigkeit« des Ba-

---

[3] Die in Klammern hinzugefügten Anmerkungen im Zitat wurden von der Autorin hinzugefügt.

bys (Aufnahmebereitschaft). Die projektive Identifikation als zentraler Teil der frühen Kommunikation birgt in sich die Besonderheit, dass ein Erleben entsteht, das *vorübergehend die körperliche und seelische Getrenntheit zwischen Mutter und Kind aufhebt.* Damit daraus eine mentalisierbare Erfahrung wird; Fonagy nennt es einen geteilten Erkenntnisprozess, den man dem Denkprozess gleichsetzen sollte; dazu muss der Mutter-Container nicht nur aufnahmefähig und nachgiebig sein, damit das Kind ihm seine Spuren einprägen kann, sondern auch robust und widerstandsfähig, so dass er weder aus der Form gebracht noch durchlöchert werden kann (vgl. Houzel, 2005/2006). Damit halten Struktur und Grenzen Einzug in die Beziehung. Ohne dieses dritte Element, das die väterliche Funktion vertritt, kann kein Gedanke aufkommen. Dem *Ende* der sinnlich-körperlichen Erfahrung kommt dabei eine besondere Bedeutung zu. Denn erst in ihrer Abwesenheit entstehen im Baby Gedanken über die Erfahrung, die gedacht werden können. Beide Eigenschaften des Containers, die mütterlich-aufnehmende und die väterlich-begrenzende, müssen sich ausgewogen ergänzen, damit sich entlang der projektiven Identifizierung allmählich eine Differenz zwischen Selbst und Objekt entwickeln kann. So wirken auf einer ganz ursprünglichen Ebene Weibliches und Männliches zusammen und verleihen dem Container *psychische Bisexualität*, mit der sich das Baby, weitaus früher als es Freud vermutete (Freud, 1975, S. 300), identifizieren könnte. Das setzt voraus, dass die Mutter den väterlich-männlichen Aspekt einer Beziehung, zu dem Auseinandergehen, Abwesenheit, Differenz gehören, hilfreich und gut empfindet, also in ihr Selbst innerlich integriert hat und nicht als Abweisung, Gefährdung, Kälte (miss-)versteht und vermeiden muss. Sonst baut sich die Beziehung zwischen Säugling und Mutter über einer Spaltung der Bisexualität des *Containers* auf, bei der der männliche Teil ausgeschlossen wird. Dieser Ausschluss des männlichen/väterlichen Teils der *Container*-Funktion verhindert die Erfahrung der Trennung, und die des Ursprungs des Andersseins. Aber ihre innere Integration muss immer wieder von außen unterstützt werden durch einen Dritten (wie der Vater), der über Mutter und Baby nachdenkt und ihr real hilft.

Ich habe bisher immer vom mütterlichen Container gesprochen. Ich meine dabei weniger die Mutter-Person als ihre Container/Containment-Funktion. Dass Väter diese Aufgabe vorübergehend oder für längere Zeit übernehmen können, wenn die Mutter seelisch oder körperlich nicht dazu in der Lage ist, konnte ich besonders bei der Pflege Frühgeborener oder Neugeborener mit postpartal depressiven Müttern beobachten. Die »psychische Bisexualität« der Väter bestünde wiederum darin, sich in eine Beziehung ohne Angst vor Selbstauflösung intim einzulassen und gleichzeitig zu begrenzen. Auch mit ihm kann – bis auf das Stillen – das Baby eine ganz private, innige Verbindung eingehen. Allerdings wissen wir wenig darüber, wie die »Rückkehr« zur Mutter die innere Welt des Babys verändert.

5. Wie psychische Realität im Körperlichen enthalten ist

5.1 Vorgeburtliche protopsychische Organisation über sensorische Wahrnehmungen

Die folgende *Fallvignette* beschreibt, wie eine besondere intrauterine Hör-Erfahrung die psychische Anpassung des Babys Martin an die nachgeburtliche Welt beeinflusste.

Voranstellen möchte ich einen *Exkurs* in die vorgeburtliche Lebenszeit: Bereits mit der Zeugung beginnt die Lebensdynamik. Die Organstrukturen bilden sich aus den Keimblättern und nehmen gleichzeitig ihre Funktion auf. Formen sich z. B. die Arme, so machen sie eine greifende Wachstumsbewegung, die Beine eine eher streckende (vgl. van der Wal et al., 2005). Bereits wenige Wochen nach der Zeugung beginnen Sinnesorgane und Gehirn zu wachsen. Das ermöglicht dem Fötus, interaktiv im Körperinneren seiner Mutter einmalige sinnliche Erfahrungen zu sammeln, die erstes psychisches Erleben prägen. Sein Dasein ist eingebettet in *Kontinuitäten*, wie den mütterlichen Herzschlag, ihre unablässige Atmung, die passive Versorgung mit Nahrung, gleichbleibende Temperatur, den ständigen Geruch und Geschmack des Fruchtwassers (Pheromone) etc. In den »Grundsound« dieser Ungetrenntheit oder Verbundenheit fließen Diskontinuitäten ein, die von der Mutter ausgehen, wie die An- und Abwesenheit ihrer Stimme, ihre Bewegungen, die sich mit Ruhephasen abwechseln, oder ihr körperliches und psychisches Befinden, das über unterschiedliche humorale Botenstoffe (chemische Signalübertragung) unmittelbar auf das Kind wirkt. Jeglicher

Einfluss aktiviert auf der zellulären Ebene bestimmte DNA-Sequenzen, die die Zellen funktionell und strukturell an die neuen Bedingungen anpassen und zu ihrer Ausdifferenzierung beitragen. So »dienen die genetischen Programme der Zellen lediglich noch als ein Repertoire von Handlungsoptionen« (Hüther, 2005), um eine innere Organisation aufzubauen. Gleichzeitig wird jeglicher Einfluss *erlebt,* weil bereits subcortical neuronale Netzwerke bestehen, die ihn bewerten und an die Hirnrinde weiterleiten. Dort entstehen *protomentale Vorstellungen* über die Mutter und sich selbst, an denen sich das Kind nachgeburtlich orientieren kann. Wie interaktiv und zugleich selbstständig Föten agieren, konnten Beobachtungen mittels Ultraschall belegen, ebenso ihre charakteristischen Verhaltensmuster, die nachgeburtlich weiter bestehen (Piontelli, 1992). Eine *besondere Bedeutung* kommt der Klangerfahrung mit der *mütterlichen Stimme* etwa ab der 12. Schwangerschaftswoche zu. Die mütterliche Stimme ist für den Fötus *einzigartig präsent,* weil über die *Knochenleitung* vom Kehlkopf über die Wirbelsäule bis zu ihrem Becken ihre *hohen Frequenzen* erhalten bleiben. Die hohen Töne bringen das Innenohr des Kindes in Vibration und wirken *belebend.* Im Gegensatz dazu werden die Schwingungen aller anderen Stimmen und Geräusche durch die Weichteile gedämpft und erzeugen tiefere und schwächere Töne (Tomatis, 1994, S. 157ff.). Intrauterin werden die unterschiedlichen emotionalen mütterlichen Sprachmelodien in der Amygdala bewertet, zur Großhirnrinde weitergeleitet und damit bereits vorgeburtlich *erkannt,* dem ungeborenen Kind vertraut (vgl. Lück/Roth, 2007). Da aber im »intrauterinen Universum der tiefen Klänge« (Tomatis, 1994, S. 165) diese belebende Stimme unkontrollierbar kommt und geht, können bereits in der Ungetrenntheit protomentale Vorstellungen von Anwesenheit und Abwesenheit und die Erwartung eines Anderen entstehen. Daraus könnte sich der »Keim einer Differenzierung zwischen einem horchenden Ich und einem sprechenden Nicht-Ich und folglich die Erfahrung von Begegnung und Beziehung und ein inneres Objekt mit Klang-Qualität, auf der die Präkonzeption der Brust ruht« (Maiello, 1999, S. 101ff.), entwickeln.

Andererseits könnte die Abwesenheit der Stimme dem Kind eine Protoerfahrung von Leere vermitteln, eine Erfahrung von einem entleerten Raum, in dem sich später das Denken entwickelt sowie die Sprache, die das verlorene Objekt wieder re-evozieren, d. h. ihm die Stimme zurückgeben, kann, indem sie ihm einen Namen gibt. (ebd., S. 101ff.)

Oder der Fötus nutzt seinen Daumen, um die Leere zu füllen, indem er seine Mundhöhle füllt. Diese zielgerichtete Selbsthilfe ist in der Fruchtwasserhülle leichter möglich als nachgeburtlich, wenn die Bewegungen der Schwerkraft unterliegen. Die protomentalen Objekterfahrungen sind, neben phylogenetischen (stammesgeschichtlichen) Modulen, der individuelle (ontogenetische) Teil des angeborenen *Wissens über die Existenz eines Anderen*. Das Bion als »Präkonzeption« (Bion, 1963, S. 53) bezeichnet. Der *Zustand der Erwartung* gilt nicht irgendeiner Mutterfigur, sondern ein neugeborenes Kind will die Zweisamkeit mit *seiner* (vorgeburtlichen) Mutter fortsetzen.

Martin war zwölf Wochen alt, als ich ihn kennenlernte. Er litt an einer schweren Fütter- und Gedeihstörung, weil die Verbindung mit seiner Mutter misslungen war.

Am Telefon höre ich eine müde, nüchterne Frauenstimme: Sie melde sich auf Anraten der besorgten Kinderärztin, weil ihr Kind sich von Anfang an bereits nach wenigen Millilitern, die es aus der Flasche getrunken habe, abwende und schreie. So sei »*Martin am verhungern*«. Tagsüber schreie er auch sonst viel und überstrecke sich dabei. Selbst beim Stillen in den ersten sechs Wochen habe er gezappelt und geschrien, da sei »nichts zustande gekommen«, deshalb habe sie abstillen und ihm nachts im Schlaf auf Anraten der Kinderärztin die Flasche geben müssen. Aber das misslinge ihr nunmehr auch und dem Vater ebenfalls. Beide Eltern hätten bereits »viel unternommen gegen das Schreien und die Essstörung«. Aber nichts habe geholfen! Er sei ihr erstes Kind. »Die Geburt war schwer. Er wurde regelrecht rausgestaucht und ich bekam einen Dammschnitt.«

Das kurze Gespräch löste in mir Mitgefühl, aber auch eine mich befremdende Missmutigkeit aus. Und ich treffe bei der ersten Begegnung auch auf hoffnungslose, erstarrte Eltern und ein missmutiges Baby: *Martin liegt eingepackt im Maxicosi, seine Augen sind geweitet. Er blickt starr. Sein Gesicht wirkt unkindlich ernst, fast mürrisch.* Die Eltern (be-)nutzen mich sofort, ihren »Stress« abzuladen. Ganz nebenbei berichten sie dann, dass Martin sich bereits in der 20. Schwangerschaftswoche in den knöchernen Beckenring herabgesenkt hatte, was für die Eltern ein »besonderer Umstand« war. Aber er beeinträchtigte – wie die bildgebenden Untersuchungen zeigten – nicht das Wachstums ihres Kindes und damit nicht ihre freudige Erwartung auf die »letzte Vervollständigung« ihres Lebensglücks. Die Geburt erlebte die Mutter wie eine Verletzung, der sie ohnmächtig ausgeliefert war. Dass beide die Trennung überlebt hatten, konnte sie nicht als guten Ausgang dankbar annehmen, weil vermutlich deren gewalttätiger Aspekt sich nicht mit ihrem Selbsterleben, die Distanz zum anderen steuern zu können, vereinbaren (integrieren) ließ. »Ich mag es nicht so nah.« Das war ihr offenbar nicht bewusst, denn das weitere Zusammensein mit Martin, besonders beim Stillen, erlebte sie wie Übergriffe, die sie (erneut) verletzten. So schützten die Stillhütchen vermutlich nicht nur ihre wunden Brustwarzen, sondern auch vor Nähe.

Während sie erzählten, fiel mir die ungewöhnlich tiefe, fast männliche Stimme der Mutter auf. Ich beobachtete, dass sie nicht mit dem Baby sprach – im Gegensatz zum Vater –, sondern es nur manchmal in deutlich höherer Tonlage mit »sch-sch-sch« beruhigte. Der bisherige Verlauf unseres Treffens muss in den Eltern die Ängste vor der Begegnung mit ihrem Kind soweit gemildert haben, dass sich nun eine unerwartete Wendung ergab: *Martin wird wieder unruhig und weint ganz laut, stößt im Stakato kräftige, gellende Schreie aus.* Die Eltern meinen, er könne Hunger haben. Der Vater macht die Flasche zurecht, bindet ihm ein starres Plastik-Lätzchen um. Die Mutter gibt ihm mit angespanntem Gesichtsausdruck, wieder begleitet von einem »sch-sch-sch«, die Flasche. *Martin trinkt sofort kräftig, laut quitschend, ohne die Mutter anzuschauen. Sein Blick geht zur Seite in die Ferne.* Es wirkt seltsam fremd, als nähme er etwas in sich auf, was er nicht mit der Mutter verbindet. Aber er trinkt! Wir staunen und sind erleichtert. Dann bricht aus den Eltern der ganze Kummer heraus über die vielen gescheiterten Versuche. In mir steigt ein trauriges Bild auf. Ich sage, wie schlimm es für sie gewesen sein muss, ihr Kind nicht ernähren zu können, obwohl sie ihm doch etwas Gutes geben wollten. Beide Eltern wirken ergriffen. Als die Flasche leer ist, verlangt Martin mehr. Es gibt nur noch Wasser, das er *hastig – wieder ohne Blickkontakt –, in sich einsaugt*, als müsse er den günstigen Moment nutzen. Auf Mutter und Sohn blickend sagt der Vater nachdenklich: »Vielleicht geben wir ihm etwas,

was ihn überfordert«, nimmt ihn in den Arm, spricht mit ihm. *Ihre Blicke treffen sich und Martin beginnt mit seinen Fingerchen im Mund zu spielen.* Die Mutter blickt zu dem Paar hinüber. Sie wirkt nun weicher und klagt mir noch einmal, wie das Stillen nicht gelungen ist. Wieder fallen mir ihre tiefe Stimme und Martins abgekehrter Blick während der Flaschenfütterung ein. Ich spreche die erstaunlich beruhigende Wirkung des »sch-sch-sch« an. Die Mutter erzählt, sie würden auch manchmal den Föhn anmachen, sie hätten sogar ein Tonband mit Föhngeräuschen. Das würde ihn beruhigen.

Aus den Informationen und der Beobachtung formt sich in mir eine Hypothese, die ich ausspreche: Im Kern gehe es um *Martins unerkannte Lebenssituation.* Früher und deshalb länger als andere Babys, lag er 17 Wochen lang mit dem Kopf im Becken der Mutter und hatte dort engen Kontakt mit ihren Knochen. So nahm er auch ihre Stimme verstärkt durch die Knochenleitung lange und intensiv in einer viel höheren Tonlage als nach der Geburt auf. Sie verkörperte *seine Mutter.* Nach der Geburt habe er die starke, vertraute Stimme, die ihm Orientierung gab, *plötzlich verloren.* Denn er hörte sie nun über die Schalleitung der Luft, da sei sie ja viel tiefer und ganz fremd gewesen. Und damit habe er die Mutter nicht wiedererkennen können. Vaters Stimme dagegen habe er schon immer in ähnlicher Tonlage gehört. Die Eltern lauschen aufmerksam, so dass ich ergänze, dass durch das Föhngeräusch oder Mutters »sch-sch-sch« Martin vielleicht anknüpfen kann an die Zeit, in der er sich in der Mutter aufgehoben fühlte. Die Mutter ist sehr betroffen. Sie weint. Wir sprechen weiter darüber, wie verwirrend und schmerzlich es für sie gewesen sein muss, als Martin die Brust nicht wollte. Ihr wird bewusst, dass sie sein Nicht-finden-Können ihrer Brustwarze als Abweisung missverstanden hatte, die Zweifel und Abneigung in ihr auslösten. Aber heute habe sie ihn füttern können, auch wenn er dabei noch nicht mit ihr in Verbindung war und es so wirkte, als erwarte er von ihr keine Hilfe. Beim Verabschieden fühlten wir: Der erste Schritt ist getan.

Beim nächsten Treffen ein Aufatmen: Martin trinkt seit unserer Sitzung und lässt sich auch gerne mit dem Löffel füttern. Wir beschäftigen uns mit der Idee des Vaters, wie sie »beim Füttern mehr in Austausch sein könnten«. Erstmals entsteht eine flüchtige innige Verbindung zwischen Mutter und Kind. Die *dritte Sitzung* eröffnet die Mutter mit einer neuen Erfahrung:

»Ich freue mich morgens auf ihn, rede mit ihm.« Auch Martin ist völlig verändert: *Sein Gesicht ist lebendig. Er spielt mit dem Mündchen und der Zunge, brabbelt, lässt seinen Blick zwischen uns drei Erwachsenen schweifen, führt oft seine Händchen zusammen, als wolle er eine Begegnungserfahrung vertiefen. Sein Hunger-Schrei ist weicher, nicht mehr so gellendverzweifelt.* Die Mutter spricht lange mit mir über sich selbst, während Martin mit dem Vater spielt.

In der vierten Sitzung entsteht zum ersten Mal ein *Familienbild:* Die Eltern haben Martin mit etwas Spielzeug auf das Fell am Boden gelegt und sich zu beiden Seiten neben ihn in die Sessel gesetzt. *Er schaut sie mit großen Augen abwechselnd an, auch mal zu mir, seine Bäckchen sind voller, er spielt mit der Zunge, lächelt flüchtig und steckt dann die Händchen in den Mund.* Die Mutter lächelt mich an, während ich erstmals *an alle* gewandt sage, dass wieder eine Woche *zu dritt* vergangen ist und wir wieder zusammen seien. Die Eltern berichten von einer »wirklich guten Woche«. Alle wirken gelöster. Bevor die Mutter das Fläschchen bereitet, gibt sie Martin erstmals einen Nuckel »zur Beruhigung, damit er später trinken kann«. Meine Bemerkung, sie hätten herausgefunden, dass er einen Übergang braucht, erfreut beide Eltern. *Martin beruhigt sich schnell, saugt am Nuckel und hält beide Händchen dabei ineinander verschränkt. Dann schiebt ihm der Vater die Flasche in den Mund. Martin trinkt mit leisem Stöhnen, nicht mehr überstürzt.* Die Mutter schaut freundlich auf das Paar und *Ruhe* breitet sich aus. Auch als Martin ungeduldig weitere Milch verlangt, kommentieren die Eltern gelassen – »als muss er was nachholen« –, füllen nach, sorgen dafür, dass er trotz Gejammer zwischendurch ein Bäuerchen macht. *Er saugt allmählich langsamer, sichtlich zufrieden, hört schließlich ganz auf.* Als ich ihnen mitteile, was ich gerade beobachtete und fühlte, reagiert der Vater unerwartet energisch und schaut dabei seine Frau beschwörend an: »Ja, ich denke, wir machen es ganz gut. Wir haben eben ein besonderes Kind, anders als andere, das schneller aufschreit, aber wir kriegen das gut hin.« Die Mutter schaut erstaunt zu ihrem Mann. Auch *Martin schaut regungslos zu ihm.* Ich frage, an wen sich seine Botschaft richte. Wieder ganz energisch antwortet er: »An alle, auch an mich. Ich muss es mir auch sagen!« Nun wird die Mutter lebendig. So denke sie auch. Aber wieso schreie er oft so schrecklich?

Gemeinsam versuchen wir noch einmal, sein Schreien zu verstehen. Durch seine besondere Lage während der Schwangerschaft im Becken der Mutter könnten ihre Bewegungen und ihre Stimme ihn so intensiv belebt haben, dass er sich nach der Geburt herausgestoßen fühlte in eine unbekannte, leere Welt. Vielleicht drückt das Schreien seine Verzweiflung aus, nicht in sie zurückkehren zu können? Der Mutter fällt dazu ein, dass er heftig aufschreit, wenn er müde ist. Offenbar dürfe sie sich dann nicht irritieren lassen, denn lege sie ihn hin, schaffe er es schnell alleine einzuschlafen. Erst in den letzten Wochen sei ihr klar geworden, wie allein sie sich fühlte und isolierte. Jetzt sei ihr Leben, seit sie mehr auf Martin und andere Menschen zugehe, leichter. Als folge er einer Intuition, gibt der Vater ihr den Sohn. *An sie angelehnt, schaut er zu mir hinüber.* Dann *dreht er sich zu ihr und sucht ihr Gesicht mit dem Mund ab.* Sie lächelt erfreut. Ein wenig Angst liegt in der Luft. Was wird Martin jetzt wohl machen? *Staunend merken wir, dass er ausdauernd sucht.* Das ist ein *neuer* Zustand. Wir schauen alle gebannt auf Martin, der *am Körper der Mutter wuselt, als wolle er ihn kennenlernen.* Als die Eltern nun lebhaft darüber reden, wie sie sich in ihrem Leben zu dritt, als Paar und Einzelwesen allmählich wieder finden und »Martin auch mal schreien dürfe«, scheint er ihnen *zuzuhören* und *schaut seine Mutter richtig interessiert an.*

Die bald darauf beendete Therapie wurde durch positive Übertragungsprozesse befördert, die an dieser Stelle nicht reflektiert werden können. Martin konnte den Verlust seiner vorgeburtlichen Mutter, die er mit außerordentlich intensiven Klängen verband, nicht akzeptieren. Das geborene Kind konnte sie in der nachgeburtlichen (Klang-)Begegnung nicht wiederfinden. Es entstand eine unerträgliche Leerstelle. Auch die traumatische Geburt und die dadurch veränderte Mutter trugen vermutlich dazu bei, dass er in seine innere vorgeburtliche Mutterwelt-Erfahrung flüchten wollte. Das erschwerte seine Anpassung und Bindung an die nachgeburtliche Mutter. Erst als die Eltern seine Verzweiflung über den Verlust (an-)erkannten und die Mutter aus dem Teufelskreis der gegenseitigen Ablehnung ausstieg, konnte er seine frühere Heimat verlassen und besonders mit seiner Mutter neue Erfahrungen machen. Sein Vater hatte den Weg wesentlich unterstützt, durch seine praktische Mithilfe und das gemeinsame Nachdenken.

5.2 Erste psychische Organisation am Lebensanfang

Mit der Geburt gehen dem Kind der Schutz und die Erfahrungswelt des mütterlichen Körpers verloren. Lebte es bis dahin *in ihrer Welt*, trifft es nun eine unbekannte Welt, in der Getrenntheit und Diskontinuitäten herrschen, die von ihm *aktiv* überwunden werden müssen. Die Entsprechung in der psychoanalytischen Theorie bieten Bions Überlegungen zu primitiven Emotionen. Er sieht sie zusammengemengt aus »Dingen-an-sich« (Körperzuständen) und Katastrophengefühlen, die er als »Beta-Elemente« bezeichnet (Bion, 1992a, S. 52, 71ff.). Diese Beta-Elemente suchen einen Behälter (Container) – der eigene Behälter (»Denkapparat«) kann es noch nicht leisten –, der sie sammelt und das rohe Katastrophische übersetzt. Was dazu führt, dass die Dinge einen Namen erhalten und damit bereits aus der Unendlichkeit herausfallen. Nicht nur Frühgeborene, auch die »normalen« Neugeborenen sind darauf angewiesen, dass es ein Verständnis dafür gibt, dass ihre somatischen Zustände von katastrophischem Erleben begleitet sind. Die Neurobiologie (Hüther, 2002) beschreibt dieses Erleben als »primitiven Stress«, der in ein Gefühlserleben umgewandelt werden muss, was entlang von verstehenden Beziehungen, insbesondere mit der Mutter geschieht.

Meine Beobachtungserfahrungen mit Frühgeborenen lassen mich vermuten, dass diese Aufgabe *nicht* von unlebendigen Überwachungsapparaten, sondern *nur* von einem Menschen ausgeübt werden kann. Nur ein Mensch könnte angesichts des gestressten Babys die Todesängste spüren und die physiologischen Messwerte mit seinem inneren Erleben verbinden. Aber das ist schwer erträglich. Auch können wir uns nur annähernd einfühlen. Aber wenn wir uns mit allen Sinnen darauf einlassen, nicht abschotten, dann spüren wir ein basales *Streben* nach Gehaltensein, Zusammenhalt, Vereinigung, das *jedes Neugeborene* hat. Deshalb ist jedes neugeborene Kind auf der Suche nach einem äußeren Objekt, das ihm Orientierung gibt, die Leere füllt, ihm hilft, seine vorgeburtlichen Erfahrungen fortzusetzen.

Ich möchte diese Suche mit der folgenden Beobachtung eines Frühgeborenen an seinem 5. Lebenstag beschreiben: Janosch wurde in der 28. Schwangerschaftswoche geboren. Janosch liegt mit geschlossenen Augen in seinem Inkubator auf einem Fell. Er ist nackt, wirkt ganz zart, durchsichtig und auf den ersten Blick ganz lebendig und präsent. Aber dann schaue ich genauer und werde von den Bewegungen seines Brustkorbs gefesselt, während ich die Nasensonde, die über seinem Gesicht hängt, die Elektroden und Kabel an seinem Körper kaum wahrnehme. Er atmet regelmäßig ein und aus, dabei zieht sich sein Brustkorb ganz tief im Oberbauch ein, als müsse er, mühsam einen Widerstand überwindend, nach Luft ringen. Ich bin erschüttert, denn er scheint dem Tod näher als dem Leben. In mir kommt Angst auf, und ich merke betroffen, dass ich seine Unruhe als Lebendigkeit verkannt hatte. Der kleine Körper ist ganz und gar in Bewegung, von der Ferse bis zum Kopf. Er wölbt sich, dehnt und streckt sich, krümmt sich zusammen. Manchmal wirkt es fast wohlig, manchmal so als kämpfe er mit Vorgängen in seinem Inneren, dann wieder als suche er einen äußeren Halt, dabei fuchteln Arme und Beine so heftig in alle Richtungen, als fliege er auseinander. Mich bedrängt der Eindruck, dass Janosch unbegrenzt und ungeschützt ist. Ich möchte ihn umfassen und halten. Es gibt keine Uteruswand, noch nicht einmal eine Decke. Er ist nach oben ohne Hülle und offen. Auch scheint er sich in ständig wechselnden Zuständen zu befinden, die ich kaum erfühlen, geschweige denn verstehen kann. Ich fühle mich ausgeliefert. Alleingelassen im Inkubator scheint das Kind auseinanderzufallen. Nach einer Weile wird er ganz apathisch und seine Atmung so langsam, dass sein Monitor Alarm gibt. Eine Schwester tritt gelassen an den Inkubator. Wortlos, mit ein paar routinierten Handgriffen am Brustkorb, aktiviert sie ihn. Der Kontakt dauert nur wenige Augenblicke. Nun atmet er wieder regelmäßig, aber mühsam. Sie verlässt ihn. Etwas später kommt eine andere Schwester, wechselt seine Windel, dabei spricht sie mit ihm und sieht seine trockene, fetzige Haut: »Ach, da müssen wir dich wohl mal wieder eincremen und massieren.« Nun erhält er eine ausführliche kräftige Massage von Kopf bis Fuß (die wahrscheinlich bis in die Muskelzone hineindringt). Die Schwester spricht währenddessen mit ihm: »Ach, sieh mal, jetzt wirst du wieder ganz rosig. Das ist schön.« Mir erklärt sie, er brauche das, um auch seine Grenze zu spüren. Auch achteten sie sehr darauf, dass die Kinder eingeölt würden, damit die fehlende Gebärmutterwand etwas ersetzt würde. Ihnen sei aufgefallen, dass sich die Kinder im Inkubator oft so verhielten, als flössen sie auseinander. Daher käme auch Janoschs Unruhe. Janosch wirkt sehr aufmerksam, öffnet ein wenig die Augen und wendet sein Gesicht zur Schwester hin. Er wird nun von ihr mit der Spritze gefüttert. Das tut sie sehr behutsam, indem sie erst ein paar Tropfen an den Mund gibt. Er leckt leicht mit den Lippen an der Milch, dann füllt sie die Milch vorsichtig in kleinen Portionen über die Magensonde in ihn ein. Sie beobachtet genau und mit einer gewissen Freude, wie er mit der Milch am Mund umgeht: »Das schmeckt dir.« Er leckt und schmatzt recht laut. Dabei öffnet er die Augen und schaut sie an. Mit Erstaunen sehe ich, wie sein Blick sie regelrecht sucht. Mir fällt auf, wie stabil er jetzt atmet, während die Schwester ihn pflegt, als ob über ihre fürsorglichen Hände und ihre Gedanken für kurze Zeit eine Verbindung entsteht. Diese »denkende« Schwester und ihre Art zu pflegen berühren und stärken mich wie ein Energiefeld. Die Schwester sagt, die Mutter käme zweimal am Tag und lege sich das Kind mindestens eine Stunde auf die Brust. Danach sei er auch viel ruhiger. Innerlich sehe ich Janosch auf der Brust seiner Mutter liegen, wie er in ihrem Energiefeld im Rhythmus ihrer Atmung und ihres Herzschlags ruht, ihre Wärme und ihre fürsorgliche Aufmerksamkeit spürt. Vielleicht helfen ihm diese Stunden, die an das Kontinuum der intrauterinen Zeit anknüpfen, seine abrupt wechselnden Zustände zu ertragen. Denn jetzt, wenn er allein liegt, muss er selbst damit fertig werden, trotz aller Bemühungen die Fragilität seines Daseins und die damit verbundenen Ängste alleine tragen. Das lässt sich nicht verhindern.

Die Schwester stellt gedanklich eine Verbindung zwischen der Unruhe, dem Verlust der Gebärmutterwand und der fehlenden Begrenzung im Inkubator her. Sie gibt damit seinem Verhalten einen Sinn, tut es nicht nur als Rumstrampeln ab. Sie vermutet im Kind ein inneres Erleben über den Verlust der Mutter und seine Verlassenheit. Aber gegenüber dieser Katastrophe muss sie sich vermutlich gefühlsmäßig abschotten. Die Unruhe wird *nicht* mit Angst in Verbindung gebracht. Auch für die Atemstillstände wurde eher die somatische Unreife des Atemzentrums und der Lungen verantwortlich gemacht als seine Verlassenheit und Hoffnungslosigkeit im Unendlichen, obwohl nicht zu übersehen war, dass die Verbindung mit einem einfühlsamen Anderen ihn stabilisierte.

5.3 Psychische Organisation entlang von Hauterfahrungen

Janoschs *gesamte* Haut wurde in der oben genannten Beobachtung mas-
siert. Seiner Reaktion nach war das für ihn nicht nur sinnlich wohltuend,
sondern vermittelte ihm auch eine *Begegnungserfahrung*. Esther Bick
stellte für den Lebensanfang

> die These auf, dass Persönlichkeitsteile in ihrer primitiven Form so empfunden
> werden, als gäbe es keine Kraft, die einen Zusammenhalt unter ihnen schafft,
> und als müssten sie deshalb auf eine von ihnen passiv erlebte Weise zusammen-
> gehalten werden – durch die Haut, die als Begrenzung fungiert (Bick, 1995,
> S. 236ff.).

Weil das Baby die bewahrende Funktion noch nicht introjziert hat, ist es
im frühkindlichen unintegrierten Zustand verzweifelt auf der Suche nach
einem bewahrenden Objekt, welches fähig ist, diese Funktion zu übernehmen. Das optimale Objekt sei die Brustwarze im Mund, zu der – so
Bick – die haltende, sprechende, vertraut riechende Mutter gehört. Auf die
sinnliche orale Erfahrung und ihre Bedeutung als psychischer Organisator
werde ich später eingehen.

Das lässt uns an Anzieus Begriff »*Haut-Ich*« denken, den er als Hülle
für das psychische Selbst versteht, »mit dessen Hilfe das Ich des Kindes
während früher Entwicklungsphasen – ausgehend von seiner Erfahrung
der Körperoberfläche – eine Vorstellung von sich selbst entwickelt als Ich,
das die psychischen Inhalte enthält« (Anzieu, 1992, S. 60). Sei bei der
Geburt das Haut-Ich noch eine »virtuelle Struktur« (ebd., S. 136), so rea-
lisiere sie sich im Laufe des Kontakts zwischen dem Säugling und seiner
primären Umwelt *analog zur physiologischen Erfahrung des Haut-Organs*
als Begrenzung des eigenen Körpers.

> Die psychischen Funktionen des Haut-Ich lehnen sich – dem Freudschen Prin-
> zip entsprechend[4] – an konkrete physiologische Eigenschaften der Haut an, wie
> Reizschutz, Stützen, Beinhalten, der Vernetzung der verschiedenen Sinnesor-
> gane, sexuelle Erregbarkeit, passive Atmung, Entgiftung. (Gieler, 2006, S. 9)

---

[4] »Das Ich ist in letzter Instanz von den körperlichen Empfindungen abgeleitet,
vor allem von denen, die von der Oberfläche des Körpers herrühren« (Freud,
1975, S. 288 u. 294).

Die Haut ist ein Nahsinn-Organ. Eine (physikalische) Distanz zwischen Reiz (Objekt) und Rezeptor (Subjekt) gibt es nicht. Sie umhüllt den gesamten Körper. Kein anderes Organ eignet sich so wie die Haut als materielles Erfahrungsfeld für *basale Erwartungen* nach Halt, Schutz in Erfahrung des Gehaltenseins, Aufgehobenseins im Anderen.

Folgende Fallvignette berichtet vom Mangel an diesen Erfahrungen: Peter ist 14 Monate alt, als sich die verzweifelten Eltern bei mir melden. Er habe seit dem 5. Lebensmonat eine Neurodermitis, an der alle medizinischen Behandlungen scheiterten. Sie seien ratlos, wie sie mit dem sich kratzenden, jammernden Kind umgehen sollten. Als sie ihre Lebensumstände schilderten, wurde deutlich, mit welch aufopfernder Liebe und persönlichen Einschränkungen sie ihre beiden ersten Kinder groß gezogen hatten. Dann kam ein Aufatmen, endlich wieder in die berufliche Karriere einsteigen zu können, als Paar zu reisen, frei zu sein. Und dann kam plötzlich ein Nachzügler. Sie dachten, »selbstverständlich kriegen wir den auch noch groß«. Bereits während der Schwangerschaft entwarfen sie ein elterliches Pflegearrangement, das zugleich seine Betreuung und ihr selbstbestimmtes Leben sichern sollte. Schwangerschaft und Geburt verliefen »glatt«. Nach dem 5. Monat beendete die Mutter das Stillen am Tag und arbeitete im Wechsel mit dem Vater stundenweise. Enthusiastisch schilderten sie, wie leicht und zügig sie ihn körperlich pflegen konnten, wie gut sie sich mit dem Baby, das von Anfang an in einem Ställchen in der Nähe ihres Schreibtischs lag oder sie auf ihren Autofahrten im Kindersitz auf der Rückbank begleitete, über Worte und Blicke verständigen könnten. Wenn nur die schreckliche Hauterkrankung nicht wäre. Ich dagegen fühlte mich seltsam rettungslos und verloren und dachte: Völlig damit ausgefüllt, Peter in ihrem Zeitplan unterzubringen und vertrauend auf ihre Vorerfahrungen mit den großen Kindern, bemerkten sie nicht, dass sie innerlich nicht mehr bereit waren, sich auf die Individualität *dieses Babys* einzulassen. Mit einfachen Worten erzählte ich den Eltern, was ich gerade erlebt hatte und darüber dachte. Sie waren tief betroffen, weinten und dann dämmerte ihnen, dass sie trotz aller Aktivitäten nicht noch einmal bereit gewesen waren, ihr Baby wirklich an sich heranzulassen und im konkreten und übertragenen Sinne zu tragen. Nach zwei Wochen rief mich die Mutter an. Nachdem sie sich entschlossen hätte, einfach noch einmal *richtig einzutauchen* in das

Eltern-Sein, hätte sich Peters Haut sofort beruhigt. Später erfuhr ich, dass die Besserung anhaltend war.

Man kann vermuten, dass durch diese Art des Holdings über Fernsinne, mit einem Minimum an Hautberührungen und Hautkontakt besonders mit der Mutter, sie ihm im konkreten und übertragenen Sinne von Anfang an ihre Haut entzogen hatte. So konnte sich das frühe Phantasma einer gemeinsamen Haut-Hülle nicht bilden und Peter eine bewahrende Funktion nicht ausreichend introjizieren. Damit entwickelte sich keine Vorstellung von einem Raum innerhalb seines Selbst, die er mit zunehmendem Gewahrwerden seiner Getrenntheit aber dringend brauchte. Seine Haut, als körperlicher Ersatz für die bewahrende Funktion, war damit überfordert, entzündete sich, wurde löchrig und teilte damit den Eltern seine Schutzlosigkeit mit. Sie konnte heilen, nachdem die Eltern dies erkannt und besonders die Mutter sich ihm auch innerlich zugewandt hatte.

5.4 Psychische Organisation durch Munderfahrungen

Kehren wir zu Janosch zurück. Neben der Massage scheint ihn die einfühlsame Fütterung zu zentrieren. So wie die Schwester ihn füttert, ermöglicht sie ihm, nicht nur seinen Mund, sondern gleichzeitig ein Gegenüber zu spüren, das seine Empfindungen mit ihm teilt, so dass sich mit dieser oral-sensorischen Erfahrung und der inneren Sättigung auch Begegnung verbindet. Diese Begegnung im Fluss des Gebens und Nehmens könnte ein Vorläufer des beglückenden Zusammenkommens, ein »Gegenwartsmoment« (Stern, 2004) sein. Ob sich daraus allmählich ein psychisches Zentrum entwickeln kann, hängt davon ab, ob Janosch in ähnlicher Weise auch von den anderen Schwestern gefüttert wird, so dass sich aus vielen kleinen Sequenzen allmählich ein Erfahrungsraum über sich selbst und den Anderen aufbauen kann oder ob er eher mechanisch versorgt wird und nur sensorische Erinnerungsspuren bleiben.

Ein beglückendes Zusammenkommen erlebt Bill in der folgenden Beobachtung, die ich protokollierte. Er ist fünf Monate alt und mit seiner Mutter an diesem Tag alleine im Haus: »Er liegt, wie so oft, auf seiner Steppdecke im Wohnzimmer. Die Mutter spielt erst ein wenig mit ihm, hebt ihn auf den Arm und legt ihn dann wieder ab, aber er jammert laut auf. Es ist deutlich, dass ihm das nicht gefällt, und er wird von ihr wieder aufgenommen. Er sucht schmatzend ihr Gesicht ab. Da seine Unruhe zunimmt, meint seine Mutter, er habe wohl Hunger, und gibt ihm die Brust, die er sofort annimmt. Bill saugt intensiv, nur unterbrochen durch ein Bäuerchen. Da ich diesmal etwas höher und hinter den beiden sitze, kann ich sehen, wie die große Brustwarze in seinem Mund verschwindet, ihn ganz ausfüllt. Ich bin ganz hingerissen von dieser intensiven Verbindung. Und plötzlich drängt sich die Idee auf, dass es so etwas den ganzen Mund ausfüllendes weiches gleichzeitig Kompaktes und Ineinanderpassendes im späteren Leben gar nicht mehr gibt. Seine Lust ist auch für mich zu spüren. Er scheint das Trinken und die Brust sehr zu mögen. *Seine beiden Hände umfassen und kneten die Brust gezielt, aber doch fast wie nebenbei, tranceähnlich.* Saugen und Greifen wirken wie in einem Rhythmus. Auch die träumerischen Blicke zwischen den beiden scheinen die Trance zu vertiefen. Ich verfalle in eine sanfte Schläfrigkeit. Es wirkt so, als durchriesele Mutter und Kind eine orale Erotik. Auch der Mutter scheint es aufzufallen, wie intensiv Bill sich der Brust widmet. Sie wendet sich mir fast verschämt zu: ›Das ist doch wie ein Urinstinkt, dass er sich so festhält. Eine Hand halte ich schon. Wir sehen nach dem Stillen beide immer ganz besabbert aus.‹ Schließlich ist Bill satt und liegt wieder mit vorgewölbtem Bauch auf der Steppdecke, wird von der Mutter über den Bauch gestrichen und zugedeckt.«

Das Stillen gehört offenbar zu den glücklichen, lustvollen Momenten in Bills Leben, denn Mutter und Kind gelingt es, sich körperlich und emotional zu treffen. Es wird deutlich, wie leidenschaftlich Bill hier die Brust seiner Mutter und damit seine Mutter annimmt, während er in anderen beobachteten Situationen ihre Überstimulationen, z. B. wenn sie ihn am Hals küsst, aktiv abwehrt. In dieser Szene wird aus zwei unabhängigen Teilobjekten, der maskulin spendenden Brustwarze und der feminin aufnehmenden Mundhöhle, über die gelungene Verbindung vorübergehend ein neues »*Funktionsobjekt*«, das zwar wieder zerfallen kann, aber als Muster für sämtliche weitere Verbindungen dienen könnte.[5]

---

[5]   Während des Stillvorgangs erigiert die Brustwarze (hart und aufgerichtet), ähnelt in Form und Funktion dem Penis, verkörpert damit teilobjekthaft das Maskuline. Das Saugen verwandelt durch ein aktives Zusammenspiel von Lippen, Zunge, Kauleiste, Gaumendecke die Mundhöhle vorübergehend gänzlich in

Ich als Beobachterin hatte die Vision, etwas Drittes zu sehen, besser gesagt: zu fühlen, nämlich eine Verbindung, die *jenseits der sinnlichen Erfahrung* dazugekommen ist. Brust und Mund gehen wieder auseinander, das neue Objekt zerfällt wieder. Ich spürte, wie vermutlich auch das Baby und seine Mutter die Lust des Gefüllt-Werdens, die Lust des Hergebens, nur deshalb so intensiv aufkommen lassen können, weil die innige Verbindung begrenzt ist durch Beginn und Ende.

Mit der zeitlichen Begrenzung wird gleichzeitig ein psychischer Raum für Besitzwunsch und Verlustangst (und vieles mehr) begründet. Damit halten Zeit und Raum Einzug in das Erleben des Babys. Die Szene veranschaulicht auch, welche entscheidende Rolle in der Beziehung zwischen Mutter und Kind von Anfang an das Dritte spielt (vgl. Lazar, 1986).

Bills Mutter, ganz mit ihrem Baby projektiv identifiziert, erfand für das lustvolle Stillen den Begriff »Urinstinkt«, was auch immer sie damit verbinden mag. Ich hatte das Gefühl, da geschieht etwas Entscheidendes, das Bills unbewusste Phantasie von einem »nährenden« Teilaspekt seines inneren mütterlichen Objekts bekräftigt und ihm vielleicht später als zuversichtlich-hoffnungsspendendes Lebensgefühl helfen kann, wenn er für sich selbst sorgen muss. Meine Worte bleiben letztlich unzulänglich und können nur begrenzt mitteilen, was zwischen den beiden geschah. Aber jeglicher weitere Versuch, mental »die Leidenschaft intimer Beziehungen« fassen zu wollen, lässt das reiche Erleben verarmen.

5.5 Psychische Organisation durch Lernen aus Erfahrung

Freud geht in der Arbeit »Formulierungen über die zwei Prinzipien des psychischen Geschehens« davon aus, dass der Säugling zunächst nur Unlust bei Spannungssteigerung und Lust bei Spannungsabfuhr erlebt. Halluzinatorische Vorstellungen können kurzfristig die Spannung, z. B. Hunger, mildern, aber sein Anwachsen nicht beseitigen. Die Unlust wächst weiter. Insofern lässt sich Freuds Gedanke verstehen:

> Das Ich ist in erster Linie ein körperliches [...] Erst das Ausbleiben der erwarteten Befriedigung, die Enttäuschung hat zur Folge, dass dieser Versuch aufgege-

---

eine Aufnahmeorgan, das in Form und Funktion der Vagina ähnelt und damit teilobjekthaft das Feminine verkörpert.

ben wird […] Der psychische Apparat musste sich entschließen, sich die realen Verhältnisse der Außenwelt vorzustellen und die reale Veränderung anzustreben […] Vorgestellt wurde nicht mehr, was angenehm, sondern was real war, auch wenn es unangenehm sein sollte. (Freud, 1975a, S. 18)

In der Fußnote liefert er aber eine m. E. entscheidende Ergänzung: »[…] die Verwendung einer derartigen Fiktion rechtfertigt sich aber durch die Bemerkung, dass der Säugling, wenn man die *Mutterpflege* hinzunimmt, ein solches psychisches System nahezu realisiert.« (ebd., S. 18) Die Fußnote lässt vermuten, dass Freud die Mutter-Kind-Beziehung mit den Anfängen des Denkens (der Ich-Bildung) in Verbindung bringt, sie aber nicht weiter untersucht, vermutlich, weil nach seinem Verständnis der Säugling in Objektlosigkeit lebt. Stern dagegen stellt das subjektive soziale Erleben des Säuglings in den Mittelpunkt, dass sich uns aber nur erschließt, wenn wir den *Inferenzsprung* vom äußeren beobachtbaren Verhalten zu dessen innerem Bedeutungsgehalt wagen (vgl. Stern, 1986).

Wir wissen: Ein Baby ist nicht überlebensfähig, ja undenkbar, ohne Pflege und wiederkehrende Begegnungen mit einem verstehenden Anderen. Von Anfang an ist ein Säugling jedoch *kein passives* Pflegeobjekt, sondern auf seine Weise denkend-fühlend an der Begegnung aktiv beteiligt. Bion beschreibt in diesem Zusammenhang Denken als einen Versuch, den Anderen zu erkennen und zu verstehen und deshalb *primär an Emotionen gebunden* (vgl. Bion, 1990). Wir sollten uns also, um unsere Fragen nach dem Schicksal des Körperlichen zu beantworten, mit den *Anfängen des Denkens* befassen, die wiederum ihren Ursprung in den *frühen Beziehungen und den damit verbundenen Emotionen haben.* Während Freud eine Art Reflexbogenmodell aufbaut, in welchem das Denken als Mittel zur verzögerten Erregungsabfuhr dient, hat Bion ein anderes Modell für Denkvorgänge. Er geht vom Modell eines lebendigen Behälters aus, der zusammen mit dem, was er in sich aufnimmt, wächst. Er war davon überzeugt, nicht zuletzt durch Befunde der Säuglingsbeobachtung, dass im Lustprinzip von Anfang an das Realitätsprinzip enthalten ist, und dass nicht die Bedürfnisbefriedigung *allein* der Anlass ist zu denken, sondern dass die Wahrheit (Realität) aus der *Begegnung* entsteht. Dabei geht er davon aus, dass im Baby die angeborene Erwartung existiert, dass es einen anderen gibt, genauer gesagt, die angeborene Erwartung der *Beziehung* zwischen Mund und Brustwarze, ebenso zwischen Penis und Vagina, die er als *Präkonzeption* bezeichnet. Noch ist sie wie ein »leerer Gedanke« über die Verbindung von zwei Objekten und die zwischen ihnen bestehende Beziehung. Aber wenn sich diese Präkonzeption mit etwas aus der Realität, das der Erwartung nahekommt, paart, wie z. B. der *gelungenen Verbindung* von Mund und Brustwarze in einer gelungenen Stillerfahrung, dann entsteht eine Konzeption. Die Konzeption ist mehr als die Summe der beiden Einzelteile (Objekte). Sie ist mehr als die psychische Besetzung von Mund und Brustwarze. Sie ist etwas Drittes, eine *emotionale Erfahrung.* Ist sie anfangs noch an die konkreten körperlichen Ereignisse, Sinneseindrücke, die physische Anwesenheit des Anderen gebunden, kann sie später auch vom Baby gedacht werden, wenn der verstehende Andere abwesend ist. Die Elemente einer »gelungene Verbindung« wurden bereits im 4. Abschnitt beschrieben.

6. Behinderung der psychischen Organisation durch gestörtes Zusammenspiel zwischen Container und Contained

Das Lernen aus Erfahrung ist eine *potentiell riskante Angelegenheit,* weil die erwachsenen Beziehungspersonen während ihrer Übersetzungsarbeit (Containment) eigenes Befinden und damit verbundene Gefühle und Phantasien *ständig* vom kindlichen Befinden (Contained) *entmischen* müssen. Erst wenn beide Befinden voneinander abgegrenzt koexistieren, kann daraus eine wachstumsfördernde Beziehung entstehen.

Verweigerung des Containments
Fühlt sich die Mutter vom Schrei (Bedürfnis) des Babys angegriffen oder verletzt, also ebenso überflutet wie das Kind, *weigert* sie sich – um sich zu schützen –, sich dem Leiden hinzugeben. Sie verschließt sich der projektiven Identifizierung. So verhielt sich vermutlich Martins Mutter.

Zusammenbruch des Containments
Hat die Mutter in sich keine *hilfreiche Vorstellung* oder keinen *sinnstiftenden Gedanken* oder nicht die *Kraft* zu handeln, dann fühlt sich die Mutter unbewusst vom Kind verschlungen. Es scheint sie mit seinen Bedürfnissen

derartig zu beanspruchen, dass ihr kein eigenes Leben mehr erlaubt ist. Sie soll *für das Baby* leben. Ihr Containment bricht zusammen, so dass sie dem Baby nicht ein Gefühl von Aufgehobensein vermitteln kann. Dies war vermutlich bei Peters Mutter (Eltern) der Fall.

Destruktiver Container
Noch gefährlicher ist es, wenn der Mutter-Behälter destruktiv wird., d. h. die Inhalte des Kindes werden im Inneren des mütterlichen Containers ge-fangengehalten, das *Baby soll für sie leben*, seine eigene Lebensfähigkeit aufgeben. Es wird in sie eingepasst und das, was ihr nicht erträglich ist, wird abgetötet oder abgewiesen. Letzten Endes bleibt es dann seinen rohen Körperzuständen ausgeliefert, ist nicht in der Lage, schmerzliche Gefühle auszuhalten (zu »empfangen«) und sie als ein Fehlen von etwas »Benötig-tem und Erwartetem« zu erkennen.

Eine Beobachtung: Irina ist ein Zigan-Baby. Sie ist das dritte Kind. Ihre Familie lebt unter ärmlichen Verhältnissen in Rumänien auf dem Dorf. Un-abhängig, was der Grund ihres Jammerns ist, bekommt Irina sofort die Brust. Nicht selten fließt ihr später wieder Milch aus dem Mündchen. Ihr Unbehagen scheint die Mutter nicht erforschen, durchdenken zu wollen. »No voi« (»nicht schreien«), höre ich immer wieder. So wird die Kluft zwischen Angefüllt-Werden und Verdauen-Können im Laufe der Wochen immer größer. Irina muss sehr oft pressen, hat Schmerzen, wirkt inner-lich überfüllt, weil die Antwort auf jeglichen Unmut entweder Brustfüt-terung oder Nahrung ist, die für ein Baby noch zu schwer ist, z. B. ge-süßter Fruchtjogurt oder Fleisch. Immer wieder wird mir von der Mutter, den Großmüttern und der Urgroßmutter stolz erzählt, wie willig sie *alles aufnehme*, als fühlten sie sich dadurch bestärkt, gute Mütter zu sein, und bestärkt in der *Hoffnung*, dass sie rasch groß und unabhängig werden wird. Vermutlich werden deshalb Irinas gelegentliche Durchfälle und ihr Wund-Sein von ihnen als unerklärliche Katastrophen empfunden und nicht mit den Ernährungsgebräuchen in Verbindung gebracht. Gleichzeitig fällt mir immer wieder auf, dass Irina selten strampelt, meist hängen ihre *Beinchen schlapp* herab, als gehörten sie nicht zu ihr, wie vielleicht auch der quä-lende Unterleib. Als sie größer geworden ist, beobachte ich, dass sie ihre Händchen geschickt gebraucht, aber ihre Beinchen marionettenhaft wie

Stelzen bewegt. So wirkt sie seltsam zweigeteilt. Das wirft die Frage auf, ob durch das Ungleichgewicht zwischen Ernährung und Entsorgung in Irina körperlich eine *horizontale Spaltung* entstanden sein könnte zwischen dem Oberkörper, zu dem die Mundzone, Augen und Hände gehören, und dem Bauchraum, dem Unterleib und die Beinchen zuzuordnen wären. Das *psychische Pendant* könnte dann in der Spaltung von guten Gefühlen des Wohlbehagens, die mit Bekommen und Nehmen assoziiert werden, und schlechten Gefühlen des Unbehagens liegen, die mit Schmerzen, Ängsten, Trennung verbunden sind. Irinas Mutter brauchte ein Kind, das gerne aufnahm, nicht schrie. So wie sie ihre eigene Not durch unrealistische Pläne auslöschte, verleugnete sie auch seine Verdauungsnot und die damit verbundenen Gefühle. Irinas kleine Versuche, diese Spaltung zu überbrücken, indem sie spielerisch sich selbst und Dinge erkundet, wurden aktiv von der Mutter unterbunden, ähnlich wenn sie durch Schreien etwas mitteilten wollte. Ihr Unbehagen wurde nicht erforscht, sondern immer wieder mit Nahrung gestopft. Damit, so scheint mir, passte die Mutter sie in ihre eigene unbewusste Welt ein. Irina wurde kein eigener Raum gegeben.

Zerstörtes Containment

Wenn das Präkonzept sich mit einer *ausbleibenden Realisierung* bzw. *Negativ-Realisierung* paaren muss, kann es statt zu einem Gedanken, zu der Erfahrung *Nicht-Brust* führen. Die Nicht-Brust bleibt dann etwas Unerträgliches und Präsentes. Sie ist das schwarze Loch oder der Zerfall. Sie kann weder zum Denken noch zum Träumen verwendet werden. Sie muss ausgeschieden, ausgestoßen werden. Im Nicht-Brust-Zustand ist das, was Bion Beta-Elemente nennt, enthalten. Sie sind weder bewusst, noch bewusst zu machen (vgl. Bion, 1992). Wir treffen solche schwarzen Löcher nicht selten, wenn Babys nachts oder bereits beim abendlichen Zubettbringen ununterbrochen schreien oder sich anklammern.

Kaja ist 18 Monate, als ich sie kennenlerne. Beide Eltern schildern große Probleme, während Kaja, regungslos an die Mutter geklammert, mich mit freudlos-müdem Blick anstarrt. Die Beiden wirken wie ein unglückliches Bündel. Der Vater sitzt abseits und spricht unwirsch mit mir. Auch die Mutter hat eine seltsam kalte Stimme. Kaja würde sich tagsüber nicht von der Mutter lösen und sei deshalb in ihrer Motorik zurück. Der Vater werde von ihr zurückgewiesen. Abends könne sie nicht zur Ruhe kommen. Deshalb schlafe sie bei ihr im Bett. Aber selbst wenn die Mutter neben ihr liege, weine sie stundenlang. Manchmal wache Kaja auf, schreie so schrill, dass es ihr »durch Mark und Bein gehe und ins Hirn schieße«. Kaja sei nach einer für die Mutter gefährlichen Schwangerschaft vier Wochen vor dem Termin mit einem Kaiserschnitt geholt, »eigentlich herausgerissen worden«. Obwohl eine Placenta prävia totalis,[6] die jederzeit zu zerreißen drohte, den Geburtskanal verschloss, hätte sie den Geburtstermin gegen ärztlichen Rat so lange wie möglich herausgezögert. Ihren Kampf habe keiner verstehen wollen. Darüber sei sie wütend gewesen. Sofort nach der Geburt hätten die Probleme begonnen: unstillbares Schreien. Die Behandlungen im SPZ und bei einer Kinesiologin waren erfolglos. »Selbst mit Gewalt« ließe sie sich nicht trennen, andererseits aber auch nicht zärtlich berühren. Nur mit dem kleinen Bruder oder dem Hund tobe sie manchmal wild herum. Aber sie bekämen nie ein Lächeln.

Am Ende der langen Behandlung konnte die Mutter sich selbst wieder fühlen, weinen, sogar dankbar sein und Kaja besser verstehen. Kaja konnte sich trennen, schlief alleine und kam schließlich auch allein zu mir. Die Entwicklung will ich knapp zusammen fassen: Anfangs hockte und wirtschaftete Kaja fast die ganze Stunde unter Mutters Sessel, als wolle sie wieder in sie zurück, während diese ununterbrochen über körperliche und seelische Schmerzen klagte. Allmählich wagte sich Kaja hervor und kritzelte mit den Wachsstiften. Einmal zerbrach ihr ein Wachstift und beide regten sich schrecklich darüber auf. Aber Kaja fand dann eine durchsichtige Hülse, in die sie beide Teile schob, so dass sie zwar getrennt waren, aber eine gemeinsame Hülle hatten. Das beruhigte sie, die Mutter jedoch nicht. Ich sprach zu beiden über die Verletzung durch die gewaltsame Trennung, die Kaja wieder zu heilen versuchte und dass die Mutter selbst noch zu verletzt sei, als dass sie hoffen könne, beide könnten jemals heil auseinanderkommen. Kurz darauf entschloss sich die Mutter, Kaja »loszulassen«, so dass beide getrennte Sitzungen (die Mutter seltener) hatten. Über viele

---

6   Bei der »Plazenta prävia totalis« liegt die Plazenta vor dem Muttermund und es besteht in der zweiten Schwangerschaftshälfte hohe Blutungsgefahr, die das Leben von Mutter und Kind bedroht. Strenge Bettruhe, engmaschige Kontrollen, Wehen hemmende Medikamente sowie ein Kaiserschnitt sind unumgänglich.

Wochen übte und symbolisierte Kaja nun die Trennung mit rituell anmutenden Handlungen immer wieder. Bereits in der ersten Stunde, die sie allein mit mir verbrachte, schnitt Kaja ein Blatt entzwei, um es dann wieder so eng zusammenzufügen, so dass der Schnitt nicht mehr zu sehen war. Später gab es zwei Teile, die sie unterschiedlich bemalte, den einen Teil nannte sie Kaja oder Baby, den anderen Mama. Lange Zeit befasste sie sich nur noch mit Kaja-Blatthälften, während sie die anderen Hälften in ihrer Kiste aufbewahrte. Nach einigen Stunden ging sie dazu über, die Mama-Hälften sorgfältig in meinem Papierkorb zu versenken, und betonte immer wieder »die im Müll«. Später zerschnipselte sie die Mama-Hälfte bis zur Unkenntlichkeit in winzige Teilchen. Da sie großen Wert darauf legte, dass ich aufmerksam alles kommentierte und auch die »verworfenen« Teile freundlich im Auge hatte, wollte sie offenbar ihre destruktiven Gefühle unter meine »Obhut« stellen, um sich mit gutem Gefühl befreien zu können. Wir sprachen über die Zeit in Mamas Bauch und in vielen Variationen über ihre Geburt und dass, wenn zwei auseinandergehen, wie sie und ihre Mama, jede für sich ganz sein kann. Schließlich widmete sie sich nur noch am Anfang der Stunde kurz dem Trennungsritual und räumte mein Zimmer – das vermutlich sie selbst und die Mutter repräsentierte – um, baute sich Kletterpfade oder spielte Familien-Szenen mit kleinen Figuren am Boden.

Die Mutter war ihrem Körper ohnmächtig ausgeliefert. Durch ihre Wut auf die Institution konnte sie zwar ihre Todesangst verleugnen, aber sie blieb wie ein Fremdkörper unassimiliert in ihrem Selbst und auch dem Vater, der extrem unter der Bedrohung von Mutter und Kind litt, unzugänglich. Deshalb war es ihr nicht möglich, in Kajas Anklammerung die Todes- und Trennungsängste, die sie bereits vorgeburtlich erlebt hatte, zu fühlen und zu mildern. Für Kaja blieb das Unerträgliche präsent. Um nicht ganz zu zerfallen, blieb ihr nur die *adhäsive* Verbindung mit der Mutter.

7. Resümee

Anliegen dieser Arbeit war es, das frühe Selbst und seine Entwicklung zu untersuchen. Es wurde versucht darzustellen, wie das *Selbst-Bewusstsein* von frühen seelischen Vorgängen geprägt wird, die unbewusst bleiben.

Zwei Umstände wurden besonders hervorgehoben: die gegenseitige Bezogenheit und Verflechtung *körperlichen und psychischen Geschehens* und die *frühen Interaktionen*, die körperliche Zustände in psychisches Erleben transformieren. Einige Beobachtungen von Babys und Kleinkindern sollten den Zugang dazu erleichtern, wie sich die Psyche konstruiert und welche basalen äußeren Voraussetzungen dafür nötig sind. Und zugleich sollten sie deutlich machen, dass man sich dem komplexen Geschehen nur *annähern* und es nur bruchstückhaft erfassen kann. So »sind wir ständig auf diese Fähigkeit angewiesen, Unsicherheit, Zweifel, die ›Wolke des Nichtwissens‹ zu ertragen« (Meltzer, 2006, S. 44).

8. Literatur

Anzieu, D. (1992): *Das Haut-Ich*. Frankfurt a. M.: Suhrkamp.

Bauer, J. (2005): *Warum ich fühle, was Du fühlst*. Hamburg: Hoffman und Campe.

Bick, E. (1968): Das Hauterleben in frühen Objektbeziehungen. In: Bott Spillius, E. (Hrsg): *Melanie Klein Heute. Bd. 1* (2. Aufl. 1995). Stuttgart: Verlag Internationale Psychoanalyse. S. 236–240.

Bion, W. R. (1962). Eine Theorie des Denkens. In: Bott Spillius, E. (Hrsg.) *Melanie Klein Heute. Bd. 1* (2. Aufl. 1995). Stuttgart: Verlag Internationale Psychoanalyse. S. 232.

Bion, W., R. (1992b): *Lernen durch Erfahrung*. Frankfurt a. M.: Suhrkamp.

Bion, W. R. (1992a): *Elemente der Psychoanalyse*. Frankfurt a. M.: Suhrkamp.

Bion, W. R. (2009): *Aufmerksamkeit und Deutung*. Frankfurt a. M.: Brandes & Apsel.

Damasio, A. (2013): *Selbst ist der Mensch*. New York: Pantheon.

Ekman, P. (2010): *Gefühle lesen. Wie Sie Emotionen erkennen und richtig interpretieren*. Heidelberg: Springer.

Erikson, E. H. (1971): *Kindheit und Gesellschaft*. Stuttgart: Klett.

Fonagy, P., Gergely, G., Jurist, E. L. & Target, M. (2004): *Affektregulierung, Mentalisierung und die Entwicklung des Selbst*. Stuttgart: Klett-Cotta.

Freud, S. (1975a): Formulierungen über die zwei Prinzipien des psychischen Geschehens. In: *Sigmund Freud Studienausgabe, Bd. III*. Frankfurt a. M.: Fischer. S. 18.

Freud, S. (1975b): Das Ich und das Es. In: *Sigmund Freud Studienausgabe, Bd. III*. Frankfurt a. M.: Fischer. S. 288.

Gieler, U. (2006): *Psychosomatik der Haut – das Haut-Ich*. 56. Lindauer Psycho-therapiewochen. Vortrag vom 22. April 2006. Online: http://www.lptw.de/archiv/vortrag/2006/gieler.pdf [Stand 07. Juni 2016].

Goschke, T. (1996): Gedächtnis und Emotion – Affektive Bedingungen des Ein-prägens, Erinnerns und Vergessens. In: D. Albert & K.-H. Stapf (Hrsg.): *Enzyklopädie der Psychologie*. Bd. 4. Göttingen: Hogrefe. S. 603–692.

Houzel, D. (2005): Splitting of bisexuality in autistic children. In: D. Houzel & M. Rhode (Hrsg.): *Invisible Boundaries. Psychosis and Autism in Children and Adolescents*. London, New York: Karnac. S. 75–95.

Hüther, G. (2005): Pränatale Einflüsse auf die Hirnentwicklung. In: I. Krens & H. Krens (Hrsg.): *Grundlagen einer vorgeburtlichen Psychologie*. Göttingen: Vandenhoeck & Ruprecht. S. 40–62.

Israel, A. & Reißmann, B. (2008): *Früh in der Welt – das Erleben des Frühgeborenen und seiner Eltern auf der neonatologischen Intensivstation*. Frankfurt a. M.: Brandes & Apsel.

Lazar, R. A. (1986): Die psychoanalytische Beobachtung von Babys innerhalb der Familie. In: J. Storck (Hrsg.): *Zur Psychologie und Psychopathologie des Säuglings*, S. 185–211. Stuttgart/Bad-Cannstatt: frommann-holzboog.

Lück, M. & Roth, G. (2007): Frühkindliche emotionale Entwicklung und ihre neu-ronalen Grundlagen. *Analytische Kinder-und Jugendlichen-Psychotherapie*, 133, S. 49–80.

Maiello, S. (1999): Das Klangobjekt. Über den pränatalen Ursprung auditiver Ge-dächtnisspuren. *Psyche – Z Psychoanal*, 2, S. 101–136.

Meltzer, D. & Williams, M. H. (2006). *Die Wahrnehmung der Schönheit*. Tübin-gen: edition diskord.

Piontelli, A. (1992). *Vom Fetus zum Kind – Die Ursprünge des psychischen Lebens*. Stuttgart: Klett-Cotta.

Roth, G. (2001): Wie das Gehirn die Seele macht. 51. Lindauer Psychotherapie-woch. Vortrag. Online: http://www.lptw.de/archiv/vortrag/2001/roth_gerhard.pdf [Stand 07. Juni 2016].

Solms, M. (2013): Das bewusste Es. *Psyche – Z Psychoanal*, 9/10, S. 991–1022.

Stern, D. (1992): *Die Lebenserfahrung des Säuglings*. Stuttgart: Klett-Cotta.

Stern, D. (2005): *Der Gegenwartsmoment*. Frankfurt a. M.: Brandes & Apsel.

Tomatis, A. (1994): *Klangwelt Mutterleib*. München: Kösel.

Van der Wal (2005): Grundzüge der phänomenologischen Embryologie. In: I. Krens & H. Krens (Hrsg.): *Grundlagen der vorgeburtlichen Psychologie*, S. 31–48. Göttingen: Vandenhoeck & Ruprecht.

Viktoria Schmid-Arnold

Susanne Hauser / Catharina Salamander

Wie kann das Baby seinen Körper »bewohnen«?

Lustvolle Körperlichkeit und Sinnlichkeit im frühen Eltern-Kind-Bezug

Mütterliche und väterliche sinnliche und positiv lustvoll besetzte Körperlichkeit sind notwendig, damit das Baby zu seiner eigenen Körperlichkeit finden kann. Dabei ist es bedeutsam, dass lustvolle Körperlichkeit zwischen den Eltern und dem Baby hin und her schwingt, eine lustvolle Körperlichkeit ohne aktives sexuelles Begehren. Nur dann gelingt es dem Baby, eine Beziehung zu seinem eigenen Körper zu entwickeln, seinen Körper zu »beziehen«. Wenn das Begehren zu heftig wird, wird das Kind sexuell besetzt und von der Körperlichkeit seiner Eltern überwältigt; fehlt das elterliche Begehren ganz, kann das Baby keine Beziehung zu seinem Körper eingehen und es ist ihm nicht möglich, seinen Körper lustvoll zu besetzen.

> Säuglinge brauchen ein gesundes Konzept ihres eigenen sich entwickelnden Körpers. Das bedeutet, dass ihre Erregung, ihr Überschwang, ihre Vitalität, ihre Aggression, ihre Sinnlichkeit und ihre Sexualität zugelassen und wertgeschätzt begleitet werden sollten. (Campbell & Thomson-Salo, 2013, S. 124)

In unserem Beitrag wollen wir untersuchen, wie das Baby in den frühesten Interaktionen mit seinen Eltern seinen Körper sinnlich und lustvoll besetzen kann. Anhand von klinischem Material aus unserer psychoanalytischen Arbeit in der Babyambulanz wollen wir gelingende und misslingende körperlich-sinnliche Austauschprozesse zwischen dem Baby und seinen Eltern darstellen und in unserem theoretischen Bezugsrahmen insbesondere auf das Konzept des imaginären Kindes von Lebovici und das Konzept der rätselhaften Botschaften von Laplanche näher eingehen. Wir beginnen mit zwei Fallbeispielen aus der psychoanalytischen Arbeit mit Schwangeren.

1. Erste körperliche Begegnungen nach der Geburt

Die früh traumatisierte schwangere *Eva* hatte bis zur 30. SSW keine Kindsbewegungen gespürt und nicht von einem Baby intrauterin sprechen können, sondern von einem »Stein«. Ihre Schwangerschaft entstand über eine ICSI-Behandlung.[1] Der häufige ohne Leidenschaft und Begehren in nahezu zwanghafter Weise praktizierte Sexualakt des Paares blieb lange Zeit fruchtlos, da der Mann infertil war. Während der psychoanalytischen Behandlung gelang es *Eva,* in der 30. SSW erstmalig in einem Traum von einem, vielleicht ihrem Baby zu träumen. Bereits in der 32. SSW erfolgte ein Notkaiserschnitt wegen intrauteriner Bedrohung des Babys. Im Känguruing auf der Neonatologiestation war zunächst der Vater derjenige, der auf der körperlich-sensorischen Ebene der Haut und auf der Klangebene eine sinnlich-emotionale Beziehung zu seiner kleinen zarten Tochter (1.400 Gramm) aufnehmen konnte. Das kleine Baby lag im Känguruing nackt auf dem warmen Oberkörper des Vaters, der ihm Kinderlieder vorsang. Dabei konnte das Baby zugleich mit der tiefen männlichen Stimme die Wärme und den Geruch des väterlichen Oberkörpers wahrnehmen. Es erfuhr dadurch selbst in seinem hocherregten, kleinen früh geborenen Körperchen über die Sensorien der Haut Beruhigung und Entspannung auf der körperlichen Beziehungsebene.

Danach beobachtete die Säuglingsschwester, dass das Baby weniger seine Fäustchen ballte, sein Gesichtchen weniger in Falten gelegt war und sein Körpertonus sich entspannter anfühlte. Langsam konnte dann auch die Mutter Zugang zum zarten Körper ihrer Tochter bekommen, in dem die Säuglingsschwester ihr ein »mütterliches Holding« zur Verfügung stellte. Später wagte sie in Imitation mit dem Vater und unter Anleitung der Säuglingsschwester, ihr Baby nackt auf ihrem Oberkörper zwischen ihre Brüste zu legen. Sie konnte dabei erstmalig selbst warme, zärtliche Gefühle bei sich und für ihre kleine Tochter empfinden. Kurze Augenblicke des Glücks und der Freude tauchten bei ihr auf. Im begleitenden psychoanalytischen

---

[1] Bei einer Intrazytoplasmatischen Spermieninjektion (ICSI) wird eine einzelne Samenzelle mit einer sehr feinen Nadel direkt in eine Eizelle eingeführt (injiziert), die zuvor dem Eierstock der Frau entnommen wurde.

Prozess brachte sie dagegen in der Übertragungsbeziehung all ihre archaischen Gefühle eines negativen mütterlichen Introjekts und ihre Wut auf ihren Mann unter, der ihr eine natürliche Empfängnis wegen seiner körperlichen Unfruchtbarkeit versagt hatte. So gelang es der Mutter nach einer Weile, neben der Sorge um den Gesundheitszustand ihres Babies auch Freude über das kleine, noch sehr zerbrechliche Körperchen zu entwickeln. Während es bei ihr auf dem Brustkorb lag, konnte sie die Händchen und Füßchen ihrer Tochter ohne Schaudern und Berührungsangst betrachten. Mit liebevollem Blick begann sie, die Fingerchen einzeln zwischen ihren Fingern gleiten zu lassen und sie zärtlich zu umfassen. Dies erzeugte bei der Mutter einen Augenblick von Glückserleben, wie sie der Therapeutin später in der Stunde strahlend erzählte: »Ich kann es jetzt berühren, ohne Fremdheitsgefühl.« Man kann wohl annehmen, dass es der Mutter auf diese Weise gelang, den kleinen weiblichen Körper ihres Babys anzunehmen, ihn sinnlich zu besetzen und es ihm dadurch zu ermöglichen, in sein noch frühgeborenes Körperchen »einzuziehen«.

Wie der Kinderarzt und Psychoanalytiker Donald Winnicott es formuliert, ist es eine grundsätzliche Aufgabe der »hinreichend guten Mutter«, es ihrem Baby möglich zu machen, in seinen Körper einziehen und ihn bewohnen zu können. Wenn Eltern den kleinen Körper ihres Kindes libidinös besetzen und sich an seiner Vitalität erfreuen können, eröffnen sie ihrem Baby den Raum, seine »Triebe« zu entdecken, zu entwickeln und seinen Körper sinnlich und mit Lust zu »bewohnen« (Winnicott, 1965).

2. Die libidinöse Besetzung des imaginären Kindes

Eine weitere Vignette aus der Behandlung einer Schwangeren soll aufzeigen, dass sinnliche Freude der Mutter bzw. des Vaters bedeutsam für die Entwicklung von sinnlicher Körperlichkeit ihres Kindes ist. In der psychoanalytischen Arbeit gelang es der schwangeren *Birgit* nach der Trauerarbeit über ihre Aborte nach mehreren IVF-Behandlungen, Freude über ihren größer werdenden schwangeren Bauch zu entwickeln. Die freudige Erregung über die beginnenden Kindsbewegungen in der 22. SSW beflügelte ihre Fantasiewelt über ihr werdendes kleines Mädchen. Beide Eltern entwickelten im Laufe der Schwangerschaft ein gemeinsames Bild von ihrem Kind – das »imaginäre Kind« (Lebovici, 1988): ein kleines hübsches, vitales Mädchen, das hübsch wie die Mutter und vital und kraftvoll wie der Vater sein soll. Sie hatten die Vorstellung, dass sie es mit all ihren Sinnen lieben werden, obwohl sie beide nicht in der Lage waren, ihr Baby in einem gemeinsamen Liebesakt zu zeugen.

Der psychische Raum und die Entwicklung der sinnlichen Leiblichkeit des Kindes werden bereits intrauterin beginnend geprägt von der Geschichte der Herkunftsfamilie des Elternpaares und von den inneren Bildern seiner Eltern aus deren Kindheit und Adoleszenz, deren bewussten und unbewussten Fantasien. Sie werden beeinflusst von deren eigener psychosexueller Entwicklung, deren Weiblichkeit und Männlichkeit und deren Zugang und Erleben ihrer eigenen Körperlichkeit und Sinnlichkeit. Die sinnliche Leiblichkeit des Kindes wird positiv befruchtet von dessen lustvoller und gewünschter Zeugung. Sie wird aber auch belastet und verzerrt von dessen nicht gewollter, unlustvoller, gewaltsamer Zeugung.

In diesem inneren Raum entwickelt sich aus den bewussten und unbewussten Fantasiebildern der Eltern über ihr werdendes Kind das »imaginäre Kind«. Nach Serge Lebovici (zit. nach: Schleske, 2007, S. 14–15) ist das imaginäre Kind der bewusstseinsfähige Aspekt der Realisierung des gemeinsamen Kinderwunsches als das fertige Bild eines Kindes, das sowohl Repräsentanzen der Mutter als auch des Vaters in sich vereint. Gleichzeitig entwickelt sich über die Wahrnehmung der Kindsbewegungen eine reale, körperliche Beziehung zu dem intrauterinen Kind. In einem, manchmal schmerzlichen Trauerprozess verabschiedet sich das Elternpaar vom imaginären Kind, um nach der Geburt das reale Kind mit all seiner eigenen Sinnlichkeit, Leiblichkeit und seinem Geschlecht anzunehmen. Gelingt dieser Abschied vom imaginären Kind nicht, so wird der Beziehungsaufbau zum realen Kind und die sinnliche Besetzung des kindlichen Körpers durch projektive Zuschreibungen und Wahrnehmungsverzerrungen erschwert.

3. Erhöhte Sensibilität durch hormonelle Veränderungen

Die elterlichen Fantasien gehen einher mit einer besonderen Empfindsamkeit junger Mütter in der Schwangerschaft und in der nachgeburtlichen Zeit, einer besonderen Sensibilität, die auch die jungen Väter bei sich erleben. Diese hohe Empfindsamkeit ist verbunden mit dem Bedürfnis, körperliche Zuwendung, Wärme, Nähe und Geborgenheit zu geben. Auf physiologischer Ebene geht diese sensible Phase einher mit hormonellen Veränderungen, die vorwiegend auf der Ausschüttung von Oxytocin und hohen Östrogen- und Gestagenspiegeln beruhen (Uvnäs-Moberg, 2007, S. 184).

> Das psychosomatische Gleichgewicht der Mutter erfährt unmittelbar nach der Empfängnis eine drastische Veränderung. Von diesem Zeitpunkt an verändert auch der Vater seine Vorstellung vom Körper seiner Partnerin und von dem Platz, den er dem Kind zuweist. Die unterschiedlichen körperlichen Veränderungen vor, während und nach der Entbindung mobilisieren psychische Anpassungen, die die Abwehr schwächen. (Watillon, 2003, S. 514)

Die erhöhte Verletzlichkeit ermöglicht zugleich eine stärkere Disposition für innere Veränderungen. Wenn diese körperlichen und seelischen Veränderungen als positiv erlebt und integriert werden, unterstützt die erhöhte Empfindsamkeit die intuitive Mütterlichkeit und Väterlichkeit. Die Eltern lernen die Signale ihres Babys verstehen und besetzen ihr Baby mit seinem Körper positiv lustvoll.

Die emotionale Feinabstimmung in einem sicheren Eltern-Kind-Bezug zeigt sich besonders bei der Beruhigung eines unruhigen Neugeborenen: Das sich in körperlich-seelischer Anspannung befindliche Baby wird dann berührt, gestreichelt, getragen, im Arm gewiegt, an die Brust gelegt und gewickelt. Der nahe, sensible Körperkontakt spendet dem Baby physisch-psychischen Halt und Beruhigung. Einfühlsame Eltern entwickeln ein Gefühl für die Bedürfnisse ihres Kindes: Wie viel Berührung angenehm ist, welche Halteposition Entspannung bringt und wann das Baby wieder sich selbst überlassen werden kann. Diese Vorgänge entwickeln sich im »good enough mothering« (Winnicott, 1974) und »good enough fathering« (Herzog, zit. n. Diamond, 1998) dialogisch immer wieder zu einem Dreiklang: Das Kind gibt den Eltern Hinweise, die Eltern versuchen, diese zu verstehen und zu beantworten, wie es ihren Fähigkeiten und ihrer Gestimmtheit entspricht, und beruhigen damit ihr Baby im Sinne der sich entwickelnden Affektregulation.

4. Die »rätselhaften Botschaften«
verdrängter infantiler Sexualität

Der französische Psychoanalytiker Laplanche spricht von den »rätselhaften Botschaften« der Eltern, mit denen ein kleines Kind unbewusst konfrontiert wird (Laplanche, 2009, S. 530–531). Er meint damit, dass die Intimität und Sexualität der Eltern, ihr Begehren, die »anthropologische Grundstruktur« bilden, in die ein Baby hineingeboren wird und die unbewusst die sich entwickelnde Sinnlichkeit und Körperlichkeit des kleinen Kindes beeinflussen (Laplanche, 2004, S. 898–911). Bei der Pflege des Kindes kommt es demnach zu einem wechselseitigen Austausch zwischen Erwachsenem und Kleinkind auf der Ebene der Selbsterhaltung und der Bindung. Bei der körperlichen Pflege wird auch die beim Erwachsenen schlummernde und verdrängte infantile Sexualität angeregt. Nach Vorstellung von Laplanche besteht eine Asymmetrie zwischen Eltern und Kind vor allem darin, dass einzig der Erwachsene in sich ein verdrängtes sexuelles infantiles Unbewusstes beherbergt. Wenn die infantile Sexualität beim Erwachsenen nicht übersetzt und verdrängt wurde, kann sie sich bei den Pflegehandlungen in die Kommunikation mit dem Kind einschleichen. Solche vom Sexuellen durchzogenen Botschaften einer Pflegeperson dringen dann als »rätselhafte Botschaften« in das bewusste und unbewusste Erleben des Kindes ein und verzerren seine Wahrnehmung, sein Empfinden und sein Erleben.

Die folgende Vignette aus dem Beginn einer Behandlung zeigt die Intimität und körperliche Sinnlichkeit in einer stimmigen Interaktion zwischen Mutter und Baby.

Lisa, 3½ Lebensmonate, liegt zufrieden auf dem Polster und vokalisiert leise vor sich hin. Sie greift nach dem Bärchen, das die Mutter ihr in die Hand gab. Als *Lisa* das Bärchen aus der Hand fällt, zappelt sie mit ihren Händchen, schaut intensiv zur Mutter, die dabei ihren Kopf und Oberkörper *Lisa* zuwendet, ihre Gesichtszüge sich aufhellen und entspannen, sie in hoher Tonlage »oooooh« vokalisiert, ihre Augen dabei größer werden und sie ihr Baby anlächelt. Dieses mütterliche »Crescendo-Spiel« des Lächelns erreicht *Lisa*. Diese zappelt weniger und beginnt ihr Gesichtchen zu entspannen, öffnet Äuglein und Mündchen, bis es sich zu einem Lächeln entspannt. Dieses höchst responsive Lächelspiel wiederholt sich noch einige Male. Dabei wird der lustvolle Akt des Spieles zwischen Mutter und Baby deutlich spürbar. Nach einer kurzen Weile geht die Freude in *Lisas* Gesicht über in Anspannung, ein Zeichen dafür, dass Lust, Erregung und Interaktion für *Lisa* genug sind. Sie wird unruhig, dabei bewegt sie vermehrt ihre Händchen und Füßchen. *Lisa* beginnt zu quengeln, »err, err, errr, errrr«. Ihr Ton wird lauter und lässt Unmut annehmen. Die Mutter nimmt den Stimmungswechsel in *Lisa* wahr, streicht ihr zärtlich über ihr Bäuchlein, das sich inzwischen von der schnelleren Atmung öfter hebt und senkt. Sie ergreift liebevoll ihre Händchen und Füßchen, wendet sich *Lisa* erneut in hoher Tonlage und freundlicher Mimik zu: »Oooh, mir scheint, du bist unruhig, weil du hungrig bist«, und lustvoll fügt sie hinzu: »Du möchtest wohl an meine Brust.« Sie hebt *Lisa* hoch, sagt: »Oooh mein Schleckermäulchen, gleich ist es soweit.« *Lisa* hebt ihr Köpfchen, die Mutter unterstützt dies mit ihrer Hand und legt sie in ihren linken Arm. *Lisa* öffnet ihren kleinen Mund, greift nach der Brustwarze, umschließt diese fest mit ihren Lippen und beginnt zu trinken. Ruhig und entspannt nimmt sie die Milch der Mutter in sich auf, ihr kräftiges Saugen und Schlucken ist im stillen Raum zu hören. Zwischendurch begegnen sich die Blicke von Mutter und *Lisa*, die Mutter lächelt zufrieden. *Lisa* versinkt geradezu in dem großen Busen der Mutter. *Lisa* und Mutter scheinen diese Augenblicke von Nähe, Intimität und sinnlich-lustvoller Körperlichkeit, die in Mutter und *Lisa* auftauchen, zu genießen.

Nach einer Weile hält *Lisa* kurz inne, lässt die Brustwarze aus dem Mund gleiten, lächelt, öffnet ihre Augen und begegnet dem zärtlichen Blick ihrer Mutter, um dann erneut nach der Brustwarze zu greifen, zu trinken und sich bis zur völligen Sattheit zu verlieren. *Lisa* gleitet die Brustwarze langsam aus ihrem Mund. Sie lächelt und schläft. Die Mutter lächelt ebenfalls, ihre Augen leuchten. Sie betrachtet *Lisa* noch eine Weile und genießt mit ihr die körperliche Intimität. Dann legt sie *Lisa* liebevoll auf das Polster, die im

Schlaf zufrieden vor sich hin lächelt. Die Mutter sagt, diese Augenblicke machten sie glücklich und gäben ihr Kraft, sie genieße diese.

Im Erleben der Therapeutin breitet sich ein wohliges Gefühl aus mit der sensorisch-sinnlichen Vorstellung, wie der süße Milchfluss aus der Brustwarze in den Mund, vom Mund in den Magen aufgenommen wird, mit einem Gefühl von Sättigung und Wohlig-Sein und mit einem Zustand von völliger Entspannung und körperlicher Zufriedenheit im Baby. Freude entsteht über diese intimen Augenblicke bei diesem Mutter-Kind-Paar, dass die Mutter im Stillakt Augenblicke des Glückes mit ihrem Baby empfinden kann und ihr sonst hoher Angstpegel für Momente in den Hintergrund rückt. Daneben gibt es in der Gegenübertragung aber auch eine Spur von Scham und ein Gefühl des Ausgeschlossen-Seins.

5. Frühe Verliebtheit im körperlichen Austausch

Sander (2009, S. 41) bezeichnet das Lächelspiel als »eine der lustvollsten und augenfälligsten frühen Interaktionsstufen zwischen Mutter und Baby, die sich auf Arme, Beine, Rumpf und Stimme ausdehnen und sich zu einem ansteckenden, freudigen, körperlichen Geschehen entfalten können«. Bruschweiler-Stern (2007, S. 219–227) spricht von einem

> Moment der Begegnung und einem Fluss von Liebesgefühlen, wenn das Baby den Blick seiner Mutter findet und sich darin verliert. Es ist der Baustein für eine emotionale Bindung, für ein intensives körperliches Erleben einhergehend mit Erregung und Beruhigung zwischen dem Mutter-Kind-Paar.

Stern (2009, S. 213–218) beschreibt ein »Sich-Verlieben zwischen Baby und Mutter«, einen »synchronen Tanz«, der im Blick, in der Körperbewegung, in der Berührung, in dem Halten, in der körperlichen Wärme, in dem Eintauchen von Körper auf Körper zu einer ganz besonderen körperlichen Umarmung wird. Im Akt des Stillens – wie oben dargestellt – finden mehrere emotionale »Momente der Begegnung« statt und stellen für Mutter und Baby einen »besonderen Liebesakt« dar, ihre Beziehung wird auf eine »höhere, innigere Ebene« gebracht. Auf psychophysiologischer und neuropsychologischer Ebene bezeichnet Mancia (2008, S. 25) »Stillen als einen

Höhepunkt des körperbetonten Interaktionsspieles zwischen Mutter und Baby. Dieser intensive sensorisch-orale Austausch bildet einen wichtigen Baustein des primitiven kindlichen Körper-Ichs.«

In unseren Fallvignetten aus der Babyambulanz haben wir mehrere Stillszenen ausgewählt, da sich in diesen Austauschprozessen mit besonderer Deutlichkeit die Sinnlichkeit eines Eltern-Kind-Paares zeigt, aber auch deren Mangel und von projektiven Zuschreibungen belastete Interaktionen.

Die Mutter der sieben Wochen alten *Mona* ist aufgrund traumatischer Kindheitserlebnisse, die mit verbaler Gewalttätigkeit verbunden waren, nicht in der Lage, ihr weinendes Baby zu beruhigen. Das Kind gerät in einen übererregten Zustand, es bäumt sich auf, seine Händchen und Beinchen verkrampfen sich. Die Mutter spürt ihre Hilflosigkeit und Wut ebenfalls körperlich. Sie wird rot, kurzatmig, extrem unruhig und aggressiv. Sie will ihr Kind attackieren und muss sich deshalb von ihm abwenden. Die Mutter erlebt das Weinen des Babys als verfolgend. Unerträgliche, unverarbeitete Affekte schießen hoch und können nicht von denjenigen ihres Kindes differenziert werden. Die Mutter selbst ist in diesem Moment ein angstvoll weinendes Kind, das wie Mona diesen Erregungszustand körperlich erlebt.

Monas Vater nimmt sein spürbar überfordertes, schreiendes Baby auf den Arm. Er schließt die Augen und geht langsam mit ihr auf und ab, spricht dabei mit tiefer, leiser Stimme und summt. Nach einiger Zeit beruhigt sich *Mona*, ihr kleiner Körper entspannt sich, wird weich, schmiegt sich an den Körper des Vaters.

Der Vater besitzt wohl die Ressourcen, die ihm eine angemessene Reaktion auf den Erregungszustand seiner kleinen Tochter ermöglichen: Ihm gelingt das Holding (Winnicott) und Containment (Bion) des vom Baby noch nicht integrierten Affektzustands. Er vertraut dabei seiner Intuition und scheint in naher Verbindung zu seiner kleinen Tochter zu sein. *Mona* spürt und erlebt, dass der körperlich-seelische Spannungszustand, der sie ganzheitlich erfasst und den sie (noch) nicht selbst regulieren kann, vom Vater und dessen großen warmen Körper aufgenommen und gehalten wird. Ein basales Gefühl der Sicherheit kann sich allmählich entwickeln.

Campbell und Thomson-Salo beschreiben solche frühen Vorgänge unter dem Begriff der emotionalen Besetzung des Körpers des Babys durch die Eltern: »Normale, hinreichend gute Eltern können den Körper ihres Babys besetzen, ohne dass es zu einer Überstimulation des Säuglings oder zum Distress kommt.« (Paul & Thomson-Salo, 2013, S. 102) Mit Halten, Tragen, Streicheln, beruhigendem Summen und Sprechen, aber genauso mit Stimulation und lebhaft ausgedrückter Freude an der Sinnlichkeit mit ihrem Baby verhelfen die Eltern ihrem Säugling dazu, seinen Körper kennenzulernen und sich darin wohlzufühlen. Es entdeckt, dass es auch sich selbst offensichtlich lustvolle Gefühle verschaffen kann, wie zum Beispiel am Daumen lutschen und mit seinen Fingern und Füßchen spielen.

Die folgende Vignette beschreibt eine frühe schwierige Mutter-Kind-Beziehung, in der die belastete körperliche Verbindung sich auch über das Stillen manifestiert.

6. Stillen aus Angst vor Verlassenheit

Die vier Monate alte *Anna* liege ununterbrochen an der mütterlichen Brust. Die Mutter erlebe die Bereitstellung ihrer Brust als die einzige Möglichkeit, ihr Baby zu beruhigen. Sie stille *Anna,* bis sie (kurz) schläft, bis zu acht Mal in der Nacht. Dabei trinke *Anna* immer nur einige wenige Minuten oder sie sauge auch nur an der Brust, ohne zu trinken. Tagsüber trägt die Mutter *Anna* eng bei sich im Tragetuch: »*Anna* ist immer an mir dran. Sie weint, wenn sie nicht an meinem Körper ist.« Wenn *Anna* weint, gerät die Mutter in Panik und will zu ihr. Sie muss sie sofort hochnehmen. Grundsätzlich fühlt sie sich auch als schlechte Mutter und meint, sie schade mit ihrer Persönlichkeit ihrem Kind. Die Paarbeziehung sei seit der Geburt des Babys durch gegenseitige Vorwürfe, Verletzung und Streit belastet. Eine sexuelle Beziehung gebe es seit der Geburt nicht mehr. Der Vater, der ein halbes Jahr Elternzeit hat und bei den Behandlungsstunden dabei ist, möchte, dass *Anna* ohne die mütterliche Brust einschlafen lernt, und meint, ein wenig Weinen, begleitet von seiner Anwesenheit, schade seiner Tochter nicht. Diese Situation kann die Mutter nicht zulassen. Besteht der Vater darauf, das Einschlafen allein zu begleiten, schreie sie ihn an.

Die Mutter berichtet von einem nächtlichen Kindheitserlebnis in ihrem 4. Lebensjahr: Sie hörte nachts unbekannte Geräusche, sei erschrocken, habe ihre Eltern gerufen, jedoch keine Antwort erhalten. Sie sei, von Panik und Angst geschüttelt, in ihrem Zimmer geblieben. Nach unbestimmter Zeit seien die Eltern gekommen – sie hatten sie nicht gehört, waren im Garten gewesen. Von da ab habe sie die ständige Anwesenheit der Eltern verlangt, was jedoch nicht erfüllt wurde.

Mit dieser Kindheitserfahrung als Deckerinnerung wird das Anklammern der Mutter heute an ihr Baby verständlich: Alleinsein war für die Mutter als Kind mit tiefer Angst und »Verlassen-Werden« verbunden, was sie traumatisch und traumatisierend erlebte. Mit dieser verinnerlichten Erfahrung erlebt sie ihr Baby, wenn es von ihr oder vom Vater auch nur für Minuten verlassen wird, als extrem gefährdet. Sie dämpft ihre Angst mit der überschwemmend wirkenden Dauergabe der Muttermilch. Eine vitale Selbstbehauptung des Kindes kann die depressive Mutter nicht zulassen. Die sinnlich-sexuelle, leidenschaftliche Paarbeziehung, in der es Ich und Du und ein Wir gibt, wird aufgegeben, die Mutter scheint »nur noch« Mutter zu sein und dabei zu leiden.

Anna kann durch die ständige nahe körperliche Verbindung mit der Mutter die Exploration ihres eigenen Körpers nicht erleben. Deren Nähe wirkt auch nicht beruhigend, da der angespannte Tonus des mütterlichen Körpers sich auf *Annas* Körper überträgt. *Annas* Wünsche werden von der Mutter zu schnell erfüllt. Das Baby kann eine Bedürfnisspannung, die seine Affektregulation unterstützt, nicht erleben. Es wird keine Abstimmung bezüglich Alleinsein und Zusammensein zwischen Mutter und Kind möglich, vielmehr »muss« das Baby die Mutter in ihrer Angst schützen und erfüllt diese Delegation auch, indem es die Mutter nicht allein lässt. So kann es auch nicht in einen längeren Schlaf finden. Der von Stern beschriebene Prozess im Stillakt als »pas de deux in Feinabstimmung« zwischen Mutter und Kind, in dem die Milch den »brennenden Hunger« des Kindes kühlt, kann Anna nicht erleben, da die Mutter ihre Bedürfnisse vorauseilend erfüllt und dem Baby keinen Raum für das Erleben von Bedürfnisspannung und dessen Befriedigung einräumen kann (Stern, 1991, S. 46).

Ein gemeinsames Nachdenken des Elternpaars darüber, wie sie ihr Kind verstehen können, wurde erst allmählich während der Behandlung möglich. Der Fokus lag auf der Differenzierung zwischen mütterlichen Gefühlen und Bedürfnissen und denen des Kindes. Es fiel der Mutter schwer, ihr

Baby im wahrsten Sinn des Wortes loszulassen. Das Festhalten des Babys im Tragetuch löste in der Therapeutin aggressive Gefühle aus, da es als selbstobjekthafte Besetzung des Kindes durch die Mutter als übergriffig und stark eingrenzend wahrgenommen wurde. Nach einiger Zeit konnte die Mutter *Anna* auf ein Polster legen, von Mutter, Vater und der Therapeutin umgeben, und ihr kurz bei ihrer Beschäftigung mit ihren Händchen oder dem Spielzeug zuschauen, bevor sie unruhig wurde und bei leisen Unmutsbezeugungen von *Anna* in ihrer panischen Angst flehentlich sagte: »Ich würde sie jetzt hochnehmen.« Es schien zunächst nur ihre Wahrnehmung bzgl. des Befindens des Babys zu gelten. Die Versuche des Vaters, Kontakt zu *Anna* aufzunehmen, wurden wütend, die der Therapeutin entwertend zurückgewiesen. Im Lauf der Zeit wurde deutlich, dass die motorisch aktiver werdende *Anna* ihre Bewegungsmöglichkeiten sichtlich genoss. Ihr Blick, der zu Behandlungsbeginn auf die Mutter geheftet war, wendete sich nun nicht nur dem Vater und der Therapeutin, sondern auch ihrer Umgebung zu. Immer wieder aber zeigte uns *Anna*, dass die Loslösung vom mütterlichen Körper auch schmerzvoll und vielleicht auch Angst auslösend war. Die Modulation einer vorsichtigen Trennung mit der Öffnung zur Triade dieser verklebt wirkenden Mutter-Kind-Einheit war hier wichtig, damit *Anna* Zugang zu ihrem eigenen Körperempfinden erhalten konnte. Gleichzeitig konnte die Mutter, wenn auch mit schmerzhaftem Gefühl des Ausgeschlossen-Seins, dem Vater zu Hause Zugang zur Tochter ermöglichen. Der Vater begleitete auf seine Weise *Anna* in den Schlaf nach dem Stillen. Die Stillpausen und damit die Stilldauer wurden länger, mit zunehmendem Gewicht konnte *Anna* auch nicht mehr im Tragetuch eng am Körper der Mutter liegen. Eine wie oben beschriebene Freude an der Sinnlichkeit ihrer Tochter konnte die Mutter aber noch nicht erleben. Anhaltend spürbar blieb ihre angstvoll getönte Besorgnis um deren und ihre eigene Sicherheit.

Probleme in der Sexualität im Erwachsenenleben und psychosomatische Erkrankungen können ihre Ursache in einer negativen, lustfeindlichen Besetzung des kindlichen Körpers haben.

> Am Anfang zahlreicher psychosexueller Störungen und Entwicklungshemmungen steht die Unfähigkeit der Eltern, dem Kind eine gesunde Freude an der sexuellen Besetzung seines Körpers zuzugestehen. Wenn die Eltern den Kör-

per in solch hohem Maße entsexualisiert haben, dass er ihnen Unbehagen oder Ekelgefühle bereitet, droht die Gefahr, dass das Kind keine Einheit von Psyche und Soma entwickeln kann. (Paul & Thomson-Salo, 2013, S. 106)

Unter traumatischen Entwicklungsbedingungen kann das Entwicklungspotential des Babys von den realen und fantasierten Traumata seiner Eltern beschädigt werden. Insbesondere wenn das Begehren und die Zeugung nicht von Lust, sondern von Gewalt geprägt sind, wird das entstehende Baby im mütterlichen Erleben nicht zu einem Objekt der Sehnsucht und des Begehrens, sondern zu einem »hoch besetzten Objekt« mit Gefühlen der mörderischen Wut, des Ekels und der Rache (Müller-Pozzi, 2010, S. 9–10). Die »rätselhaften Botschaften« werden in solchen Fällen unverschlüsselt und direkt auf das Baby übertragen, was sich traumatisch auf seine Entwicklung auswirken und insbesondere die positiv-lustvolle Besetzung seines kleinen Körpers beeinträchtigen kann. Nach Laplanche werden diese Erwachsenenbotschaften im kindlichen Körper »eingeschrieben oder implantiert, gleichsam wie unter der Haut gehalten, ohne verstanden zu werden« (Laplanche, 2004, S. 902).

Hierzu ein Fallbeispiel aus der Babyambulanz, wo das sexuelle Trauma der Mutter sich mit ihren unbewussten Fantasien in der Stillsituation als überwältigendes Enactment darstellte.

7. Widersprüchliche Botschaften einer sexuell traumatisierten Mutter

Die Mutter, eine 17-jährige Flüchtlingsfrau aus Uganda, erscheint in der Ambulanz. Sie ist eine große, sehr schlanke, hübsche junge Frau, die ihre Weiblichkeit in einer engen Jeans zum Ausdruck bringt. In ihrem schönen, dunklen Gesicht mit den wulstigen Lippen und der breiten Nase drückt ihre starre Mimik Angst und tiefe Traurigkeit aus. Das Baby *Joseph* ist zwei Monate alt. Er hat einen großen, kräftigen Kopf und einen üppigen schwarzen Haarschopf. Er schläft die ersten Stunden meist zufrieden im Körbchen. Ab und zu ist ein tiefer Seufzer in seinem Tiefschlaf zu vernehmen. Die junge Frau wurde gewaltsam geschwängert und floh aus Angst, von ihrem Stamm getötet zu werden, nach Europa. Sie schildert eine traumatische Geburt und beklagt, dass sie keine Beziehung zu ihrem Baby aufbauen könne, was vom Personal des Mutter-Kind-Heimes bestätigt wird. Sie beklagt panikartige Ängste mit Verfolgungscharakter, mangelnden Schlaf wegen ihrem häufig schreienden Baby und ihrer verfolgenden inneren Bilder.

Beim Stillakt in der ersten Stunde beginnt *Joseph* heftig im Körbchen zu schreien, und als die Betreuerin ihn der Mutter in die Arme legt, zieht die junge Mutter widerwillig und mit Ekel im Gesicht ihre Brust aus dem T-Shirt hervor. Sie hebt *Josephs* Köpfchen und reicht ihm ihre Brustwarze. Er packt heftig die große Brustwarze, schließt seinen Mund und beginnt gierig zu saugen. Die großen Schlucke sind im stillen Raum zu hören. *Joseph* trinkt hastig und gibt sich nicht mit dem Leertrinken einer Brust zufrieden, sondern zieht ungeduldig und ebenso gierig an der anderen Brust, um diese in großer Geschwindigkeit leer zu trinken. Die Mutter dreht dabei ihren Kopf auf die Seite, ihre Mimik ist gezeichnet von Verachtung, Entsetzen, Hass und Ekel. Davon scheint sich *Joseph* in seiner oralen Gier nicht beeinträchtigen zu lassen. Ihm geht es um Sättigung und Überleben. Das Saugen an der Brust scheint *Josephs* einzige körperliche Beziehung zu seiner Mutter zu sein. Vermutlich muss *Joseph* besonders hastig trinken, um sich über diese für ihn überwältigenden Gefühlszustände seiner Mutter hinwegzusetzen.

Angesichts so viel negativer überwältigender Zustände erlebt die Therapeutin Schaudern und inneres Entsetzen sowie Wut und innere Lähmung. Daneben löst das Baby *Joseph* in der Gegenübertragung bei der Therapeutin auch Verwunderung und Bewunderung darüber aus, wie viel Überlebenswille doch in ihm steckt, wie gierig und hastig er trinkt, um es seiner Mutter leichter zu machen, damit der direkte körperliche Kontakt nicht allzu lange dauert.

Eine ähnliche Stillsituation wiederholt sich in der 4. Stunde mit 3½ Monaten. Zunächst hatte die Mutter nicht reagiert, als *Joseph* nach dem Aufwachen zu weinen begann. Schließlich legt sie *Joseph* neben sich auf das Polster. Eine längere körperliche Nähe mit ihrem Baby scheint die Mutter nur schwer auszuhalten. *Joseph* beginnt bald wieder zu weinen und dann kräftig zu schreien. Die Mutter nimmt ihn auf den Arm und reicht ihm sofort die Brust, an der *Joseph* kraftvoll saugt. Zwischendurch hält er kurz inne, lässt die Brust los, greift dann erneut mit seinen beiden Händchen heftig danach und trinkt weiter, ganz in sein Saugen versunken. Während sich *Joseph* seinem kräftigen Saugen hingibt und diesmal mit weniger Gier zu saugen scheint, sich beim Trinken mehr entspannen kann, gerät die Mutter nahezu in eine körperliche Erstarrung und einen dissoziativen Zustand. Ihre Mimik ist finster, erstarrt. Ekel und Abscheu sind spürbar. *Joseph* lässt sich scheinbar nicht in seinem Saugrhythmus irritieren. Er trinkt die Brust leer und nimmt sich, was er zum Leben braucht. Als die Mutter *Joseph* auf das Polster zurücklegt, wirkt die Mutter durch die körperliche Nähe *Josephs* im Stillakt emotional völlig überfordert und scheint von den Flashbacks ihres Traumas überrollt zu sein. Nur in der Spaltung zwischen Psyche und Soma ist ihr das Nähren möglich und so kann sie als real nährende Mutter entsprechend ihrem »kulturellen Codex« noch funktionieren.

Wie oben bei Campbell und Thomson-Salo (2013) beschrieben, scheint bei der Mutter ob des sexuellen Traumas eine Spaltung zwischen Psyche und Soma stattgefunden zu haben. In *Josephs* gierigem Trinkverhalten spiegelt sich die Überlebensstrategie des Babys wider in dem Sinne: »Ich möchte überleben, dafür brauche ich deine Milch. Diese werde ich mir holen, wann immer ich will.« Bei der Mutter spitzt sich in der Stillsituation der innere Konflikt zu zwischen ihrer nährenden Mütterlichkeit und der hasserfüllten Ablehnung eines vergewaltigenden männlichen Objekts, an das *Joseph* sie anhaltend erinnert. Ihre körperliche Aufspaltung ist vermutlich begleitet von Flashbacks an die sexuelle Gewalterfahrung und einer dissoziativen Starre, durch die die traumatischen Erlebnisse innerlich weggehalten werden. Durch die gewaltsame Zeugung konnte die Mutter allenfalls ein gespaltenes imaginäres Kind in der Schwangerschaft entwickeln. Immerhin hat sie *Joseph* ausgetragen, ihn nicht abgetrieben. Mutter und Baby haben die lange Flucht körperlich gemeinsam überlebt. Der Körper der Mutter hat *Joseph* geschützt. Unbewusst könnte einerseits der Wille zum Überleben von der Mutter in das männliche Baby gelegt worden sein: »Nur in dir, dem erweiterten männlichen Teil meines Körperselbst, kann und darf ich überleben und nur deswegen nähre ich dich, gebe ich dir meine Brust. Meine Brust ist keine containende Brust, keine fürsorglich liebende. Sie stillt nur deine Gier.« Andererseits bestimmt auch ihre Ablehnung eines männlichen Vergewaltigers ihr Bild von *Joseph*: »Ich hasse und verachte dich in deiner Männlichkeit. Dein männlicher Körper löst Ekel und Entsetzen in mir aus. Da ich dich und mich, ob deiner Existenz hasse, werde ich dich und mich töten. Nur gute, äußere Objekte können mich daran hindern.« In der Stillsituation entsteht eine Kompromissbildung, da die Mutter es *Joseph* erlaubt, dass er von ihrer Brust Besitz ergreift und sich davon nährt, es aber in ihrem Erleben wie eine »erneute Vergewaltigung« anmutet, wenn sie abgespalten von ihren Gefühlen ihren Körper dem Männlichen überlässt. In der Stillsituation dieser Mutter-Kind-Beziehung wird die infantile Sexualität im Erleben der Mutter aufgeladen mit traumatischer Sexualität, weshalb die »rätselhafte Botschaft« unverschlüsselt und sexualisiert an das Baby weitergegeben wird.

8. Rücknahme mütterlicher Projektionen durch die Perspektive der Therapeutin

Bei so viel Negativität im körperlichen Erleben der Mutter war die schwierige Frage im therapeutischen Prozess, wie es gelingen kann, dass sich Mutter und Baby liebevoll begegnen können und der mütterliche Hass in Liebe transformiert werden kann. Die Therapeutin musste sich zunächst für die Mutter als ein haltendes, mütterliches Objekt zur Verfügung stellen, das »Mutter-Baby« beruhigen, bevor Baby *Joseph* mit seinem lautstarken Schreien Gehör finden durfte. Als die Mutter in der Stunde ihren Lieblingssong vorspielt, wird durch das gemeinsame hin und her Wiegen auf der Klangebene, ohne Sprache, eine innere Verbindung zwischen Mutter, *Joseph* und Therapeutin hergestellt. Durch das miteinander Einschwingen öffnet sich ein triadischer Resonanzraum, der den Zugang zum gemeinsamen sinnlichen, körperlichen Erleben ermöglicht. Danach kann die Therapeutin den Widerstreit zwischen Hass und Liebe verwörtern und für die Mutter in Sprache fassen.

Die Therapeutin nimmt einen spielerischen Dialog mit *Joseph* über einen Spielring auf und sagt zu ihm gewandt, wiederholt mit einer sanften, liebevollen Stimme: »Oh, oh, was für ein hübscher, kräftiger Junge du bist. Du möchtest mit deiner Mami spielen.« *Joseph* schaut die Therapeutin lange prüfend an, bevor er vorsichtig zu lächeln beginnt. Er sucht spürbar seine Mutter.

Therapeutin: »Natürlich kennst du mich nicht. Ich bin eine Fremde. Du suchst nach deiner Mami.« Er beginnt vorsichtig zu lächeln. »Oh, oh, du lächelst mich sogar an. Was für ein schöner, kräftiger, kleiner Junge du doch bist.«

Währenddessen beobachtet die Mutter den Babytalk zwischen *Joseph* und Therapeutin.

Zu *Joseph* gewandt sagt die Therapeutin, dass seine Mami ihn liebe, aber dass sie auch damit Probleme habe, ihn zu lieben, weil ihr so etwas Schreckliches widerfahren sei und sie nicht wisse, wer sein Vater sei. Die Mutter erschrickt, die Therapeutin wendet sich ihr zu und sagt: »Aber Sie sind eine starke, junge Frau. Sie wollten ihn trotz allem. Sie haben ihn nicht getötet. Sie haben eine große Anstrengung auf sich genommen, um hierher zu kommen und sich und das Baby zu retten.«

Erstmalig beginnt die Mutter zu lächeln. Sie strahlt mit leuchtenden Augen. Ihre ganze Lebendigkeit wird für einige Augenblicke spürbar.

Therapeutin: »Ich verstehe, Sie lieben Ihr Baby und im selben Augenblick hassen Sie es, weil Ihnen so etwas Grausames geschehen ist. Sie lieben und Sie hassen ihn. Ich denke, das ist ok.«

Die Mutter schaut die Therapeutin mit großen Augen an und antwortet: »Aber es ist nicht erlaubt, dass ich ihn hasse.«

Therapeutin: »Ja, ich verstehe. Aber Sie lieben ihn doch auch, und Sie hassen ihn auch.«

Die Mutter fühlt sich in ihrem Hass von der Therapeutin verstanden und angenommen. Dies eröffnete ihr den emotionalen Zugang zu sich selbst und zu ihrem Baby. Sie wird der mütterlichen Gefühle von Liebe zugänglich, sodass es ihr im Stundenverlauf erstmalig gelingt, eine liebevolle mütterliche Tonlage in ihrer Muttersprache – ein »motherese« – zu entwickeln und mit ihrem Baby bewusst in Beziehung zu gehen.

Die Mutter beugt sich spontan zu *Joseph* und beginnt mit ihm in ihrer Sprache in einer zunächst liebevollen Tonlage zu sprechen. Das Baby dreht den Kopf weg, meidet den Blick der Mutter. Diese versucht es mehrere Male. *Joseph* weicht ihr aus, um sich zu schützen. Die Therapeutin setzt sich hinter die Mutter, *Josephs* Kopf auf ihrem Oberschenkel liegend. In zärtlich, liebevoller Tonlage versucht die Mutter, »*Joseph… Joseph… Joooseph*« zu sagen. Langsam beginnt das Baby seinen Kopf zur Mutter zu drehen, sie wiederholt mit zärtlicher Stimme: »*Joooseph... Joooseph.*« Die Therapeutin berührt seine Händchen, die Mutter streicht zärtlich über seine Füßchen. Das Baby spürt, dass sich seine Mutter mit Hilfe der Therapeutin ihm nun als liebende Mutter ganz zuwendet. Das Baby lächelt die Mutter an, die Mutter das Baby. Diese berührende Reaktion findet nahezu gleichzeitig statt. Dann beginnen Mutter und Baby einen liebevollen »Mutter-Babytalk« in ihrer Muttersprache.

Tief berührt und sehr erleichtert begleitet die Therapeutin den liebevollen, emotionalen, sinnlich-körperlichen Austausch zwischen Mutter und Baby und hört dem Klang der fremden Sprache in stiller Demut zu.

Nach einer Weile quengelt *Joseph* erneut. Die Mutter weiß, dass er jetzt an die Brust möchte. Sie nimmt ihn in den Arm und reicht ihm die Brust. *Joseph* trinkt kräftig mit einer Wonne und einem Selbstverständnis. Die Therapeutin freut sich für Mutter und Baby, dass diesmal das Stillen in gegenseitiger Abstimmung und Bezogenheit geschieht. Sie sagt zu *Joseph*: »Was für ein kräftiger Junge du bist und mit welcher Wonne du die gute Milch deiner Mami trinkst.«

Zur Mutter gewandt wiederholt sie einige Male in hoher Tonlage: »Was Sie doch auch für eine gute Mutter sind und was für eine gute Milch Sie haben, um ihn zu füttern und zu nähren.« Nachdem Joseph satt ist, dreht er sich von der Mutter mit einem zufriedenen, wohligen Lächeln auf seinem Gesicht weg. Das Gesicht der Mutter ist während des Stillens diesmal dem Baby zugewandt, ihre Mimik und ihr Blick sind für kurze Augenblicke entspannt.

Gleichzeitig wird es der Mutter möglich, in Imitation mit der Therapeutin *Josephs* Füße zärtlich zu streicheln. Der mütterliche Klang, die zärtlichen Berührungen der Füße und Hände erlauben *Joseph,* sich sinnlich körperlich zu erleben, seinen Körper zu öffnen und die Mutter anzulächeln. *Joseph* und Mutter begegnen sich im Lächeln gleichzeitig. Ein »Moment of Meeting« im Sinne Sterns (2005), der dann den Zugang zur Sprache ermöglicht und den Beginn einer positiven, emotionalen Besetzung des männlichen Babys durch die Mutter bahnt.

Im Laufe der bisher dreijährigen Behandlung wurden *Joseph* und Mutter ein »gutes Team«. Indem die Therapeutin das männliche Baby in seiner Leiblichkeit annimmt, ihn in seiner schönen, afrikanischen, sinnlichen, männlichen Körperlichkeit bewundert und es positiv besetzt, stellt sie sich der Mutter als Identifikationsobjekt für eine positive, körperliche Besetzung ihres Sohnes zur Verfügung. Ganz allmählich kann die Mutter *Joseph* nicht mehr nur als das Ergebnis einer Vergewaltigung ansehen, sondern ihn auch als ihren kleinen Sohn erleben, der sie anlächelt, der sie braucht und mit ihr spielen möchte. Die Therapeutin fungiert sowohl als neues mütterliches Modell für eine lustvolle, spielerische Beziehungsebene als auch als eine Mittlerin, da sie *Joseph* als kleinen Babyjungen mit seinen Bedürfnissen spiegelt und der Mutter eine andere Wahrnehmung ihres realen Kindes zur Verfügung stellt.

9. Abschließende Überlegungen

Die frühe Bezogenheit zwischen den Eltern und ihrem Kind ist primär eine körperliche, die ihren frühen Boden in der sinnlich-sexuellen Begegnung des Paares erhält, sich pränatal während der Schwangerschaft entwickelt und in den ersten Monaten nach der Geburt eine zentrale Rolle spielt. Das sinnlich-lustvolle Erleben des eigenen Körpers erwirbt das Kind neben seinen autoerotischen Probehandlungen primär über die Resonanz seiner Eltern. Die Beziehung zum eigenen Körper, das Erleben von Sinnlichkeit, Lust und Freude im gemeinsamen Austausch wird vor dem eigenen Erfahrungshintergrund der Eltern, durch ihre Wunschvorstellungen vom Kind und von den eigenen Ängsten bestimmt.

Anhand der Fallbeispiele aus der Babyambulanz wollten wir deutlich machen, dass und wie durch die psychoanalytische Arbeit mit Schwangeren und jungen Familien auch bei traumatischen und belastenden Vorerfahrungen andere Erlebnisebenen im gemeinsamen Miteinander gebahnt werden können. Eine besondere Bedeutung kommt dabei neben den therapeutischen Aufgaben des Containings und mütterlichen Holdings die Funktion der Therapeutin als einer Dritten zu. Während manche Paare sich gegenseitig darin unterstützen, dass sie ein gemeinsames imaginäres Kind innerlich entwickeln und so auch Verzerrungen und einseitige Zuschreibungen gegenseitig zurechtrücken, gelingt dies in manchen Fällen nur mit therapeutischer Begleitung.

Die liebevolle Sicht der Therapeutin auf das Baby und die Eltern ermöglicht sowohl die libidinöse Besetzung des kindlichen Körpers wie auch die Neubetrachtung positiver Interaktionszyklen. Häufig bahnt die Therapeutin als Mittlerin zwischen dem Baby und den Eltern einen positiven Dialog, der für das Baby eine korrigierende Erfahrung eines responsiven Gegenübers ermöglicht und für die Eltern eine neue Sichtweise anbietet, wenn sie sich selbst im Austausch mit ihrem Baby von der Therapeutin gesehen und gehalten fühlen. Wenngleich bei schwierigen Dynamiken eine begleitende oder anschließende Erwachsenenpsychotherapie erforderlich ist, kann durch die therapeutische Begleitung in einer Babyambulanz ein wichtiger Grundstein dafür gelegt werden, dass das Baby ein positives und lustvolles Körpererleben entwickelt.

10. Literatur

Bruschweiler-Stern, N. (2007): Momente der Begegnung und die Mutter-Kind-Bindung. In: K. H. Brisch & T. Hellbrügge (Hrsg.): *Die Anfänge der Eltern-Kind-Bindung*. Stuttgart: Klett-Cotta. S. 219–227.

Campbell, P. & Thomson-Salo, F. (2013): Die Sexualität von Säuglingen im Kontext ihrer Beziehungen verstehen. In: S. Hauser & F. Pedrina (Hrsg.): *Babys und Kleinkinder. Praxis und Forschung im Dialog*. Jahrbuch der Kinder- und Jugendlichen-Psychoanalyse, Bd. 2. Frankfurt a. M.: Brandes & Apsel. S. 102–128.

Diamond,. M. J. (1998): Fathers with Sons: Psychoanalytic Perspectives on Good Enough Fathering throughout the life cycle. *Gender and Psychoanalysis*, 3, S. 243–299.

Laplanche, J. (2009): Inzest und infantile Sexualität. *Psyche – Z Psychoanal*, 63, S. 525–39.

Laplanche, J. (2004): Die rätselhaften Botschaften des Anderen und ihre Konsequenzen für den Begriff des »Unbewussten« im Rahmen der allgemeinen Verführungstheorie. *Psyche – Z Psychoanal*, 58 (9–10), S. 898–913.

Schleske, G. (2007): Schwangerschaftsfantasien von Müttern. In: K. H. Brisch & T. Hellbrügge (Hrsg.): *Anfänge der Eltern-Kind-Bindung*. Stuttgart: Klett-Cotta. S. 13–39.

Mancia, M. (2008): Die Erfahrungen des Ungeborenen und Neugeborenen. In: M. Leuzinger-Bohleber, G. Roth & A. Buchheim (Hrsg.): *Psychoanalyse, Neurobiologie und Trauma*. Stuttgart: Schattauer. S. 24–25.

Müller-Pozzi, H. (2010): *Der Andere und das Objekt* (Vortragsmanuskript, 8. Oktober 2010), S. 9–10.

Sander, L. W. (2009): Die frühe Mutter-Kind-Kind-Interaktion. In: L. W. Sander, (Hrsg.): *Entwicklung des Säuglings, das Werden der Person und die Entstehung des Bewusstseins*. Stuttgart: Klett-Cotta. S. 41.

Stern, D. N. (1991): *Tagebuch eines Babys* (S. 46.). München: Piper.

Stern, D. N. (2009). Das Thema Liebe. In: K. H. Brisch & T. Hellbrügge (Hrsg.): *Die Anfänge der Eltern-Kind-Bindung*. Stuttgart. Klett-Cotta. S. 213–218.

Stern, D. N. (2005): *Der Gegenwartsmoment. Veränderungsprozesse in Psychoanalyse, Psychotherapie und Alltag*. Frankfurt a. M.: Brandes & Apsel.

Uvnäs-Moberg, K. (2007): Die Bedeutung des Oxytocins für die Entwicklung der Bindung des Kindes und die Anpassungsprozesse der Mutter nach der Geburt. In: K. H. Brisch & T. Hellbrügge (Hrsg.): *Die Anfänge der Eltern-Kind-Bindung*. Stuttgart: Klett-Cotta. S. 184.

Watillon, A. (2003): Die Dynamik psychoanalytischer Therapien der frühen Eltern-Kind-Beziehungen. *Analytische Kinder- und Jugendlichen-Psychotherapie*, 120, S. 505–526.

Winnicott, D. W. (1974): *Reifungsprozesse und fördernde Umwelt*. München: Kindler.

Winnicott, D. W. (1965): *Reifungsprozesse und fördernde Umwelt*. Gießen: Psychosozial.

103

Katarzyna Schier

Rollenumkehr in der Familie
und die Störung des Körper-Ichs des Kindes

1. Zur Parentifizierung in der Kindheit

Parentifizierung bedeutet im Allgemeinen, dass das Kind für einen Elternteil (oder beide) sorgt – anstatt umgekehrt (vgl. Hardt, Schier, Engfer, in Vorbereitung). Die theoretischen Überlegungen hierzu orientieren sich an unterschiedlichen Modellen. Die ersten Beschreibungen des Phänomens der Parentifizierung von Kindern verdanken wir den Psychoanalytikerinnen Melitta Schmideberg und Anna Freud, die weitere Entwicklung haben insbesondere die Vertreter der systemischen Familientherapie fortgesetzt (vgl. Schier, Egle, Nickel, Kappis, Herke, Hardt, 2011; Schier, 2014). In dieser Tradition wird öfters der Begriff der Rollenumkehr verwendet.

Nach Nancy Chase bedeutet Parentifizierung, dass »das Kind seine Bedürfnisse nach Aufmerksamkeit, Sicherheit und Fürsorge aufopfert, um sich anzupassen und für die instrumentellen und emotionalen Bedürfnisse des Elternteils zu sorgen« (Chase, 1999, S. 5). Im Zusammenhang mit der Bindungstheorie ist bedeutend, dass das Kind also die eigenen Bindungsbedürfnisse (*attachment system*) aufgibt, um selbst als Betreuungsperson (*caregiving system*) aktiv zu werden. Nur dadurch kann es die Aufmerksamkeit des Elternteils garantieren (vgl. Schier, 2014).

Bei der Analyse der Rollenumkehr muss man zwischen existenzieller und emotionaler Fürsorge für einen Eltern- oder Geschwisterteil unterscheiden. Existenzielle Fürsorge bedeutet: die Hausarbeit und die Verpflegung, z. B. das Geld zu verdienen oder ein krankes Familienmitglied zu pflegen, sich um die Geschwister zu kümmern, die Verantwortung für die Amtsgeschäfte zu übernehmen, etc. Emotionale Fürsorge bezieht sich auf die emotionalen und sozialen Bedürfnisse der Familienmitglieder. Ein Kind kann Verbündeter eines Elternteils sein, einen Elternteil emotional versorgen, der an Depression oder anderweitigen psychischen Erkrankung leidet, es kann die Rolle des Vermittlers zwischen den Eltern auf sich nehmen, es kann dem Elternteil emotionale Unterstützung geben, es kann die Rolle des Sündenbocks, einer »versorgenden« Mutter oder sogar die des sexuellen Partners übernehmen (vgl. Schier et al, 2011; Schier, 2014).

Parentifizierung ist dabei ein generationsübergreifendes Phänomen. Man muss immer über zumindest drei Generationen denken: das Kind, seine Eltern und die Großeltern. Die Eltern, die selbst keine sichere Bindung in der Beziehung mit ihren Eltern entwickeln konnten oder unter ungelösten traumatischen Erfahrungen leiden, suchen jetzt Trost und Schutz bei ihren eigenen Kindern (vgl. Schier, 2014). Jacobvitz und seine Kollegen (1999) haben diesbezüglich eine interessante Theorie entwickelt. Sie nehmen an, dass es sich dabei vor allem um jene Betreuungspersonen handelt, deren Bedürfnisse in der Kindheit nicht genug erfüllt worden waren. Die unsichtbaren inneren Schulden müssen nun also bezahlt werden (»accounts due«). Diese Einstellung erlaubt es ihnen, die Bedürftigkeit des Kindes nicht wahrzunehmen; sie kann sogar irritieren, weil sie eigene Defizite hervorruft. Solche Menschen bezeichnen sich selber manchmal als »große Babys«, »denen die Privilegien gehören« oder als »wirkliche Opfer«. Man könnte vielleicht die innere Situation dieser Eltern (hauptsächlich Mütter) mit dem Erleben von adoleszenten Müttern vergleichen. Michael Günter (2015) spricht in Bezug zur Theorie von Alessandra Lemma vom Neid dieser Patienten gegenüber ihrem Baby. In diesen Fällen könnten die Mütter ihr Baby unbewusst als verweigernde, deprivierende Mutter phantasieren, »die alle Nahrung für sich selbst behalte« (Günter, 2015, S. 136).

Bei der Parentifizierung sind verschiedene Risikogruppen existent: Kinder von Eltern, die physisch oder psychisch krank sind, Kinder, die kranke oder behinderte Geschwister haben, Kinder aus armen Familien, Kinder, deren Eltern alkoholabhängig oder arbeitslos sind, Kinder, die nur von einem Elternteil aufgezogen werden (z. B. aufgrund von Todesfällen oder Scheidungen), Kindern von jungen (Adoleszenten) Eltern sowie Kinder von Eltern mit Migrationserfahrungen (vgl. Mattejat, Lenz, Wiegand-Grefe, 2010). Nach John Bing-Hall (2008) sind es auch Eltern, die sich in einer ehelichen Krise oder in einem Scheidungsprozess befinden und dem Kind die Partnerrolle zuweisen. In der Folge dieser Erwartung kann es auch zu einer Sexualisierung der Eltern-Kind-Beziehung kommen (vgl. Schier, 2014). Forschungsergebnisse (ebd.) zeigen, dass vor allem Mädchen, Einzelkinder und die ältesten Kinder in der Familie zur Risikogruppe gehören.

Ein wichtiges Kriterium, um die Parentifizierung in der Familie zu erfassen, ist das Gerechtigkeitsgefühl (vgl. Schier et al., 2011): »Es bezieht sich auf das Gleichgewicht zwischen Geben und Nehmen in der Familie, d. h. es beinhaltet auch die Vorstellung des Kindes, ob etwas fair oder unfair ist.« (S. 365) Wenn die Eltern in der Lage sind, die Leistungen der Kinder anzuerkennen und ihre Dankbarkeit zu äußern, müssen die Kinder auch im späteren Erwachsenenleben nicht zwingend die negativen Folgen der Rollenumkehr entwickeln. Beispielhaft dafür sind Familien mit Migrationserfahrungen, in denen Kinder oft als Übersetzer fungieren müssen. Aber auch Familien, in denen ein Mitglied von schwerer chronischer Krankheit oder einer Behinderung betroffen ist und die Kinder dann in eine Pflege- und Versorgungsfunktion geraten. Diese Situationen können, aus Sicht des Kindes, zwar eine Belastung darstellen, müssen aber nicht immer unbedingt als unfair erlebt werden. Die Kinder haben dadurch auch die Möglichkeit, besondere soziale Kompetenzen zu erwerben (vgl. Schier et al., 2011).

Die Rollenumkehr in der Kindheit kann aber auch gravierende, negative Folgen für die weitere Entwicklung haben. Dies gilt vor allem für die emotionale Parentifizierung (vgl. Schier, 2014). Wenn der Prozess der Separation-Individuation nicht vollendet ist und die parentifizierte Person weiterhin von den Erwartungen der Eltern abhängig bleibt, kann es schwer werden, eine eigene Familie zu gründen (vgl. Schier, 2014). Forschungsergebnisse zeigen, dass negative Langzeitfolgen von instabilem Selbstwertgefühl und Identitätsproblemen bis hin zu Depressionen und sogar suizidalem Verhalten reichen (vgl. Ohntrup, Pollak, Plass, Wiegand-Grefe, 2010). Gregory Jurkovic (1997; Ohntrup, Pollak, Plass, Wiegand-Grefe, 2010) ist der Meinung, dass parentifizierte Kinder von der Unfähigkeit der Eltern, für sie zu sorgen, enttäuscht sind und diese Enttäuschung schließlich gegen sich wenden, was zu Scham und Schuldgefühlen führt. In der Folge wird dadurch auch ängstliches und selbstabwertendes Verhalten verstärkt. Jene Personen, die als Kinder eine Rollenumkehr in der Familie erlebt haben, entwickeln oft auch narzisstische und/oder masochistische Formen der Abwehr. Um die Aufgaben als Erwachsener zu bewältigen, muss man sich einerseits als Herakles imaginieren, andererseits empfindet man sich selber als nie gut genug. Dieser Konflikt wird gut sichtbar, wenn man sich ein fünfjähriges Kind vorstellt, das mehrere Stunden für seine Eltern simultan dolmetschen soll und dafür all seine Aufmerksamkeit und Fähigkeiten abrufen muss, trotzdem aber an seine Grenzen kommt und gleichzeitig ein Gefühl von Versagen entwickelt. Die Patienten, die zur Behandlung kommen, berichten daher oft über die Last, die sie das ganze Leben lang getragen haben. Sie sprechen von »einem Klotz am Bein«, von »einem Gewicht auf dem Rücken« oder von »einem riesengroßen Rucksack« (vgl. Schier, 2014). Sowohl Narzissmus als auch Masochismus können hier als Schutzmaßnahmen verstanden werden, die eine Überwältigung von starken Emotionen verhindern (Ohntrup, Pollak, Plass, Wiegand-Grefe, 2010). Diese Emotionen selbst werden abgespalten und sind dem Erleben des Kindes nicht mehr zugänglich. Die parentifizierten Kinder (und später Erwachsenen) entwickeln oft ein »falsches Selbst«, sie beschreiben sich mit den Worten: »Ich helfe immer den Anderen.« (vgl. Schier, Herke, Nickel, Egle, Hardt, 2015) Jene Menschen aber, die keine destruktive Parentifizierung erlebt haben, d. h. zwar in der Herkunftsfamilie sehr viel leisten mussten, aber gleichzeitig ein Gerechtigkeitsgefühl besitzen, können von sich sagen: »Ich helfe immer dann, wenn es nötig ist.« (vgl. Schier, 2014)

Unsere Forschungsergebnisse (vgl. Schier, 2014), auf die ich noch genauer eingehen werde, haben gezeigt, dass sich die Parentifizierung nicht nur auf das Funktionsniveau des Erwachsenenalters auswirkt, sondern auch einen Einfluss auf das Körperbild haben kann. An dieser Stelle werde ich zuerst diese Begriffe genauer definieren.

2. Das Körper-Ich und das Körperbild

In der psychoanalytischen Theorie wird der Körper hauptsächlich als der »Körper im Geiste« wahrgenommen und als psychische Repräsentanz des Körpers analysiert. Das Körper-Ich wird oft als eine Komponente des Ichs verstanden, so ist auch das Körperbild ein Teil des Körper-Ichs. In der Entwicklungspsychologie und in der Entwicklungspsychopathologie unterscheidet man zwischen zwei Begriffen: das Selbstbild und das Körperbild. Das Selbstbild beinhaltet: die Selbstevaluation, den Selbstwert und das Selbstbewusstsein (vgl. Günter, Breitenöder-Wehrung, 1997). Der Begriff Körperbild beinhaltet: das Bewusstseins des Körpers, Körperausgrenzung, Körperzufriedenheit und die Differenzierung des Körperbildes. Körperbewusstsein (*body consciousness*) beschreibt die psychische Repräsentation des eigenen Körpers oder seiner Teile im Bewusstsein der Person. Körperausgrenzung (*body boundaries*) ist das Erleben der Körpergrenzen, d. h. die Wahrnehmung des eigenen Körpers als deutlich von der Umwelt abgegrenzt. Körpereinstellung (*body attitudes*) umfasst die Gesamtheit der auf den eigenen Körper, insbesondere auf dessen Aussehen, gerichteten Einstellungen, speziell die (Un)-Zufriedenheit mit dem eigenen Körper (*body satisfaction* oder *body cathexis*) (vgl. Schier, 2010). Susan Grogan definiert das Körperbild als »wahrnehmen, denken und fühlen im Verhältnis zu dem eigenen Körper« (Grogan, 2008, S. 3).

Nach Frank Röhrich (2009) kann man das Körpererleben in körperbezogene Kognitionen, körperbezogene Perzeptionen, körperbezogene Emotionen und Körperverhalten differenzieren. Zu den körperbezogenen Kognitionen gehören: formales Wissen, Gedanken, Phantasien, die Unterscheidung von Ich/Du, Innen/Außen, leibliche Integrität und Ganzheitserfahrung. Körperbezogene Perzeptionen sind sowohl Wahrnehmungen von Gestalt und Raum (Ausdehnung) bzw. Orientierung am Körper als auch intero- und exterozeptive Wahrnehmungen. Körperbezogene Emotionen beinhalten Besetzung, Zufriedenheit und Aufmerksamkeit dem Körper gegenüber. Zum Körperverhalten gehören Gestik, Mimik, Haltung und Bewegungsmuster (vgl. Röhrich, 2009). Wenn man also von Körperbild und Körpererleben spricht, ist es gut zu präzisieren, welcher Teilaspekt der Körpererfahrung gemeint ist (vgl. Schier, 2012).

Für die Entwicklung des Körperbildes sind vor allem zwei Erfahrungsdimensionen von Bedeutung: Es sind die Erfahrungen des Kindes in den frühen Beziehungen mit seinen Eltern (die psychoanalytische Perspektive) und die Erfahrungen des Kindes in seinem Kontakt mit der Umwelt im späteren Leben, also der Einfluss von Gleichaltrigen und der Kultur (eine psychosoziale Perspektive) (vgl. Cash & Pruzinsky, 2002). Der Entwicklungspsychologe Janusz Trempała (2015) ist der Meinung, je schwerer die frühen Beziehungen des Kindes mit seinen primären Bezugspersonen be-einträchtigt sind, desto weniger wird sich das Körperbild des Kindes im späteren Leben durch soziale Einflüsse positiv verändern können, d. h. es kommt zu keiner Korrektur.

David Krueger (2002), ein amerikanischer Psychoanalytiker, fasst die Stadien der Entwicklung des Körper-Ichs und dessen Störungen im Zu-sammenhang mit der Beziehung des Kindes zu seinen Eltern zusammen.[1] Das erste Muster ist die Eindringlichkeit und übermäßige Stimulierung des Kindes. Die Verhaltensweisen dieser Eltern zu ihren Kindern sind kont-rollierend, behütend, stark begrenzend und zum Konformismus anregend. Die Eltern mit übermäßiger Eindringlichkeit können das Bedürfnis haben, mit den Kindern im Zustand der Fusion zu bleiben. Die Kinder werden von ihren Bezugspersonen nicht als autonome Personen wahrgenommen, sondern hauptsächlich als eine Verlängerung des eigenen Selbst (also ein narzisstisches Objekt). So können sich die Kinder nicht in den Augen der Eltern spiegeln, woraus Störungen des Selbst- und Körperbildes resultie-ren. Krueger schreibt:

> When this pattern is extreme enough to produce developmental arrest, the body self and image are frequently experienced as indistinct, small, prepubescent, asexual, undifferentiated, and intermingled with parental image. Anorexia ner-vosa illustrates this development[2]. (2002, S. 34)

Das zweite Muster ist mit der empathischen Unzugänglichkeit in der Mut-ter-Kind-Beziehung verbunden. Ein Elternteil, der nicht in der Lage ist, in einer adäquaten Weise auf die Bedürfnisse des Kindes zu reagieren, auf seine inneren Zustände und Gefühle einzugehen, führt auch beim Kind

---

[1] Die Autoren, die sich mit der psychoanalytischen Theorie identifizieren, spre-chen vielfach vom Körper-Ich. In der Tradition der Kognitiven Psychologie dagegen (aus der hauptsächlich die Forschungen zu Essstörungen stammen) spricht man eher vom Körperbild. Wie bereits schon erwähnt, kann das Körper-bild auch als ein Teil der größeren Einheit Körper-Ich verstanden werden.

[2] »Wenn dieses Muster extrem genug ist, um einen Entwicklungsstillstand zu erzeugen, werden das Körperselbst und das Körperbild häufig als undeutlich, klein, vorpubertär, asexuell, undifferenziert und mit dem elterlichen Bild ver-mengt erlebt. Anorexia nervosa veranschaulicht diese Entwicklung.« (Übers. d. Hrsg.)

dazu, dass es für sich keinen inneren Orientierungspunkt findet. So können die Reize, die von Innen kommen, nur unzureichend identifiziert und reguliert werden. Die Kinder befinden sich permanent in einem Zustand von Spannung, der dann im Rahmen des Regressionsmechanismus mittels Autostimulierung (bsp. durch das Zufügen von Schmerzen) reguliert wird. Dies stellt also den Versuch einer Affektregulierung, der Reduzierung der Spannung und des Wiederherstellens der Kontrolle gegenüber dem eigenen Körper dar. In einigen Fällen können, aufgrund der mangelnden Fähigkeit der Bezugspersonen zur Berührung, Sorge und des Holdings (im Sinne von psychischem und physischem Festhalten), auch keine ausreichend klaren Körpergrenzen aufgebaut werden. Nach Krueger:

> Later, the child's development and awareness of the body self are incomplete, and the body image is distorted. These individuals' projective drawings reflect body images that are distorted, excessively large, without shape, and with blurred boundaries. These findings are most notable in individuals diagnosed as bulimic[3]. (ebd., S. 35)

Diese Personen sehen ihren Körper im Erwachsenenalter als ohne Formen und Struktur, als deformiert an. Ihr Körperbild kann sich auch während des Tages im Zusammenhang mit Stimmungsschwankungen ändern. So können sich auch die bereits genannten Verhaltensformen ausprägen, die das Bewusstsein des Körperinneren stabilisieren.

Das dritte Muster besteht aus einem Mangel an Konsequenz und einer gewissen Selektivität in der Beziehung des Kindes zu seinen Bezugspersonen. Wenn Eltern, zum Beispiel, ihre Aufmerksamkeit zwar auf das physische Wohlbefinden und den physischen Schmerz des Kindes richten, jedoch weitergehende emotionale Bedürfnisse ignorieren, lernt das Kind, sich auf die eigene Krankheit und den Schmerz zu konzentrieren, um sich die Akzeptanz und Aufmerksamkeit der Bezugspersonen zu sichern. Krueger (2002) schreibt:

---

[3] »Später sind die Entwicklung des Kindes und das Bewusstsein des Körperselbst unvollständig und das Körperbild ist verzerrt. Die projektiven Zeichnungen dieser Personen zeigen verzerrte Körperbilder, die zu groß sind, ohne Form und mit unscharfen Grenzen. Diese Ergebnisse sind vor allem bei mit Bulimie diagnostizierten Personen zu finden.« (Übers. d. Hrsg.)

In this scenario effectiveness is associated with the body self; affect regulation never gets desomatized. The pattern of experiencing the body self and psychological self through pain and discomfort becomes entrenched in the child's personality and the characteristic modes or interaction, with a resulting predisposition toward psychosomatic expressions.[4] (ebd., S. 36)

In solchen Fällen wird der Affekt nicht desomatisiert und die Emotionen werden hauptsächlich auf der somatischen Ebene wahrgenommen. Nach Krüger (2002) führt dieses Muster, in dem das Körper-Ich und das psychische Ich unter dem Gesichtspunkt des Schmerzes und der Krankheit erlebt werden, zur Entwicklung von psychosomatischen Beschwerden, nämlich genau an jener Stelle, wo der »Link« zwischen Körper und Seele schwach ist.

Michael Günter (2009) stellt dar, dass die psychische Entwicklung als ein Prozess vom Körper hin zur Psyche im Rahmen der intensiven somatopsychischen Beziehungserfahrungen zwischen Mutter und Kind in der frühen Säuglingszeit verstanden werden muss:

> Wahrnehmung des Gesichtsausdrucks, Vokalisation und Bewegung erweisen sich als zwischen Mutter und Kind fein aufeinander abgestimmte Reaktionsmuster. Ihre Bedeutung für die Herausbildung differenzierter psychischer Strukturen muss als außerordentlich hoch angesehen werden. (Günter, 2009, S. 210)

Was passiert nun mit dieser Entwicklung, wenn es zu einer Rollenumkehr in der Beziehung zwischen dem Kind und seinen Betreuungspersonen kommt?

---

[4] »In diesem Szenario ist Wirksamkeit mit dem Körperselbst verbunden. Affektregulation wird nie desomatisiert. Das Muster des Erlebens von Körperselbst und psychischem Selbst durch Schmerzen und Beschwerden wird in der Persönlichkeit und den charakteristischen Modi und Interaktionen des Kindes verankert, mit einer daraus resultierenden Prädisposition für psychosomatische Ausdrücke.« (Übers. d. Hrsg.)

3. Somatisierung und die Störungen des Körperbildes

Um den Zusammenhang zwischen Parentifizierung und Somatisierung und Störungen des Körperbildes zu erläutern, muss man sich kurz der Theorie der Affektregulierung zuwenden. In der psychoanalytischen Theorie wird der Begriff Affektregulierung unter dem Gesichtspunkt der Beziehung verstanden – es handelt sich dabei aber nicht nur um intrapsychische Beziehungen (welche Gegenstand der Objektbeziehungstheorie sind), sondern auch um interaktionelle, also zwischenmenschliche Beziehungen (die im großen Maße im Rahmen der Bindungstheorie erforscht werden). Gemäß Allan Schore (2001) stelle »die Bindungstheorie – in der Tat – eine Regulierungstheorie« dar (ebd., S. 12). Die Mutter sei es, die auf dem unbewussten, intuitiven Niveau zuerst die Erregungszustände und danach auch Emotionszustände des Kindes reguliert. Bindung könnte also, nach Meinung von Schore (2001), als »dyadische Emotionsregulierung« definiert werden (ebd., S. 12). Der Begriff »Affektregulierung« erfasst, gemäß Schore (2001), sowohl eine Reduzierung der Affektintensität und die Herabsetzung des Drucks von negativen Emotionen, als auch die Intensivierung von positiven Emotionen.

Die Theorie der Affektregulierung setzt voraus, dass die Somatisierung von psychischen Zuständen und die Entstehung von psychosomatischen Krankheiten ein Ergebnis der Störung von Selbstregulierungsprozessen sind. Taylor, Bagdy und Parker (1997) denken, dass »the capacity verbally to represent and think about subjective experiences […] allows the child to begin to contain and tolerate the tensions generated by feelings and needs without always having to rely on parents«[5] (S. 19). Wenn die Betreuer nicht in der Lage sind, die inneren Zustände und Gefühle des Kindes zu regulieren, können diese nicht symbolisiert und mit der Hilfe der Sprache durchgearbeitet werden. Daraus resultiert die Somatisierung von psychischen Zuständen. Kinder also, die sich um ihre Eltern kümmern müssen, weil diese ihre parentale Funktion nicht mehr erfüllen können, befinden

---

[5] »Die Kapazität, subjektive Erfahrungen zu repräsentieren und über sie nachzudenken […], ermöglicht dem Kind, die durch Gefühle und Bedürfnisse erzeugten Spannungen zu tolerieren und zu containen, ohne immer auf die Eltern angewiesen zu sein.« (Übers. d. Hrsg.)

sich vielfach in einer psychischen und physischen Daueranspannung, da sie ständig die Bedürfnisse der Eltern wahrnehmen und kontrollieren sollen (vgl. Schier, 2014), nicht aber ihre Eigenen. Wenn ein Kind z. B. seine depressive Mutter dadurch tröstet, dass es sich gezwungen fühlt, die besten Noten in der Schule zu bekommen oder Erfolge in anderen Bereichen aufzuweisen, ist es ununterbrochen in einem Aktivitätsmodus. Es hat die Vorstellung, dass es hauptsächlich existiert, wie es Patienten mit Parentifizierung nicht selten ausdrücken, »um die Mutter vor einer Katastrophe zu retten«. Das Kind kann keine stabile Selbst- und Objektrepräsentanzen entwickeln, die seine wahren Gefühle beinhalten. Statt sich selbst in den Augen der Betreuungspersonen zu sehen, sieht es deren Angst, Verwirrung oder Bedürftigkeit. Wir (vgl. Schier et al., 2011) haben den Mechanismus der Somatisierung folgendermaßen formuliert:

> Wenn die Person über nicht ausreichende Ressourcen der Selbstregulation verfügt, wenn bei ihr Verlust und Stress eine chronische innere Spannung hervorrufen, die nicht alleine mit psychischen Mitteln reduziert werden kann, beginnt folglich der Körper eine größere Rolle zu spielen. Da die inneren Zustände nicht als Gedanken und Vorstellungen wiedergegeben werden können, werden sie als körperliche Wahrnehmungen repräsentiert. (ebd., S. 369)

Die Körpersprache gewinnt an Bedeutung. In unserer Studie (vgl. Schier et al., 2011) haben wir insgesamt 985 Patienten einer psychosomatischen Klinik und solche, die bei hausärztlichen Konsultationen teilgenommen haben, untersucht. Emotionale Parentifizierung wurde als Risikofaktor für die Entwicklung einer Depression und somatoformen Schmerzen im Erwachsenenalter konzipiert. Emotionale Parentifizierung wurde dabei als emotional dauerhaft überfordernd gefühlte Zuständigkeit für die psychische Befindlichkeit des Elternteils definiert. Wir haben die Rollenumkehr sowohl seitens der Mutter als auch des Vaters geprüft. Ein strukturiertes biografisches Interview, das strukturierte klinische Interview zur Erfassung psychischer Störungen nach DSM-IV und ein Kindheitsfragebogen sind durchgeführt worden. Die Ergebnisse sind höchst interessant: Wir konnten feststellen, dass mit zunehmender mütterlicher Parentifizierung die Wahrscheinlichkeit steigt, eine Depression als Lebenszeitdiagnose zu erhalten. Die Resultate haben weiterhin gezeigt, dass die mütterliche emotionale Parentifizierung dabei den stärksten Effekt hat, aber auch väterliche emotionale Parentifizierung mit dem Auftreten somatoformer Schmerzen assoziiert ist (vgl. Schier et al., 2011). Der wichtigste Prädikator für mütterliche Parentifizierung in unserer Studie war jedoch das Fehlen des Vaters. Die hier dargestellten Resultate der empirischen Forschung bestätigen damit die theoretische These, die zuerst von Psychoanalytikern formuliert wurde und davon ausgeht, dass ein Zusammenhang zwischen Rollenumkehr in der Kindheit und einer Somatisierung innerer Zustände im Erwachsenalter besteht.

Auch unsere zweite Studie hat ähnliche Ergebnisse erbracht (vgl. Schier et al., 2015). Insgesamt wurden 1.000 Personen in einem Internet Survey untersucht. Sie haben u. a. den SCL-27-plus Fragebogen zum Screening von Psychischen Problemen bei Erwachsenen und den Kindheitsfragebogen (KFB) von Hardt ausgefüllt. Auch in dieser Studie konnten wir den Zusammenhang zwischen emotionaler Parentifizierung seitens der Mutter als auch des Vaters und depressiven Erkrankungen feststellen. Es gab auch Korrelationen zwischen der Rollenumkehr seitens des Vaters und vegetativen Symptomen, wie Schwindel, Übelkeit, Herzklopfen, Herzrasen und Magenproblemen. Dieser Zusammenhang war jedoch nicht in der retrospektiven Vorstellung betreffend der Beziehung mit der Mutter zu finden. Diese Ergebnisse sind sehr interessant, die Untersuchungen müssen jedoch sicherlich wiederholt und weitergeführt werden. Vor allem die Verbindung zwischen Parentifizierung, vegetativen Symptomen und der Fähigkeit, negative Affekte wie Angst und Ärger zu regulieren (wahrnehmen und ausdrücken), sollte analysiert werden.

Die Parentifizierung hat auch einen Einfluss auf das Körperbild der Person im Erwachsenenalter. Es gibt einige Hinweise für diese These sowohl in der psychoanalytischen Literatur als auch in der psychologischen Forschung. Joyce McDougall (1985; Schier, 2012) zieht eine Verbindung zwischen der Art und Weise, wie Patienten mit charakteristischer Affektblindheit (Alexithymie) und psychosomatischen Krankheiten ihre Emotionen wahrnehmen und wie sie zu ihrem Körper stehen. Diese Personen erleben ihren Körper oft als nicht zu ihnen gehörig, sie betrachten ihn eher als einen Teil der Außenwelt. Diese Patienten funktionieren nach McDougall (1985) wie kleine Kinder, die eigene Gefühle und den eigenen Körper als ein (Teil-)Objekt der Mutter erleben.

In mehreren Studien, die ich zusammen mit Diplomanden durchgeführt habe, konnte ich eine Verbindung zwischen der Parentifizierung in der Kindheit und Störungen des Körperbildes im Erwachsenenalter feststellen (vgl. Schier, 2014). Wir haben sowohl quantitative psychologische Methoden (Fragebögen) als auch qualitative Methoden (Analyse von Zeichnungen und Erzählungen) verwendet. Die jungen Erwachsenen, welche die Parentifizierung als Kinder erlebt hatten, waren weniger gesundheits- und körperbewusst und haben ihre Gesundheit, im Vergleich mit Personen ohne Rollenumkehr, schlechter beurteilt. Sie waren weniger zufrieden mit ihrem Körper als Ganzem und mit dessen Teilen und Funktionen. Zusammenfassend gesagt, mochten sie ihren Körper weniger als die Menschen aus der Kontrollgruppe. Gleichzeitig aber waren sie auch mehr auf das eigene Aussehen konzentriert und haben ihr Gewicht öfter kontrolliert (vgl. Schier, 2014). Dianora Pines (2010) ist der Meinung, dass die Mutter-Kind-Beziehung, d. h. die Einstellung der Mutter zu ihrem Kind, für das Kind »durch die Haut« spürbar wird. Pines (2010) schreibt: »Through her handling of the child the mother's skin may convey the full rage of emotions, from tenderness and warmth to disgust and hate.«[6] (ebd., S. 8) Die Mutter, welche die Rollen umdreht und selbst Fürsorge und Aufmerksamkeit von dem Kind erwartet, kann ihm nicht helfen, seine Grenzen zu spüren, sich wertvoll und attraktiv zu erleben. Das Kind kann sich nicht in den Augen der Mutter spiegeln, es kann sich dort nicht richtig »sehen«. So hat es Schwierigkeiten, die eigene körperliche Identität aufzubauen. Wie bereits gesagt, haben parentifizierte Kinder oft das Gefühl, nicht gut genug zu sein. Der Körper bleibt für sie oft fremd und kann nicht mit positiven Affekten besetzt werden (vgl. Schier, 2009).

Zusammenfassend kann gesagt werden, dass derzeit, sowohl in der psychoanalytischen als auch psychologischen Literatur, keine überzeugende Theorie vorhanden ist, die psychische und körperliche Phänomene verbinden und damit die Mechanismen der Psychopathologie erklären könnte (vgl. Schier, 2012). Gleichzeitig haben jedoch Psychoanalytiker bereits in den 70er Jahren des 20. Jahrhunderts die Verbindung zwischen Parentifi-

---

[6] »Die Haut der Mutter, die sich um ihr Kind kümmert, kann die ganze Bandbreite von Gefühlen ausdrücken, von Zärtlichkeit, Wärme und Liebe bis hin zu Ekel und Hass.« (Übers. d. Aut.)

zierung und der Genese von psychosomatischen Beschwerden erkannt. Es gibt verschiedene theoretische und empirische Versuche, diesen Zusammenhang bei bestimmten Patientengruppen herzustellen. So hat z. B. Hilde Bruch (1973) die gestörte Wahrnehmung des Körper-Ichs bei Patientinnen mit Anorexia nervosa dargestellt und Katarzyna Schier (2005) die Perzeption und das Empfinden des Körpers bei Kindern mit bronchialem Asthma empirisch untersucht. Aus dem vorher genannten Grund gibt es auch keine präzisen Vorstellungen bzw. Anweisungen, wie man in der psychotherapeutischen Arbeit mit Kindern, die eine Parentifizierung erlebt haben, vorgehen soll. Vor allem da, wo die Folgen der Rollenumkehr in der Familie auf das Körper-Ich des Kindes einen Einfluss haben. Die kurze Vignette aus der Behandlung eines 14 Jahre alten Mädchens stellt ein Beispiel dieser Arbeit dar.

4. Sophia – ein Aschenputtel

Ich habe Sophia kennengelernt, als sie 14 Jahre alt war. Sie übersiedelte mit ihren Eltern und einen um acht Jahre jüngeren Bruder aus Polen nach Deutschland. Der Vater war deutscher Herkunft, die Familie gehörte zu der Gruppe sogenannter »Spätaussiedler«. Ich wurde in der Pädiatrischen Klinik um eine Konsultation gebeten, da die Patientin kein Deutsch sprach (polnisch ist meine Muttersprache). Die Patientin hatte täglich Anfälle mit Bewusstseinseinengung bei motorischen und sensiblen Anfällen, z. T. in Kombination mit einer Halbseitensymptomatik. Auch rezidivierende Kopf- und Magenschmerzen wurden angegeben. Die Symptomatik fing bereits zu dem Zeitpunkt an, als die Eltern nach Deutschland gingen, um von dort aus die Ausreise zu arrangieren, die Patientin und ihr Bruder jedoch vorerst in Polen bei den Großeltern bleiben mussten. Nach den medizinischen und psychologischen Untersuchungen konnte man eine organische Ursache der Symptomatik ausschließen. Eine hysterische Neurose mit ausgeprägter Konversionssymptomatik wurde diagnostiziert.

Die Patientin schilderte mit indifferentem Lachen, dass sie während der Anfälle ohnmächtig werde und nicht wisse, was passiere. Sie sinke langsam zu Boden. Nachher könne sie ihr linkes Bein und ihre linke Hand »schlecht spüren«; sie berichtet von einem Gefühl wie »Ameisenlaufen«.

Die Eltern berichteten, dass die Patientin während eines Anfalls nicht ansprechbar sei, sie mache komische Grimassen, die Hände und die Beine seien eingezogen und verdreht. An die ca. eine halbe Stunde dauernden Anfälle könne sich das Mädchen im Nachhinein nicht mehr erinnern. Sie habe auch oft das Gefühl, dass sie einen »Knödel im Hals« habe.

Die psychoanalytisch orientierte Psychotherapie der Patientin dauerte eineinhalb Jahre.[7] Sie kam zuerst regelmäßig zweimal in der Woche, mit der Zeit sind die Sitzungen seltener geworden. Die Patientin wohnte fast zwei Stunden entfernt, weshalb sie größtenteils vom Vater mit dem Auto gebracht wurde. Einmal im Monat traf ich mich mit den Eltern, oft kam jedoch nur der Vater zu dem Gespräch.

Während einer der ersten Stunden berichtete die Patientin von einem Traum: »Papa wollte ein Auto kaufen. Wir hatten ein Auto in Polen, ein polnisches Auto, aber er wollte ein gutes Auto kaufen. Ich habe geträumt, dass er dieses Auto nicht kaufen würde, erst dann, wenn ich nach Deutschland komme.« Als ich Sophia nach ihre Assoziationen frage, sagt sie, dass der Vater tatsächlich das Auto gekauft hat, als sie Polen verließ. Auch die Farbe des Autos war ähnlich wie im Traum. Dieser Traum zeigt meiner Meinung nach, die Rolle der ödipalen Problematik in der inneren Struktur des Mädchens gut auf. Die Patientin drückte den Wunsch aus, die allerwichtigste Person für den Vater zu sein. Das Auto, ein Symbol der Potenz, sollte in der Beziehung des Vaters mit seiner Tochter gekauft werden. Die Rivalität des Mädchens mit der Mutter scheint hier ebenfalls auffallend zu sein. Die ersten Gespräche betrafen in erster Linie die Beziehung von Sophia zu ihrem Vater. Sie waren sich immer sehr nah, unternahmen viel miteinander, sie verband z. B. das gemeinsame Anschauen von Fußballspielen im Fernsehen, aber auch im Stadion. Gleichzeitig war es der Vater, der die Ausreise nach Deutschland forcierte, die Mutter war dagegen. Der potentielle innere Konflikt in der Beziehung zum Vater konnte zu diesem Zeitpunkt jedoch noch nicht formuliert werden.

Eine relativ lange Zeit kam Sophia zu den Stunden und klagte, dass sie sich in der Schule schlecht fühle, dass sie wenig verstehe, was dort passie-

---

[7]   Die Behandlung fand in einem Institut für Analytische Kinder- und Jugendlichen-Psychotherapie in Deutschland statt. Wir sprachen polnisch, zum Schluss der Psychotherapie setzte die Patientin öfters deutsche Wörter ein.

re. Die Jungs hatten, wie sie es ausdrückte, »wenig Hemmungen«, sie benahmen sich anders als die Jungs in Polen. Wir sprachen über ihre Klasse. Um mir diese Klasse zu illustrieren, nahm sie ein Blatt Papier und machte eine Zeichnung. Es war der Anfang einer Form der Kommunikation über ihre Gefühle und Zustände, die sich durch die ganze Behandlung durchzog. Eine wichtige Rolle im therapeutischen Prozess nahmen vor allem die Bilder des Körpers ein, eines davon möchte ich nun zeigen (Abb. 1: *Sophia 1*, vgl. S. 153 im Bildteil).

Ich fand es imponierend, dass das Mädchen ihre körperlichen Zustände so präzise darstellen konnte. Wir haben darüber gesprochen und versucht herauszufinden, in welchen Situationen solche Gefühle im Körper auftauchen. Als wir uns mit den Bildern beschäftigten, konnten wir auch über das Körperbild der Patientin sprechen. Sie meinte, dass sie manchmal denke, dass sie »ok« wäre, und manchmal sei sie überzeugt, sie sei hässlich. Das letzte Gefühl traf nach ihren Angaben insbesondere nach den Auseinandersetzungen mit ihren Eltern zu oder wenn jemand in der Schule sie »blöd« angucke oder etwas sage und sie dies nicht richtig verstand. Sophia fragte mich nach meinem Aussehen und ob ich damit zufrieden sei. Sie wollte von mir ein Foto machen. Ich konnte ihr das Bedürfnis nach Identifikation und gleichzeitig das Problem der Rivalität mit einer Frau direkt in der Übertragung deuten.

Nach ungefähr drei Monaten war das Mädchen symptomfrei. Nur ab und zu berichtete sie noch über Kopfschmerzen. In den nächsten Wochen und Monaten kam sehr oft das Thema auf, das ich heute Parentifizierung nennen würde (damals war mir diese Problematik noch nicht vollkommen bewusst).

Sophia sprach von ihrem sechs Jahre alten Bruder und davon, dass sie sich sehr viel um ihn kümmern müsse, sowohl in Polen als auch in Deutschland. Sie sollte mit ihm die Buchstaben üben, sie sollte ihm Deutsch lehren und mit ihm als Begleitung zu Arztbesuchen gehen. Als ich genauer nachfragte, wusste sie nicht, warum sie den Bruder begleiten sollte und nicht die Mutter, welche doch nicht arbeitete. Jedes Mal, wenn ich nach ihren Gedanken und Emotionen dazu fragte, war sie unzufrieden und fing an, über die Schule, Mitschüler oder Lehrer zu klagen. Ich bestätigte ihre Realität, also die Tatsache, dass es schwer sei, in einem fremden Land alles neu anzufangen, vor allem wenn man die Sprache nicht gut beherrsche.

Gleichzeitig konnte ich ihr auch die projektive Form ihrer Abwehr aufzeigen. So seien ihr zufolge besonders die russischen Kinder »blöd«. Ich
erklärte ihr den Mechanismus der Abwertung von Personen, die man als
»schlechter« als sich selbst sieht als einen Weg, mit dem eigenen geringen
Selbstwertgefühl und der Scham umzugehen. In einer der Stunden fand
Sophia eine Verknüpfung, wie es ihr ginge, wenn die Eltern sie bitten, dass
sie in verschiedenen öffentlichen Situationen für sie übersetzte: Sie geniere
sich, weil sie nicht immer alles auf Deutsch verstehe, und sagte dann: »Und
die Damen an der Post gucken mich komisch an. Wissen sie, manchmal
denke ich, dass ich Aschenputtel bin, ich muss ständig schuften.«

Ungefähr nach einem Jahr kam eine schwierige Phase in der Therapie.
Mehrere Sitzungen sind abgesagt worden, ich spürte Widerstand sowohl
von Sophia als auch von ihren Eltern. Diese verstanden nicht, warum sie
noch zu der Behandlung kommen sollte, wenn sie doch schon keine Symptome habe. In den Stunden sprach das Mädchen wenig und kommentierte
dies zu Stundenbeginn mit Stolz: »Ich habe nichts zu sagen.« In dieser
Therapiephase bedeuteten die Bilder und Zeichnungen der Patientin eine
richtige Unterstützung. Sophia malte verschiedene Bilder, denen ich den
Titel »Die Spaltung« gab (ich habe dies dem Mädchen aber zu diesem Zeitpunkt nicht mitgeteilt). Das folgende Beispiel zeigt, dass die Patientin verschiedene Gegenstände und Phänomene in Gut und Böse dividierte, oder
wie sie es selbst nannte, in zwei Gruppen unterteilte: »Tak« (Ja) und »Nie«
(Nein) (Abb. 2: *Sophia 2*, vgl. S. 154 im Bildteil)

Auf dem Bild ist ein kleiner Kreis in der Mitte zu sehen, in dem kleine
Männchen mit dem Buchstaben »d« gezeichnet sind, was »viel« (dużo) bedeutet. Nach der Meinung von Sophia sind es schlechte Menschen. Auf der
»Ja«-Seite des Bildes gibt es die Nummer 1. »Das sind Sie, Frau Schier«,
sagte die Patientin mit einem breiten Lachen. Vordergründig kam es also
zu einer Idealisierung in der Übertragung, während sich die negativen Gefühle mir gegenüber in passivem Rückzug äußerten.

Wir haben in der Folge stark an den inneren Repräsentanzen des Ichs als
auch der Objekte gearbeitet. Das Mädchen sprach viel von ihrem Vater und
dass sie ihn hasste, als er ihr sagte, dass sie nach Deutschland übersiedeln
sollen. Sie hatte alle Freunde in Polen verloren, vor allem einen Jungen,
der sie gefragt hat, ob sie seine beste Freundin sein wolle. Als die Eltern

nach Deutschland gingen und sie bei ihrer Oma und bei ihrem Opa blieb, dachte sie, dass die Eltern sterben könnten (zu diesem Zeitpunkt brach die Symptomatik aus). Wir konnten nun die Gefühle von Angst und Wut benennen. Sophia stellte oft die Frage nach der Stellung der Mutter, sie fragte sich, warum ihre Mutter, obwohl sie nicht nach Deutschland gehen wollte, den Vater nicht dazu überredete, in Polen zu bleiben. Die »Spaltungsbilder« halfen uns dabei, mit der Ambivalenz zu arbeiten. Durch diese Bilder konnte die Patientin ihre negativen Emotionen direkt ausdrücken (wie auf dem beigefügten Bild, wo sie »d« (»dużo« = viele) »böse Menschen« zeichnete). Wir konnten aber auch die »positiven Seiten« der Auswanderung aus Polen suchen, z. B. die Intentionen ihrer Eltern sehen, durch die Migration die Lage der Familie deutlich zu verbessern und für Sophia und ihren Bruder die besten Entwicklungschancen zu schaffen. Die gemeinsame Analyse der Bilder führte langsam zur Integration differenzierter innerer Objektbilder. Ich denke, dass die Patientin mit Hilfe der Bilder sowohl die interpersonelle als auch intrapsychische Ebene der Selbst- und Objektrepräsentanz bearbeiten konnte. Die Symptomatik der Konversion ist mit einem Mangel an Symbolisierung verbunden, die inneren Zustände werden durch körperliche Reaktionen geäußert. Die Bilder von Sophia nahmen in dem Bearbeitungsprozess die Rolle einer Brücke ein, sie haben uns beiden geholfen, die richtigen Worte zu finden.

In meiner Gegenübertragung in der Beziehung mit dem Mädchen hatte ich oft die Tendenz, es als Opfer der Vernachlässigung in der Familie zu sehen. Ich war also eher mit dem parentifizierten Kind identifiziert, d. h. ich bin in die Rolle der versorgenden Tochter gekommen. Ich wollte mich um Sophia kümmern, sie manchmal sogar »retten«.[8] Ich musste diese Gefühle stark kontrollieren. Die Gespräche mit den Eltern, welche die meiste Zeit kooperativ waren, brachten da einen Ausgleich. Ich denke, dass sowohl mein regelmäßiger Kontakt mit den Eltern als auch meine eigene Supervision die Arbeit mit Sophia sehr unterstützt hatten.

---

[8] Aus heutiger Sicht würde ich wohl die aggressiven Elemente im Rahmen der Übertragungsbeziehung stärker thematisieren.

5. Schlussfolgerung –
die psychoanalytische Arbeit an der Parentifizierung

Der kurz geschilderte Verlauf der Behandlung mit einer Jugendlichen hat gezeigt, dass die Patientin mehrere Formen der Parentifizierung erlitten hat. Sie war einerseits für ihren Bruder verantwortlich und erlebte diese Aufgabenverteilung als ungerecht und überfordernd. Sie musste andererseits auch als Dolmetscherin für ihre Eltern dienen, in einer Zeit, in der sie die Sprache selbst noch nicht gut genug beherrschte.

Die Parentifizierung bei Kindern mit Migrationserfahrung ist ein Phänomen, das immer öfters die Aufmerksamkeit von Forschern auf sich zieht. Ponizovsky, Kurman und Roer-Strier (2012) beschreiben neun verschiedenen Rollen dieser Kinder:

1) Der Dolmetscher: Das Kind übersetzt die Dokumente, hilft auch den Eltern in verschieden sozialen Situationen.

2) Der Übersetzer der Kultur: Das Kind hilft den Eltern sich in die Kultur des Landes zu integrieren.

3) Der Verwalter: Das Kind kümmert sich um die Angelegenheiten, die mit Gesundheit und dem Bankwesen verbunden sind.

4) Der Partner in dem Management der Anliegen der Familie: Manche Kinder (oder Jugendlichen) nehmen an allen Entscheidungen, die in der Familie getroffen werden, teil.

5) Die Person, die das Geld verdient: In dieser Gruppe gibt es Kinder, die arbeiten müssen, um die Familie finanziell zu unterstützen.

6) Der Berater der Familie: Das Kind gibt den Erwachsenen Ratschläge und tröstet sie.

7) Der Führer: Das Kind nimmt die Rolle des Führers in der Familie ein.

8) Der Helfer: Diese Kinder helfen den Erwachsenen aktiv in deren Arbeit.

9) Der Selbständige: Das Kind darf die Eltern nicht mit eigenen Problemen belasten.

Selbstverständlich müssen nicht alle genannte Rollen immer von einem Kind getragen werden. Ponizovsky, Kurman und Roer-Strier (2012) haben junge Erwachsene im Alter von 25 bis 34 Jahre, die als Kinder aus der

Sowjetunion nach Israel kamen, untersucht. Mit den verschiedenen Fragebögen wurden sowohl die Rollenumkehr als auch andere Variablen der Adaptation gemessen. Wenn die Personen sich alleine gelassen fühlten, d. h. wenig Unterstützung von außen bekamen (*self-reliance*), haben sie die stärksten Konsequenzen der Parentifizierung gespürt. Sätze wie: »Ich habe mich in meiner Familie mehr als Erwachsener als ein Kind erlebt«, »Oft war ich alleine mit meinen Sorgen« oder »Ich habe selten meinen Eltern/Großeltern von meinen Problemen erzählt, da ich sie nicht belasten wollte«, sind bei ihnen auffallend. Auch die Notwendigkeit, die Eltern in die Kultur einzuführen, wurde als sehr belastend erlebt. Im Gegenteil dazu wurde das Dolmetschen nicht so schwer gewichtet. Eine ähnliche Untersuchung hat Peter Titzman (2012) durchgeführt. Er befragte Jugendliche im Alter von zehn bis 18 Jahren, die zusammen mit ihren Eltern aus Russland nach Deutschland übersiedelten. Sie hatten eindeutig höhere Werte der Parentifizierung (sowohl existenziell als auch emotional) als die gleichaltrigen Deutschen aufgewiesen. Es gab auch einen Zusammenhang zwischen dem Integrationsfortschritt der Mütter und der Last, die die Kinder spürten. Je weniger die Mütter adaptiert waren, desto größer war der Preis, den die Kinder zahlen mussten. In dieser Studie, anders als in der eben beschriebenen Untersuchung von Ponizovsky, Kurman und Roer-Strier, wurde die Notwendigkeit, den Eltern mit der Sprache zu helfen, als negativ erlebt. Es ist wichtig an dieser Stelle zu bemerken, dass bei manchen Jugendlichen die Rollenumkehr auch zur Entwicklung von Selbständigkeit und zu einer bestimmten Reife führte. Es scheint in diesen Fällen also zu keiner destruktiven Parentifizierung zu kommen. Ich denke, dies war auch bei Sophia der Fall. Sie bekam die psychotherapeutische Unterstützung früh genug und ihre Eltern waren schon nach 1½ Jahren relativ gut in Deutschland integriert. Beide Eltern hatten einen Job gefunden und das Mädchen beherrschte die Sprache gut. Da ich sowohl mit der Patientin als auch mit den Eltern über die Belastungen, beispielsweise des Dolmetschens, sprechen konnte, war die Rollenumkehr den Betroffenen auch bewusst.

Ich glaube, es ist mir gelungen, für die Patientin sowohl die Rolle des Übertragungsobjektes als auch des »neuen« Entwicklungsobjektes zu spielen. Sie fragte viel nach, wie es mir in Deutschland ginge, und wollte auch Einzelheiten über meine Familie erfahren. Manchmal musste ich direkt

Grenzen setzen, sowohl im Kontakt mit dem Mädchen als auch mit ihren Eltern. Einmal sind diese mit einer Mappe voller Dokumente zu dem Gespräch gekommen und konnten nicht verstehen, dass ich ihnen beim Ausfüllen nicht direkt helfen wollte.

Im Allgemeinen denke ich, dass in dem Prozess der Bearbeitung der Parentifizierung die Anerkennung der Rollenumkehr als eine faktische Realität sehr wichtig ist. Manche Autoren, wie z. B. Linda Hooper (2007), betrachten Parentifizierung als ein traumatisches Erlebnis, das vor allem mit Vernachlässigung verbunden ist. Meines Erachtens muss man das Problem aktiv angehen und den Patienten dadurch helfen, dass man ihnen ihre Last aufzeigt. Sonst müssen sie wie Aschenputtel aus dem Grimm'schen Märchen ihr Schicksal weiterhin alleine tragen. Bei Kindern und Jugendlichen kann man es mit Hilfe der Technik der Fremdschilderung[9] tun. Manchmal helfen auch eigene Metaphern bzw. man bittet Patienten, ihre Situation mit einer Metapher zu benennen oder sie nach ihrem Lieblingsmärchen zu fragen. Meiner Erfahrung nach antworten fast alle parentifizierten Personen mit der Wahl ähnlicher Geschichten und Gestalten, wie: Aschenputtel, Herakles, Superman, Spiderman oder Batman (vgl. Schier, 2014). Das Gespräch darüber dient oft als eine Art Eröffnung für das Thema.

Die Autoren, die sich mit der Problematik der Rollenumkehr in der Familie beschäftigen (Ohntrup, Pollak, Plass, Wiegand-Grefe, 2010), betonen, dass in der psychoanalytisch orientierten Psychotherapie mit diesen Patienten die Etablierung eines Arbeitsbündnisses sehr wichtig ist.

> Durch diese sichere und haltgebende Beziehung kann der Patient eine korrigierende Beziehungserfahrung machen, indem der Therapeut eine teilweise fürsorgliche Haltung dem Patienten gegenüber einnimmt, die dieser in seiner Kindheit nicht erlebt hat. (ebd., S. 379)

---

[9] Die Fremdschilderung ist eine Technik in der psychotherapeutischen Arbeit mit Kindern und Jugendlichen. Sie erlaubt eine indirekte Art, mit der Abwehr der Patienten umzugehen. Man beschreibt die Situation eines »anderen Kindes« oder »Kinder« und es erlaubt dem Patienten, sich entweder damit zu identifizieren oder es abzulehnen. Zum Beispiel konnte ich zu Sophia sagen: »Andere Kinder sind manchmal sauer, wenn sie sich um die jüngeren Geschwister kümmern müssen« oder »Die Jugendlichen, die ins Ausland mit ihrer Familie auswandern, können sehr traurig sein.«

Da diese Personen ihre eigenen Bedürfnisse immer wieder zurücknehmen mussten, haben sie verinnerlicht, dass diese nicht akzeptabel sind und verleugnet werden müssen. Die Arbeit mit einer wertschätzenden Grundhaltung ist deshalb besonders wichtig. Sie hilft den Patienten mit den Gefühlen von Scham (bezogen auf das eigene Ich) und Schuld (da es ihnen nicht möglich war, die Wünsche der Eltern zu befriedigen) umzugehen. Auch die Arbeit an der Übertragung bekommt eine große Bedeutung, da die Patienten selbstverständlich die Tendenz haben, die bekannten familiendynamischen Muster in der Interaktion mit den Therapeuten zu wiederholen. Wie bereits gesagt, war dies auch bei Sophia der Fall. Es kam zu einer Rollenumkehr in unserer Beziehung. Ich habe mich sehr mit dem parentifizierten Kind identifiziert und wollte sie gleichzeitig vor der »bösen Welt« retten.

Die psychotherapeutische Arbeit ist auch mit Identifizierung und dem Zulassen von starken negativen Emotionen verbunden. Ein Kind, das sich um die Bedürfnisse der Erwachsenen kümmern muss, fühlt sehr oft, dass diese Situation nicht fair ist, hat aber aus Gründen der Bedürftigkeit des Elternteils keine Chance, es direkt zu äußern. Diese Kinder haben oft Probleme »Nein« zu sagen (Schier, 2014). Die Therapie hilft den Patienten, ein Gerechtigkeitsgefühl zu entwickeln und zu spüren.

Die Ergebnisse meiner Forschung zeigen die Zusammenhänge zwischen Parentifizierung und dem Körper-Ich auf. Die traumatischen Erfahrungen des Kindes sind in seinem Körper »aufgezeichnet« (*written down in the body*), sowohl als Somatisierung der psychischen Zustände als auch als Störung des Körperbildes. Man muss also den Körper mit all seinen Bedürfnissen »sehen«. Die psychoanalytisch orientierte Psychotherapie ist keine Körpertherapie (Totton, 2011), der Körper kann aber ein Gegenstand der Reflexion sein, sowohl in den Narrationen als auch in den Zeichnungen, natürlich nur dann, wenn sie vom Patienten selbst ausgehen. Inge Seiffe-Krenke (2015) hat die Bedeutung der Narrative als Quelle der Informationen zu Identität, Körper und Weiblichkeit bei Jugendlichen unterstrichen. Barnaby Barratt (2013) ist der Meinung, wenn wir uns dem Körper nicht als ein (äußeres) Objekt, das evaluiert oder repariert werden muss, zuwenden und betrachten, so erleben wir das Gefühl des Zusammengehörens mit dem eigenen Körper (*belonging with our bodies*).

Es ist wichtig zu betonen, dass die Diagnose der Parentifizierung am Anfang der Behandlung entscheidend ist. Man muss genau unterscheiden können, ob der Patient tatsächlich eine destruktive Rollenumkehr erlebt hat oder ob er sehr viel für die Familie gearbeitet und eine Anerkennung seiner Leistungen bekommen hat und dadurch ein Gerechtigkeitsgefühl entwickeln konnte. Noch ein weiteres Element sollte man berücksichtigen: Unsere Kultur beinhaltet auch spezifische Charakteristika. So lernen Kinder beispielsweise den Umgang mit neuen Computertechniken schneller und besser als Erwachsene. Auch dadurch kommt es zu einer Rollenumkehr. Kinder und Jugendliche werden dabei oft Lehrer für die Erwachsenen, man muss dies dann als Zeichen der Zeit und nicht unbedingt als Pathologie verstehen.

Für die Therapie bei Menschen, die eine negative Rollenumkehr in der Kindheit erlebt haben, aber gilt:

> Die Behandlungsmethode sollte sich dann vielleicht direkter und präziser auf die Bearbeitung des interpersonellen Traumas konzentrieren. Dadurch könnte man parentifizierten Menschen dabei helfen, die ebenfalls einer […] Parentifizierung innewohnenden inneren Fähigkeiten und Ressourcen zu verwirklichen. (Schier et al., 2011, S. 370)

Ich möchte die letzten Sätze den Psychotherapeuten widmen. Sowohl die klinische Erfahrung als auch die Forschungen (vgl. Schier, 2014; von Sydow, 2014) zeigen, dass Psychotherapeuten öfter als andere Berufsgruppen selbst die Erfahrung der Rollenumkehr in der Kindheit gemacht haben. Kirsten von Sydow (2014) formuliert es folgendermaßen:

> Für manche Therapeuten ist die Rolle des Vertrauten eine wesentliche Quelle ihrer Identität und ihres Selbstwertgefühls. Helfer leben manchmal mit einer verborgenen narzisstischen Bedürftigkeit und vermeiden dann Beziehungen zu Nichtbedürftigen« (S. 284)

Wenn viele von uns schon dieses Schicksal erleben mussten, sind wir doch am besten ausgestattet, unsere Patienten wirklich verstehen zu können. Wir sollten nur sorgfältig darauf achten, dass wir sie nicht mit den eigenen vernachlässigenden Eltern verwechseln. Wenn wir von unseren parentifizierenden Objekten gut genug separiert sind, dann bekommen die Patienten die Chance, sich in unseren Augen zu »sehen« bzw. zu »spiegeln«. Und dies aktiviert einen Selbstheilungsprozess; davon bin ich fest überzeugt.

6. Literatur

Barratt, B. B. (2013): *The emergence of somatic psychology and bodymind therapy.* Houndmills: Palgrave Macmillan.

Bruch, H. (1973): *Eating disorders. Obesity, anorexia nervosa and the person within.* New York: Basic Books.

Byng-Hall, J. (2008): The significance of children fulfilling parental roles: Implications for family therapy. *Journal of Family Therapy,* 30, S. 147–162.

Cash. T. F. & Pruzinsky, T. (2002): *Body Image: A Handbook of Theory, Research, and Clinical Practice.* New York: Guilford Press.

Chase, N. D. (1999): Parentificaton: An overview of theory, research, and societal issues. In: N. D. Chase (Hrsg.): *Burdened Children. Theory, Research, and Treatment of Parentification.* Thousand Oaks, London, New Delhi: Sage Publications. S. 3–34.

Grogan, S. (2009): *Body Image. Understanding Body Dissatisfaction in Men, Women, and Children.* London, New York: Routledge.

Günter, M. (2015): Das schwierige Verhältnis der Generationen: Angst, Neid und Dankbarkeit. *Kinderanalyse,* 23 (2), 129–150.

Günter, M. (2009): Körperbildforschung bei Kindern mit Hilfe des Körperbildmaltestes für Kinder (KBMT-K). In: P. Joraschky, T. Loew & F. Röhricht (Hrsg.): *Körpererleben und Körperbild. Ein Handbuch zur Diagnostik.* Stuttgart, New York: Schattauer. S. 210–218.

Günter, M. & Breitenöder-Wehrung, A. (1997): *Körperbildmaltest für Kinder. Handanweisung.* Unveröffentlichte Maschinenschrift.

Hardt, J. & Schier, K., Engfer, A. (in Vorbereitung): *Vernachlässigung, Kindesmisshandlung und Missbrauch.* In: D. H. Rost, J. Sparfeldt, S. Buch (Hrsg.): *Handwörterbuch Pädagogische Psychologie.* Weinheim: Beltz.

Hooper, L. M. (2007): Expanding the Discussion Regarding Parentification and its Varied Outcomes: Implications for Mental Health Research and Practice. *Journal of Mental Health Counseling,* 29 (4), *S.* 322–337.

Jacobvitz, D., Riggs, S. & Johnson, E. (1999): Cross-Sex and Same-Sex Family Alliances: Immediate and Long-Term Effects on Sons and Daughters. In: N. D. Chase (Hrsg.): *Burdened Children. Theory, Research and Treatment of Parentification.* Thousand Oaks, London, New Delhi: Sage Publications. S. 35–55.

Jurkovic, G. J. (1997): *Lost Childhoods. The Plight of the Parentified Child.* New York: Brunner/Mazel Publishers.

Krueger, D. W. (2002): Psychodynamic Perspectives on Body Image. In: T. F. Cash & T. Pruzinsky (Hrsg.): *Body Image. A Handbook of Theory, Research, and Clinical Practice.* New York, London: The Guilford Press. S. 30–37.

Mattejat, F., Lenz, A. & Wiegand-Grefe, S. (2010): Kinder psychisch kranken Eltern – eine Einführung in die Thematik. In: S. Wiegand-Grefe, F. Mattejat & A. Lenz (Hrsg.): *Kinder mit psychisch kranken Eltern. Klinik und Forschung.* Göttingen: Vandenhoeck & Ruprecht. S. 13–24.

McDougall, J. (1985): *Theatres of the Mind. Illusion and Truth on the Psychoanalytic Stage.* New York: Basic Books.

Ohntrup, J. M., Pollak, E., Plass, A. & Wiegand-Grefe, S. (2010): Parentifizierung – Elternbefragung zur destruktiven Parentifizierung von Kindern psychisch erkrankter Eletern. In: S. Wiegand-Grefe, F. Mattejat & A. Lenz (Hrsg.): *Kinder mit psychisch kranken Eltern. Klinik und Forschung.* Göttingen: Vandenhoeck & Ruprecht. S. 375–398.

Pines, D. (2010): *A Woman's Unconscious Use of Her Body. A Psychoanalytical Perspective.* London, New York: Routledge.

Ponizovsky, Y., Kurman, J. & Roer-Strier, D. (2012): When Role Reversal and Brokering Meet: Filial Responsibility Among Young Immigrants to Israel from the Former Soviet Union, *Journal of Family Psychology,* 26 (6), S. 987–997.

Röhrich, F. (2009): Das Körperbild im Spannungsfeld von Sprache und Erleben – terminologische Überlegungen. In: P. Joraschky, T. Loew & F. Röhrich (Hrsg.): *Körpererlen und Körperbild. Ein Handbuch zur Diagnostik.* Stuttgart, New York: Schattauer. S. 25–34.

Schier, K. (2005): *Bez tchu i bez słowa. Więź psychiczna i regulacja emocji u osób chorych na astmę oskrzelową.* Gdańsk: Gdańskie Wydawnictwo Psychologiczne.

Schier, K. (2007): »Die Schneeköningin« – therapeutische Arbeit mit Eltern psychosomatisch kranker Kinder, *Kinderanalyse,* 1, S. 1–19.

Schier, K. (2010): *Piękne brzydactwo. Psychologiczna problematyka obrazu ciała i jego zaburzeń.* Warszawa: Wydawnictwo Naukowe Scholar.

Schier, K. (2012): »Das hässliche Entlein« – die Veränderung des Körperbildes in der psychoanalytischen Behandlung eines 18-jährigen Mädchens. In: P. Bründl & V. King (Hrsg.): *Adoleszenz: gelingende und misslingende Transformationen.* Jahrbuch der Kinder- und Jugendlichen-Psychoanalyse, Bd. 1. Frankfurt a. M.: Brandes & Apsel. S. 11–28.

Schier, K. (2014): *Dorosłe dzieci. Psychologiczna problematyka odwrócenia ról w rodzinie.* Warszawa: Wydawnictwo Naukowe Scholar.

Schier, K., Egle, U. T., Nickel, R., Kappis, B., Herke, M., & Hardt, J. (2011): Parentifizierung in der Kindheit und psychische Störungen im Erwachsenenalter. *Psychotherapie Psychosomatik Medizinische Psychologie,* 61 (8), S. 364–371.

Schier, K., Herke, M., Nickel, R., Egle, U. T. & Hardt, J. (2015): Long-term sequelae of emotional parentification: A cross-validation study using sequences of regressions. *Journal of Child and Family Studies,* 24 (5), S. 1307–1321.

Schore, A. N. (2001): The Effects of a secure Attachment Relationship on right Brain Development, Affect regulation and Infant Mental Health. *Infant Mental Health Journal,* 22, S. 7–66.

Seiffge-Krenke, I. (2015): Identität, Körper und Weiblichkeit in Jugendtagebüchern unter spezieller Berücksichtigung der Tagebücher Karen Horneys. *Analytische Kinder- und Jugendlichen-Psychotherapie,* 165, *S.* 29–48.

Sydow, K. v. (2014): Psychotherapeuten und ihre psychischen Probleme. *Psychotherapeut,* 59, S. 283–292.

Taylor, G. J., Bagby, R. M. & Parker, J. D. A. (1997): *Disorders of Affect Regulation. Alexithymia in Medical and Psychiatric illness.* Cambridge: Cambridge University Press.

Titzmann, P. F. (2012): Growing Up Too Soon? Parentification Among Immigrant and Native Adolescents in Germany, *Journal of Youth and Adolescence,* 41, S. 880–893.

Totton, N. (2011): *Body psychotherapy. An introduction.* Maidenhead, Philadelphia: Open University Press.

Trempała, J. (2015): Persönliche Mitteilung.

Angelika Staehle

KÖRPER, MUTTER UND PSYCHE

Der Ausdruck früher Beziehungsängste in der Essstörung eines Mädchens

In diesem Beitrag befasse ich mich mit den Beziehungen zwischen dem Körpererleben, der Qualität der frühen Objektbeziehungen und der psychischen Entwicklung. In der Darstellung des Behandlungsprozesses eines sechseinhalbjährigen Mädchens möchte ich vermitteln, wie sich aus einer früh entstandenen Abwehrformationen gegen Abhängigkeit eine Essstörung in der Latenz entwickelte, die auf traumatische Erfahrungen in ihrer frühen Kindheit beruhte. Auf der Grundlage der Theorien von Winnicott, Bick, Bion und Williams wird an detailliertem, klinischem Material aus den ersten eineinhalb Jahren der dreijährigen Analyse dargestellt und diskutiert, wie das Mädchen in vielen kleinen Schritten die defensive Nutzung der Essensverweigerung sowie ihrer motorischen und verbalen Fähigkeiten aufgeben konnte. Mit ihrer zunehmenden Fähigkeit zur Symbolisierung veränderten sich allmählich ihre Beziehungsfähigkeit und ihr leibseelisches Identitätsgefühl.

1. Theoretische Einführung – Körper, frühe Objektbeziehung, psychische Entwicklung

Sigmund Freud (1923b) verwies auf die enge Beziehung zwischen dem Ich und dem Körper: »Das Ich ist vor allem ein körperliches, es ist nicht nur ein Oberflächenwesen, sondern selbst die Projektion einer Oberfläche«. In der englischen Ausgabe (1927) heißt es in einer Fußnote dazu, »das heißt, das Ich ist letztlich von Körperempfindungen abgeleitet, hauptsächlich von jenen, die ihren Ursprung in der Oberfläche des Körpers haben«.

Das Ich wird so von Freud als psychische Hülle bezeichnet, die sich über Anlehnung an das körperliche Erleben von Berührung bildet. Freud führt nicht aus, auf welchem Wege sich die libidinöse Besetzung der Körperoberfläche vollzieht. Die mütterliche Fürsorge scheint für Freud selbstverständlich zu sein; er beschreibt sie nicht explizit. Doch man kann davon ausgehen, dass das Körper-Ich die Spuren frühester Objektbeziehung repräsentiert. Man kann dann sagen, dass Freud mit dem Begriff des Körper-Ichs den Weg für die späteren Konzepte einer psychischen Haut vorgezeichnet hat.

Winnicott (1958, S. 57–74) befasst sich mit der primitiven emotionalen Entwicklung des Kindes. Wegen der Abhängigkeit des Säuglings von der Umwelt ist es für ihn undenkbar, den Neugeborenen ohne die Mutter zu beschreiben. Die Mutter hat die Funktion des Haltens, »Holding«, um das Werden des Selbst ihres Säuglings zu ermöglichen. Es liegt an der Mutter und ihrem Verständnis für die individuellen Besonderheiten ihres Säuglings, wie sie seine hilflose Abhängigkeit annehmen und seiner Lust auf gierige Aneignung begegnen kann. Versagt die Funktion des Haltens der Mutter, dann kommen unvorstellbare Ängste psychotischer Natur zum Tragen, die immer latent bestehen, aber gewöhnlich durch die Fürsorge der Mutter aufgefangen werden. Das Versagen der Mutter wird in dieser ersten Zeit nicht als Versagung, sondern als eine Bedrohung der gesamten Existenz des Selbst, als Angst vor Vernichtung, erlebt. In dieser Zeit hat der Säugling die Empfindung, mit der Mutter eins zu sein, und die Mutter mit dem Säugling. Winnicott hat diese Etappe die »Zeit der Illusion« genannt, und es ist die Aufgabe der Mutter, diese Illusion zu unterstützen und sich so perfekt wie möglich an die Bedürfnisse des Säuglings anzupassen. Hier spricht Winnicott vom subjektiven Objekt. Nach und nach soll die Mutter ihren Säugling desillusionieren, d. h. ihm helfen anzuerkennen, dass die Brust nicht seine Schöpfung ist, sondern Eigenständigkeit besitzt. Dazu muss die Mutter die Fähigkeit haben, sich als Objekt verwenden zu lassen. Die hinreichend gute Mutter hat nicht nur die Fähigkeit, Milch hervorzubringen, sondern gestattet auch ihrem hungrigen Säugling, sie gierig anzugreifen, ohne sich an dem Kind zu rächen. Winnicott spricht hier von der Fähigkeit der Mutter zu überleben. Die Eigenschaft der Mutter, sich ständig von neuem zerstören zu lassen, machte die Realität des überlebenden

Objektes überhaupt erst erlebbar. Sie verstärkt die Gefühlsbeziehung und führt zu Objektkonstanz und erst danach kann das Objekt als getrenntes Objekt »verwendet« werden (vgl. Winnicott, 1971). Für Winnicott ist das Baby in dieser Zeit in einem noch nicht integrierten Zustand, einer Phase des primären Narzissmus.

Melanie Klein hingegen hat die Hypothese des primären Narzissmus fallengelassen. Sie vertritt die Konzeption eines früheren Ichs, das von Geburt an fähig sei, Beziehungen zu äußeren Objekten zu etablieren und diese zu introjizieren, um eine innere Welt aufzubauen. Damit geht Melanie Klein von einem von vornherein vorhandenen inneren dreidimensionalen Raum und der Konzeption eines Objekts aus, das mit Hilfe der projektiven Identifizierung besetzt werden kann.

Esther Bick (1986) hingegen nimmt die Theorie eines primären Narzissmus wieder auf. Sie geht von der Hypothese aus, dass das Kind zu Beginn seines Lebens, wenn es sich in einem nicht integrierten Zustand befindet, die Teile seines Selbst so erlebt, als hätten sie keinerlei bindende Kraft untereinander. Die sinnlichen Erfahrungen über die Haut des Körpers durch Berührt- und Gehaltenwerden führen beim Säugling zu einem Gefühl des psychischen Zusammenhalts. Durch die Erfahrung der Brustwarze im Mund des Säuglings zusammen mit der vertrauten Stimme der Mutter, ihrem Geruch und ihrem »stillenden Verstehen« entsteht eine Atmosphäre des körperlich-seelischen Gehaltenseins. Die »psychische Haut« wird in einer Beziehung, die das Kind mit seiner Erfahrung verbindet, internalisiert.

Eine Störung der ursprünglichen Haut-Behälter-Funktion der Mutter kann zu einem unangemessenen Gebrauch solcher stabilisierender, sensueller Erfahrungen führen. Bick hat dies als »Zweithaut-Bildungen« bezeichnet. Diese »Zweit-Haut-Bildung« versucht, dem Auseinanderfallen der einzelnen Elemente entgegenzuwirken. Auch die Beziehung zu den anderen Menschen hat dann die Funktion die Psyche zusammenzuhalten. Meltzer (1975) hat in seinen Studien mit autistischen Kindern den Begriff der adhäsiven Identifizierung mit dem zweidimensionalen Konzept von Selbst und Objekt verbunden. Es gibt keine Vorstellung von oder eine massive Angst vor dem Innenraum des Anderen. Tiefe in der Beziehung wird als extrem bedrohlich erlebt. Auf dieser sehr primitiven Ebene des

Denkens gibt es nur eine zwei-dimensionale Welt, keine Vorstellung von geschlossenen Räumen. Bick beschrieb Patienten, von denen sie annahm, dass sie als Säuglinge einen frühen Mangel an Gehaltenwerden und Containing hatten, die dann als eine Art »zweite Haut« muskuläre Anspannung oder verbale Aktivitäten entwickelten, um sich auf diese Weise einen Ersatz für die bewahrende Funktion der Haut zu schaffen. Diese Kinder wurden »Plaudertaschen«, um sich durch Sprechen ihres Selbstgefühls und Selbstzusammenhalts zu versichern, oder sie stürzten sich in körperliche Aktivitäten und litten als Erwachsene unter Muskelanspannungen. Bick und Winnnicott haben die entscheidende Rolle des äußeren Objekts hervorgehoben, die der Mutter am Anfang des Lebens zukommt.

Bions (1962a, 1962b) Modelle sind für ein grundlegendes Verständnis der Beziehung von Körper und Psyche sehr hilfreich. Er geht davon aus, dass sich die Denkfähigkeit bzw. Symbolisierungsfähigkeit nur im Rahmen einer genügend guten Beziehung zu den ersten Bezugspersonen entwickeln kann.

Der Säugling kommt nach der Zäsur der Geburt mit etwas Angeborenem – einer Erwartung, dass es eine Brust geben wird – Bion nennt es Präkonzept – in die »Arme und Augen« einer Mutter mit einem präsenten Vater, die mit einem träumerischen Einfühlungsvermögen (Reverie) seine durch Gesten, Bewegungen und Schreien ausgedrückten Empfindungen und Bedürfnisse psychisch aufnehmen und gegebenenfalls durch Handeln beantworten, sie sprachlich begleiten kann. Diese Interaktionen wiederholen sich viele Male und führen dazu, dass der Säugling allmählich selbst seine Empfindungen einordnen und als zu sich gehörig wahrnehmen wird. Er verinnerlicht schließlich diese Funktion und entwickelt dabei eine Vorstellung von seinem eigenen inneren Raum und davon, dass seine Mutter auch einen Innenraum hat, der etwas aufnehmen kann. Dann kann auch die Abwesenheit der Mutter ausgehalten werden. Die Abwesenheit der Mutter wird erträglich durch die Möglichkeit, einen Gedanken, ein Bild von ihr, innerlich präsent zu halten. So wird symbolisches Denken möglich. Dieses »Behältermodell« ermöglicht über die psychischen Vorgänge vor der Selbst-Objekt-Trennung nachzudenken, vor den Kategorien innen und außen und vor dem Erwerb der Symbolisierung und der Sprache

Wenn das Containment misslingt, können die nicht verdauten Beta-Elemente nicht zum Denken benutzt werden, sondern nur in Form von projektiver Identifizierung evakuiert werden. Der Container wird destruktiv und der Säugling erlebt möglicherweise in solchen Momenten die Mutter als angreifendes Objekt. Man kann dabei an Mütter denken, die die Not des Säuglings/Kindes nicht aufnehmen können und sich gegenüber schmerzlichen Zuständen des Kindes verschließen. In extremen Situationen wird von dem Säugling dann unverarbeitete Todesangst, namenlose Angst oder Panik introjiziert. Bion beschreibt das Versagen der mütterlichen Behälterfunktion sehr anschaulich:

> Der Säugling nimmt die Ahnung einer drohenden Katastrophe wieder in sich auf, doch sein Angstgefühl hat sich nun, nachdem es von der Mutter und vom Baby selbst zurückgewiesen wurde, erheblich verstärkt. Dieses Baby gewinnt nicht den Eindruck, dass ihm etwas Gutes zurückgegeben wird, sondern eine verstärkte Version seiner Angst- und Panikgefühle. Wenn es nicht aufhört zu weinen, wird es in der Mutter unter Umständen große Angst erzeugen. Ein Teufelskreis wird in Gang gesetzt, der sich stetig verschlimmert, bis der Säugling seine eigenen Schreie nicht mehr erträgt. Weil er keine Hilfe findet und sich selbst überlassen bleibt, verstummt er und verschließt in seinem Inneren etwas Angsterregendes, Böses, dessen neuerlichen Ausbruch er fürchten muss. Derweil verwandelt er sich in ein »braves Baby«, ein »liebes Kind«. (Bion, 1973/2010, S. 80)

Das »brave Baby« ist oft der Beginn einer verfrühten Ich-Entwicklung (Klein, 1930), die eine Abwehr- bzw. Überlebensfunktion hat, um die Defizite in der Behälterfunktion auszugleichen.

Gianna Williams (1997), die sich besonders mit Essstörungen befasst hat, entwickelte auf dem Hintergrund von Bions Denktheorie die Hypothese von einer introjizierten Funktion, einer Omega-Funktion, die sich am anderen Ende des Spektrums wie die Alpha-Funktion befindet. Sie meint damit ein inneres Objekt, das eine desorganisierende, unterbrechende Funktion ausübt. Diese Gedanken entwickelt sie aus ihren Erfahrungen mit Säuglingsbeobachtungen und Kinder- und Jugendlichen-Psychotherapien, in denen die Säuglinge resp. Kinder unbewusst von einem oder beiden Eltern zum Empfänger von deren eigenen unverarbeiteten Gefühlen und Ängsten gemacht wurden. Sehr oft wurden diese »Gespenster«

(Fraiberg et al., 1975) über mehrere Generationen weitergegeben. Die Metapher »Fremdkörper« steht für eingekapselte, primitive Ängste, die von der Mutter nicht aufgenommen und verarbeitet werden konnten und die zudem mit eigenen unverarbeiteten Ängsten der Mutter vermischt blieben. Um eine Aktualisierung dieser unerträglichen Ängste und emotionalen Zustände zu verhindern, entwickeln Patienten verschiedene Formen der Abwehr. Williams trifft hier eine Unterscheidung zwischen Patienten, die gegenüber Projektionen porös bleiben, und solchen Patienten, die ein »No-entry-System« als Abwehr entwickeln. Beim »No-entry-System« sind die zentralen Fähigkeiten des Aufnehmens und des Abgebens in Mitleidenschaft gezogen. Die projektiven und introjektiven Identifizierungen, die für die Entwicklung des Ichs von herausragender Bedeutung sind, werden dadurch beeinträchtigt. Die Patienten bewegen sich auf sehr unterschiedlichen Ebenen der Symbolisierungsfähigkeit und ihre unterschiedlichen Persönlichkeitsanteile sind nicht verbunden, sondern voneinander abgespalten. Die Aktualisierung dieser frühen, nicht mentalisierten Protoemotionen aus der Beziehung zum primären Objekt hat eine starke Auswirkung auf die Gegenübertragung der Analytikerin. Sie zeigen sich in körperlichen Reaktionen, sowohl beim Patienten als auch beim Analytiker in einem psychosomatischen Bereich auf semiotischem[1] Wege. Dies

---

[1] Es gibt neben den sprachlichen Symbolen auch andere Ausdrucksschemata, die nicht mit der diskursiven Sprache begriffen werden müssen. Man denke hierbei an Rituale, Tanz, und Musik. Langer (1942/1992) nennt dies präsentative Symbolik im Gegensatz zur repräsentativen Symbolik. In der repräsentativen Symbolik, Segal (1991/1996) spricht von echten Symbolen, repräsentiert das Symbol das Objekt für einen Dritten, den Betrachter oder Zuhörer. Objekt und Symbol sind getrennt voneinander. Die infantilen Ausdrucksformen, die nicht mit Worten vermittelt werden, wie Lächeln, Weinen, Schreien, Brüllen, Strampeln etc., werden als Zeichen (Pierce, 1986, S. 14) verstanden. Ein Zeichen ist ein Ding, das dazu dient, die Kenntnis von einem anderen Ding zu transportieren, Zeichen vertreten jedoch die Referenzobjekte nicht auf fixierte Weise. Das Schreien eines Säuglings ist nicht automatisch ein Zeichen für Wut. Das Schreien ist ein an die Mutter gerichtetes Zeichen. Mutter und Säugling entwickeln allmählich die semiotischen Fähigkeiten, die Äußerungen des anderen zu verstehen. Bei jedem Schritt des zunehmenden, interaktiven Verständnisses muss ein Objekt dem Säugling dabei helfen. Man kann sich vorstellen, dass ein Baby Zeichen gibt, dass es Hunger hat, bevor es sich selbst dieser Verfas-

erfordert eine sehr differenzierte Beobachtung der eigenen Gegenübertragung und des psychischen Zustandes des Patienten.

2. Klinisches Beispiel: Vicky

Vicky ist ein sechsjähriges Mädchen, dessen Vater auf Empfehlung der Kinderklinik sehr dringend um einen Termin bat. Vicky esse seit drei Monaten kaum mehr etwas und sei nun mit dem Gewicht an der Untergrenze. Sie habe zunehmende Ängste, wirke immer trauriger und klage ständig über Schmerzen, besonders in den Beinen, und sei aktuell zu schwach zum Gehen. Das Drängen des Vaters erreichte mich sehr und ich vereinbarte noch vor meinen bevorstehenden Praxisferien einen Termin. Der Vater war beim ersten Termin beruflich verhindert. Von der psychischen Erkrankung der Mutter und den traumatischen, frühkindlichen Erfahrungen von Vicky war mir vor der ersten Begegnung mit Vicky und ihrer Mutter noch nichts bekannt.

2.1 Erste Begegnung mit Vicky und ihrer Mutter

Eine kräftige, korpulente Frau kommt mit einem schmalen, blonden Mädchen auf dem Arm in meine Praxis. Das Mädchen schaut mich nicht an, gibt mir keine Hand, spricht nicht. Ich hatte Malmaterial und kleine Spielfiguren auf dem Tisch gelegt. Vicky klammerte sich an die Mutter, setzte sich auf ihren Schoß und wimmerte ab und zu wie ein Säugling. Ich sagte zu Vicky, ob sie vielleicht etwas malen oder etwa spielen möchte. Vicky flüsterte ihrer Mutter etwas ins Ohr. Die Mutter sagte mir, Vicky wolle ma-

---

sung bewusst ist. Die Mutter könnte sagen: »Was ist los mein Liebes, bist du hungrig?« Das Baby wird sich beruhigen, wenn es die Botschaft der Mutter als einen Index eines »containing objects« erlebt. Containing ist so verstanden ein semiotischer Prozess, in dem die Mutter, die Analytikerin, die Mitteilungen des Säuglings übersetzt. Man kann sich vorstellen, wie ein semiotischer Prozess zwischen einer psychisch kranken, depressiven Mutter entgleist. Eine entgleiste Beziehung kann durch neue Übersetzungen im Prozess einer Analyse verändert werden. Wichtig ist, dass die Gesten, die Stimme der Analytikerin als auch die lexikalische Bedeutung ihrer Worte dieselbe Bedeutung zum Ausdruck bringen. Daher muss sie beständig die eigene Gegenübertragung überprüfen.

len. Vicky malte dann ein gelbes Herz mit roten Punkten. Die Mutter sagte erfreut, »das sind ja meine Lieblingsfarben«. Vicky flüsterte der Mutter wieder etwas ins Ohr und ich kann ihrer Mimik entnehmen, dass es »Nein« heißt. Sie flüstert dann für mich gerade noch hörbar ihrer Mutter ins Ohr. »Du magst doch schwarz.« Die Mutter entgegnete: »Nein, schon lange nicht mehr.« Die Mutter wirkte gekränkt und Vicky saß wie versteinert da. Ich sagte, so mehr vor mich hin: »Rot und Schwarz, fröhliche und traurige Gefühle, beides gleichzeitig ist schwer auszuhalten.« Nach einer Pause: »Da kennt man sich ja gar nicht mehr aus.« Vicky verzieht das Gesicht, wendet sich der Mutter zu und weint lautlos.

Ich fühle mich merkwürdig berührt, das Weinen stößt mich eher ab. Es wirkt auf mich anklagend, so als sei ich etwas Böses, Schädliches. Ich frage mich, warum ich so wenig Mitgefühl habe. Es ist für mich schwer auszuhalten, mich in der Übertragung als eine Mutter zu erleben, die unfähig zur Aufnahme von Ängsten ist. Als ich in Vickys Gesicht die eingefrorene Maske eines schreienden Babys sehen kann, verändert sich mein Erleben.

Vicky haucht der Mutter ins Ohr und von der Mutter erfahre ich, dass Vicky Durst habe. Ich hole ein Glas Mineralwasser. Vicky verzieht den Mund. Sie flüstert ihrer Mutter ins Ohr: »Es sprudelt nicht.« Ich lasse das Glas stehen und warte ab. Ohne Kommentar trinkt die Mutter das für die Tochter bereitgestellte Glas aus.

Diese Szene prägt sich mir sehr ein. Ich denke, es geht um gute oder schlechte Muttermilch. Hier inszeniert sich auch die Verwicklung zwischen Vicky und ihrer Mutter: Wer ist durstig, wessen Durst muss gelöscht werden? Ich habe auch das Gefühl, dass Vicky herausfinden will, ob sich zwischen mir und ihr etwas Trennendes ereignen darf. Ob sie etwas von mir ablehnen kann und ob ich ein Nein ertrage.

Ich fragte die Mutter und Vicky, wann es angefangen habe, dass Vicky nichts mehr gegessen habe. Die Mutter antwortete: seit drei Monaten. Die von Vicky sehr geliebte Lehrerin sei schwanger geworden und habe die Schule verlassen, weil sie umgezogen sei. Seither habe Vicky nicht mehr in die Schule gehen wollen. Die Mutter erklärte mir, aus ihrer Sicht wolle Vicky nicht mehr in die Schule gehen, da sie unterfordert sei, nicht wegen dem Weggehen der Lehrerin. Vicky verzog wieder das Gesicht und weinte lautlos.

Dieses lautlose Weinen war für mich schwer erträglich. Ich fühlte mich von der Erklärung und Interpretation der Mutter vereinnahmt; sie hatte Vicky ihre Interpretation übergestülpt. Vicky darf nichts Eigenes haben. Ich spürte in mir Ärger auf die Mutter aufkommen und fühlte mich gleichzeitig hilflos traurig. Ich sagte nichts zur Mutter, sondern fragte nach einer Weile Vicky: »Du wirkst traurig. Bist Du traurig?« Sie nickte und schaute ihre Mutter an. Die Mutter fragte Vicky dann, warum sie denn traurig sei. Da antwortete Vicky plötzlich mit klarer Stimme: »Weil der Papa nicht da ist.« Dann weinte sie wieder lautlos und flüsterte etwas, was ich nicht verstehen konnte. Ich fragte sie, was sie denn gerne mit dem Papa mache. »Skifahren«, haucht sie. »Ich will jetzt sofort Skifahren, jetzt gleich«, sagte sie drängend und zugleich verzweifelt, jedoch mit lauter Stimme, und schaute mir zum ersten Mal direkt in die Augen. Unsere Augen trafen sich. Es traf sich außerdem, dass Skifahren auch mein Lieblingssport ist. Ich sagte zu Vicky: »Oh, Skifahren erfordert Kraft und man braucht starke Beine.«

Ich nehme auf, dass es für Vicky außerordentlich schwierig ist, sich aus der Verwicklung von ihrer Mutter zu lösen: eine Verwicklung zwischen einer Fusion mit der Mutter und gleichzeitig einer großen Angst davor. Vicky versucht sich zu befreien, indem sie sich verzweifelt den Vater herbeisehnt. Ich hatte das Gefühl, ich muss Vicky erreichen, da ich sie nur noch einmal vor meinen Ferien sehen würde und ihr Zustand sehr bedrohlich war.

Die Mutter berichtete dann, dass der Vater ein hervorragender Skiläufer, überhaupt ein großer Sportler sei. Sie selbst liebe Sport nicht und fahre nicht Ski.

Es ist das Ende der Stunde. Ich verabschiedete mich und vereinbarte die nächsten Termine.

Ich blieb zurück mit dem Gefühl, eine Szene zwischen Mutter und Vicky-Baby erlebt zu haben, in der ich zunächst ausgeschlossen war, so als gäbe es mich nicht. Es war für mich anfangs eine Szene, als müsse Vicky mit ihrem Ins-Ohr-Flüstern der Mutter Leben einhauchen, jedoch die Mutter auch sehr kontrollieren. In meiner Gegenübertragung erlebte ich mich selbst als eine bedrohliche, abweisende Mutter, was schwer erträglich war. Im weiteren Verlauf der Stunde hatte ich das Gefühl, Vicky emotional erreicht zu haben: »Wenn du dich von der umschließenden und erdrückenden Mutterbeziehung lösen willst, dann brauchst du kräftige Beine, die dich zum Vater und damit in die Welt bringen und die Beziehung zur Mutter verändern.« Auch hatte ich das Gefühl, die Mutter von ihrem unerbittlichen Überich erstmal etwas entlastet zu haben.

2.2 Elterngespräche

In den folgenden Gesprächen mit beiden Eltern erfahre ich, dass Vicky das einzige und ein von der Mutter sehr gewünschtes Kind sei. Der Vater habe zunächst keine Kinder gewollt. Die Schwangerschaft sei ganz problemlos verlaufen. Die Geburt schildert die Mutter als sehr schön. Vicky sei vier Monate gestillt worden. Das klingt zunächst alles ganz problemlos. Doch dann erfahre ich, dass, als Vicky acht Wochen alt war, die Mutter eine Psychose bekam, in der sie glaubte, ein Kind Gottes geboren zu haben. Sie musste in die Psychiatrie eingewiesen werden. Vicky wurde in dieser Zeit von den Großmüttern und dem Vater betreut. Während der folgenden Jahre war die Mutter je zweimal jährlich in psychiatrischen Kliniken mit der Diagnose einer affektiven Störung jeweils manisch oder depressiv. In weiteren Elterngesprächen erfahre ich, dass Vicky als Baby sehr viel von der Milch wieder ausgespuckt habe und es sehr schwierig gewesen wäre, auf feste Nahrung überzugehen. Sie habe als Kleinkind den Kopf gewiegt und sich selbst geschaukelt. Vicky habe lange im Elternschlafzimmer geschlafen und beim Einschlafen bis zur Einschulung mit sechs Jahren Hautkontakt gebraucht. Sie habe kaum Trotzreaktionen gezeigt. Die Entwicklung des Sprechens als auch die motorische Entwicklung sei sehr früh gewesen. Vicky verbringe sehr viel Zeit mit sportlichen Aktivitäten, auch um nicht dick zu werden. Sie nehme kaum Kontakt zu anderen Kindern auf.

2.3 Diagnostisch-psychodynamische Überlegungen

Die erste Begegnung mit der Mutter und Vicky erlebte ich wie eine Aktualisierung einer Szene zwischen Mutter und Baby mit einem misslungenen Containment. Doch noch mehr: In mir entstand das Bild eines Babys, das für die Mutter verantwortlich sein, sie beleben und ihre depressiven Gefühle aufnehmen soll. Vicky war durstig, konnte jedoch nicht trinken und die Mutter trank das Glas leer. Ich spürte die Not von Vicky, die sich in dem Durst auch zeigte, und gleichzeitig fühlte ich mich abgestoßen von ihrem lautlosen Weinen und ihrer massiv ausgedrückten Ablehnung. Ich hatte das Gefühl, dass ich zu einer Mutter gemacht werde, die immer das Falsche anbietet. Der vereinnahmende Ton der Mutter und ihre übergriffige Art über die Wahrnehmungen ihrer Tochter hinwegzugehen, zu bestimmen, was Realität ist, lösten in mir Wut und gleichzeitig depressive Gefühle aus. Deutlich wurde eine Empathiestörung der Mutter, die auch ich in der Gegenübertragung qua projektive Identifizierung erleiden musste. Vicky sollte den Wünschen entsprechend der Mutter schön und perfekt sein und ihr beweisen, dass sie eine ideale Mutter ist. Die frühen und sich fortsetzenden Trennungen während der ersten fünf Lebensjahre von Vicky und das Zusammenleben mit einer psychisch kranken Mutter, die häufig zwischen Manie und Depression schwankte, erschwerten die Entwicklung ihrer Mentalisierungsfähigkeit und damit ihrer emotionalen Entwicklung. Sie blieb in einem partiell ungetrennten Zustand mit ihrer Mutter. Dass sie sich trotzdem im kognitiven Bereich normal entwickeln konnte, war durch die Beziehung zum Vater und die Unterstützung der Großmütter möglich. Ein auslösender Faktor für den akuten Beginn der Nahrungsverweigerung dürfte eine Verschlechterung der psychischen Verfassung der Mutter gewesen sein und gleichzeitig der Verlust ihrer Lieblingslehrerin. Meine Hypothese war, dass Vicky früh omnipotente Kontrollmechanismen entwickelt hat, um sich gegen die unberechenbaren Beziehungen und die wechselnden Stimmungen ihrer Mutter zu schützen. Sie konnte ein falsches Selbst im Sinne von Winnicott entwickeln; mit Williams könnte man hier von einer Abwehr durch ein »No entry« sprechen. Doch gleichzeitig ist sie auch mit den wechselnden Stimmungen der Mutter verwickelt. Ich vermute, dass sie mit der manischen Seite ihrer Mutter in primitiver Weise identifiziert ist.

2.4 Krisenintervention

Nach den Osterferien erfahre ich, dass Vicky wieder etwas Nahrung zu sich genommen hatte und eine Aufnahme in die Kinderklinik nicht notwendig geworden war. Es war allerdings kein normales Essverhalten. Sie zerbröselte Brot und Äpfel und steckte sich dann ein wenig davon in den Mund. Die Mutter brachte dies zu Verzweiflung. Ich sagte ihr, Vicky isst wie ein

Kleinkind, so macht sie es zu ihrem Eigenen. Die Mutter entgegnete: »So kann man es vielleicht verstehen, doch ich muss die Vicky erziehen.« Ich konnte der Mutter vermitteln, dass ich ihren Druck nachvollziehen kann, dieses Essverhalten jedoch zunächst einen Anfang, einen Übergang darstelle und es wichtig sei, dass Vicky wieder selbst essen wolle. Beim Vater fand ich dafür Verständnis.

Ich vereinbarte mit den Eltern nach den Osterferien eine Krisenintervention mit zwei Wochenstunden für Vicky und mit Elterngesprächen einmal die Woche. Ich traf mit der Kinderklinik eine Vereinbarung, dass Vicky, sollte sie unter die kritische Gewichtsgrenze kommen, in der Psychosomatikstation der Klinik aufgenommen werden kann. Mit den Eltern besprach ich, dass sie nicht weiter so viel Druck auf Vicky ausüben sollten und nicht weiter das Essen zum Hauptthema machen. Mein Ziel war, in der Krisenintervention und vor allen Dingen in den Elterngesprächen herauszufinden, ob die Eltern bereit waren, eine langfristige analytische Behandlung von Vicky mitzutragen.

In der dann folgenden Krisenintervention kamen Mutter und Vicky gemeinsam. Es war für mich zunächst unklar, ob Vicky nicht alleine kommen konnte oder wollte oder ob die Mutter sich nicht trennen konnte. Vicky saß in dieser Zeit zunächst meistens wieder auf dem Schoß der Mutter und flüsterte ihr etwas zu. Zu mir nahm sie keinerlei Augenkontakt auf und sprach auch nicht. Sie zeichnete etwas für kurze Zeit oder begann mit dem Modelliermaterial etwas zu gestalten, was sie dann aber schnell wieder aufgab. Dann entdeckte sie einen großen Sitzball im Behandlungsraum. Sie balancierte auf dem Ball, während ihre Mutter und ich auf den Stühlen saßen. Ich beschrieb, was sich zwischen uns abspielte, indem ich mehr zu mir selbst sprach. Vicky sprach kaum etwas. Doch hatte ich den Eindruck, dass sie unmerklich zuhörte. Der Inhalt meiner Worte war wohl nicht von Bedeutung, doch ich zeigte damit Präsenz und dass ich sie wahrnahm. Vicky malte konventionelle Bilder, die ihrer Mutter sehr gefielen. Die Mutter betonte: »Heute hast du etwas geleistet.« Die Situation mit Mutter und Vicky war für mich sehr belastend, da ich die Erwartungen und den Druck der Mutter auf Vicky körperlich spürte – Vicky möge sich doch gut benehmen – und andererseits die Not von Vicky und zugleich ihre Abwehr jeglichen Kontakts sehr spürte. Vicky erlebte ich in einer Konfusion zwischen der maniformen Abwehr ihrer Mutter und einer omnipotenten Abschottung gegenüber jeglichen Gefühlen durch Bewegung. Schließlich konnte ich der Mutter in den Elterngesprächen genügend Sicherheit vermitteln, so dass sie Vicky allein in der Stunde bei mir lassen konnte. Mit den Eltern war es nun möglich, eine Kinderanalyse mit drei Wochenstunden zu vereinbaren.

2.5 Stationen und Bruchstücke
aus den ersten eineinhalb Jahren der Kinderanalyse

In der ersten Behandlungsphase entwickelte sich ein Ritual mit einem großen Sitzball, der zwischen uns hin und her geprellt wurde. Manchmal lustvoll und manchmal aggressiv. In mir entwickelte sich das Bild eines Babys und Kleinkindes, das so in einen Rhythmus mit der Mutter zu kommen versucht, aber auch die Mutter aktivieren möchte. Beim Balancieren auf dem Sitzball kam Vicky nun oft unvermittelt in meine Richtung und legte es darauf, an mir in die Arme zu fallen. Es war jeweils ein kritischer Moment, da ich es gerade noch schaffte, sie aufzufangen. Ich dachte, vielleicht hat es etwas mit der Inszenierung eines bedrohlichen Fallens und Nicht-aufgefangen-Werdens zu tun. Diese Szenen hatten eine starke Auswirkung auf meine Gegenübertragung: eine Mutter zu sein, bei der es keine Zuverlässigkeit gibt. Diese Art einer »semiotischen Kommunikation« sollte sich im weiteren Verlauf abwechselnd mit einer wechselnden Fähigkeit für symbolisches Denken und verbale Kommunikation weiter zeigen.

Das Ballspielen nahm fast die ganzen folgenden Stunden ein. Zunehmend wurde deutlich, wie Vicky auch mich mit den Ballspielen auf Distanz hielt und kontrollierte. Sie kam ins Behandlungszimmer, rannte zum Ball, ohne mich anzusehen, und bedeutete mir, dass ich beim Ballspielen mitmachen solle. Das Ballspielen wurde dann abgelöst von anderen Bewegungsspielen, wie Seilspringen, oder einem Spiel, in dem verschiedene Körperverrenkungen gemacht werden mussten. Ich verstand das im Sinne von Bick (1968, 1986) als einen schon früh entstandenen Bewältigungsversuch, sich durch eine muskuläre Haut selbst zusammenzuhalten. Vicky wehrte damit jegliche Abhängigkeit vom mütterlichen Objekt ab. Ich emp-

143

fand mich wie eine Trainerin, die die sportlichen Erfolge begleiten soll, die jedoch immer spürt, wie nahe der Abgrund ist. Vicky entwickelte eine adhäsive, äußerlich anlehnende Beziehung zu mir, in der sie mich sehr kontrollierte. Vicky benötigte mich in dieser ersten Phase als einen konkreten, körperlichen Container, da sie keinen zuverlässigen mentalen und emotionalen Container internalisiert hatte. In meinen Interventionen blieb ich begleitend, beschreibend präsent.

Unvermittelt, zwischen durch viel Motorik geprägten Stunden, tauchte beim Modellieren eine Aktualisierung auf, die mir ihre Konfusion zwischen den verschiedenen Seiten ihrer Mutter vermittelte. Vicky gestaltete ein plastisches Bild, auf dem zwei Gesichter zu sehen waren. Vicky sagte beim Anschauen: »Das eine lacht, das andere ist ein Gespenst, nein, es ist jemand, der schreit und hat den Mund weit auf.« Dann wirkt sie wie erschrocken über das, was sie gesagt hat, und schob nach, »nein, das Gesicht singt«. Für einen Moment zeigte sie mir etwas von ihrem Erleben. Sie musste es jedoch sofort wieder beiseiteschieben und mit etwas Schönem zudecken.

Es dauerte dann mehrere Wochen, bis Vicky in einer Stunde neben dem Ball-Ritual darstellen konnte, was in ihr vorging. Es war eine Montagsstunde. Ich schildere diese Stunde detailliert: Vicky kommt alleine die Praxistreppe hinunter. Sie wirkt auf mich ausgesprochen missmutig. Sie murmelt etwas, was ich nicht verstehe. Im Behandlungszimmer holt sie den Ball und prellte ihn auf mich zu.

Ich sage: »Ich habe gerade nicht verstanden, was du gesagt hast.«

Sie sagt in einem sehr harschen Ton »Ich habe es dir gesagt.« Ihr Gesichtsausdruck ist wie der einer genervten Mutter, die zu ihrem Kind sagt: Nun ich sag's nicht noch einmal. Sie prellt mir den Ball heftig zu und kommandiert mich herum.

Ich sage: »So will ich mit dem Ball nicht spielen. Ich werde ziemlich herumkommandiert. Ich frage mich: Was ist mit dir los?«

Vicky: »Nicht reden.« Aber sie sagt mir dann doch, dass sie heute nicht kommen wollte. Sie wollte lieber mit der Mama Spiele machen.

Ich sage: »Es war wohl schwer heute, dich von der Mama zu trennen. Bist du ärgerlich, dass du hierher kommen musstest und nicht weißt, was die Mama zu Hause macht?«

Vicky prellte den Ball weiter sehr heftig auf mich zu und ich prellte ihn zurück, etwas weniger heftig. Der Ball stößt gegen einen Hocker. Vicky: »Du hast heute den Hocker nicht weggeräumt.«

Ich: »Wenn du den Hocker aus dem Weg haben willst, musst du ihn wegräumen.«

Da war Ärger von mir zu spüren. Vicky hatte mich in den letzten Stunden immer wieder herumkommandiert, sich bedienen lassen und versucht, die Kontrolle über mich zu gewinnen.

Vicky: »Müssen oder wollen?«

Ich bin ganz erstaunt über ihre Differenzierung, die sie mir sehr provokativ hinwirft. Vicky will weiter mit dem Ball spielen. Schließlich fällt der Ball auf meinen Analysesessel.

Vicky sagt: »Der Ball will hier sitzen.«

Und ich sage wie zu einem kleineren Kind: »Jetzt will er ruhen.«

Zu meinem Erstaunen legt Vicky den Ball auf seinen Platz und sagt »Ja, der will schlafen.«

Sie öffnet ihre Box und sucht nach der Modelliermasse. Sie formt eine Schlange und ich mache parallel dazu auch eine Schlange. Sie formt dann aus der Schlange eine große Brezel und dazu zwei kleine Brezeln, die sie in die große Brezel legt. (Abb. 1: *rote Brezel*, vgl. S. 155 im Bildteil)

Die Brezel ruft in mir das Bild einer Mutterbrust hervor und mir fällt ein, dass sie in der Stunde vor dem Wochenende einen kleinen runden Ball mit einer großen Öffnung geformt hatte und dazu zu meiner Überraschung sagte: »Das ist ein Baby, das schreit.«

Ich forme spontan ein Baby. Vicky sagt: »Ich mache für das Baby etwas zum Liegen.« Dann formt sie einen Tisch, auf den man etwas drauflegen kann, um das Baby zu wickeln. Sie bittet mich, eine Babyflasche zu machen. Doch die Flasche gelingt mir nicht sehr gut. Vicky sagt: »Das sieht eher wie eine Kerze aus und nicht wie eine Flasche.« (Abb. 2: *Baby*, vgl. S. 155 im Bildteil)

Dann sagt sie: »Es fehlt die Mama.«

Sie beginnt, ein Bein zu formen und dann ein zweites Bein. Doch die Beine knicken ein. Ich biete ihr an, mit einem Holzstäbchen die Beine zu stabilisieren. Doch das gelingt nicht. Sie sagt: »Die Mama muss liegen. Sie ist schwanger und hat einen ganz dicken Bauch. Im November kommt das

Baby. Sie stellt erneut fest, dass die Mama nicht stehen kann. Die Bemühungen der Mutter, ein Bett und schließlich auch eine Decke zu machen, berühren mich sehr. (Abb. 3: *schwangere Mutter* und Abb. 4: *Mutter mit Decke*, vgl. S. 155 im Bildteil)

Die Modelliermasse ist nun aufgebraucht.

Vicky: »Ich will noch mehr.«

Ich hole neue Modelliermasse.

Vicky sagt: »Ich will alles aufbrauchen.« Sie macht in großer Eile ein Sprungbrett und sagt: »Von dem springe ich im Schwimmbad.« Dann macht sie ein Fernrohr und zum Schluss eine Rose. Sie reicht mir die Rose und sagt mir: »Die riecht nicht, sie stinkt.«

Ich sage: »Oh, man weiß nie genau, ob die Rose duftet oder ob sie dann doch stinkt. Da muss man wirklich immer auf der Hut sein und gut aufpassen.« Ich dachte auch an die frühe Mutter-Baby-Beziehung, wie Babys ihre Mütter an ihrem Geruch erkennen.

Inzwischen sind wir am Ende der Stunde angelangt.

Vicky hatte sich erst motorisch abreagiert. Als in mir das Bild eines kleinen Babys auftauchte und ich dann ein Baby formte, konnte Vickys Baby-Selbst zum Ausdruck kommen und sie konnte in träumerischer Weise ihre Ängste und Phantasien modellierend zum Ausdruck bringen und ein Narrativ entwickeln. Es wird deutlich, wie sehr sie die »Mutter ihrer Mutter« sein muss, indem sie ihr helfen will zu stehen und ihr eine Decke gibt.

Das Modellieren steht in den nächsten Stunden weiter im Vordergrund. Unsere Beziehung verändert sich. Vicky nimmt immer mal wieder Blickkontakt zu mir auf und bezieht mich mehr mit ein. Sie modelliert lustvoll viele Dinge zum Essen: Brötchen, Käsebrote, Schinkenbrote, Schneckennudeln, Brezeln. Der ganze Tisch wird beladen mit Esssachen. Ich erlebe es zunächst wie eine gute »Fütterungsszene« zwischen uns. Vicky versteckt die Esssachen in ihrem Kasten. Die Mutter soll sie nicht sehen. Sie gestaltet dann ein großes Auge und einen Mund mit großen Zähnen. Beides wirkt auf mich erschreckend.

Ich sage: »Es ist wichtig, dass du etwas in deinem Kasten verstecken kannst. Da ist es sicher, denn die großen Augen und die Zähne sind sehr gierig.«

Ich frage mich: Ist es die Gier von Vicky oder die bedrohliche innere Teilobjekt-Mutter? Vicky kann jedoch ihr Begehren, die Esssachen, in ihrem Kasten bei mir verstecken. Ich verstehe das so, dass Vicky einen Ort für sich selbst gefunden hat, der sich zunehmend von dem ihrer Mutter abgrenzt. Ich denke an die erste Stunde mit Mutter und Vicky, in der die Frage zum ersten Mal auftauchte, um wessen Durst es geht, den der Mutter oder den von Vicky.

Vicky hatte inzwischen begonnen zuhause so zu essen, dass sie kein bedrohliches Untergewicht mehr hatte. Doch sie war nach wie darauf bedacht, nicht zuzunehmen. Sie schaute nach dem Fettgehalt auf den Packungen. Wenn sie etwas gegessen hatte, betrieb sie Sport. Ich habe das Thema Essen in den Stunden mit Vicky nicht aufgenommen. Mein Verständnis war, dass Vicky in der analytischen Situation ihre frühen Gefühlsrudimente darstellen konnte und erst Worte dafür gefunden werden mussten.

In den folgenden Stunden entdeckte Vicky eine Holzmurmel-Bahn, mit der man aus komplizierten verschiedenen Bauteilen eine Bahn für die Murmeln konstruieren konnte. Diese Murmelbahn blieb während der nächsten Zeit ihr bevorzugtes Spiel. Sie baute ganz konzentriert allein. Ich durfte ihr nur von meinem Stuhl aus zusehen. Wenn Vicky in dieser Zeit zu den Stunden kam, lief sie an mir vorbei zu dem Kasten mit diesen Bauteilen, ohne mich nur eines Blickes zu würdigen. Sie baute immer kompliziertere Bahnen und dabei war ihr besonders wichtig, dicke Mauern aufzubauen, so dass die Murmeln nicht herausfallen konnten. Die Murmeln sollten sich stauen. »Sie sind in einem Gefängnis«, sagte sie dazu. Ich verstand es so, dass sie mir ihre Abwehrbastion zeigte, mit der sie sich schützte, um ja nicht aus der Bahn geworfen zu werden.

Obwohl mich Vicky ganz ausschloss, bemerkte ich, dass ich es genoss, wenn sie immer kompliziertere Bahnen baute. Doch als Vicky begann, regelmäßig am Ende der Stunden in sehr aggressiver Weise die Bauten zu zerstören und die Holzbauteile durch das ganze Zimmer zu werfen, fühlte ich mich ganz anders. Ich konnte die Zerstörung kaum aushalten. Zunächst intervenierte ich, indem ich benannte, wie schwer es für sie sei auszuhalten, dass ich die Stunde beende und sie mich nicht kontrollieren könne. Doch diese Worte prallten an ihr ab. Ich brauchte eine Weile, bis mir zugänglich wurde, dass Vicky mir zeigte, wie sie sich innerlich fühlte: verwirrt, über den ganzen Raum zerstreut.

Als ich mehr zu mir sprechend, fragend intervenierte: »Ich glaube, du willst herausfinden, ob ich das Zerstören ertragen kann und ob man danach wieder etwas aufbauen kann«, sagte Vicky zu mir gewandt: »Ich will zusehen, wie du alles wieder aufräumst und dann mache ich wieder alles durcheinander. Ich schaue dir dann gerne zu, wie du alles wieder aufräumst.« Ich hatte das Gefühl, dass sie das ganz aufrichtig und nicht spöttisch-abwertend meinte. Ich fühlte mich berührt und dachte dann, dass ich die katastrophalen frühkindlichen Erfahrungen immer wieder mit erleiden und die ganze Gewalt gefühlsmäßig in mich aufnehmen muss. Doch es war zusätzlich wichtig, dass Vicky eine Erfahrung machte, dass neben dem Aushalten etwas wieder aufgebaut werden konnte.

Nun standen die Weihnachtsferien bevor und ich war beunruhigt, wie Vicky nach den Ferien wiederkommen würde. Am Ende der Weihnachtsferien erhielt ich einen Anruf von Vickys Mutter und erfuhr, dass Vicky sich beim Skilaufen mit dem Vater das Schienbein gebrochen hatte. Bis Vicky einen Gehgips bekam, mussten mehrere Stunden ausfallen.

In der ersten Stunde nach den Ferien kommt Vicky auf Krücken zusammen mit ihrer Mutter. Sie wimmert schon im Praxisflur wie ein Baby. Sie spricht nicht mit der Mutter, sondern deutete der Mutter, sie soll ihr etwas mit dem Anorak helfen. Als die Mutter dann hilft, macht sie eine Grimasse, die ganz deutlich ablehnend ist. Dann wendet sie sich der Mutter wieder zu, gibt ihr einen Kuss, hängt sich an sie. Hier zeigt sich, wie sehr die frühen Beziehungsängste von Vicky aktualisiert sind. Sie kommen zum Ausdruck in der Widersprüchlichkeit zwischen ihrem Verlangen nach Einssein mit der Mutter und gleichzeitig der Angst vor Fusion mit der Mutter, die sie massiv abwehren muss. In dieser Stunde besteht Vicky darauf, dass die Mutter dableibt.

In den folgenden Stunden ist es wie zu Anfang der Behandlung. Vicky spricht nicht, wimmert, macht Grimassen. Beim Formen mit Playmais-Material zeigt sie mir mit Gesten wie ein Kleinkind, was ich für sie machen soll. Wir verständigen uns dabei, indem ich ihre Grimassen oder ihr Wimmern aufnehme und etwas verfremdet mit Grimassen antworte. Wir sind in einem Mutter-Baby-Dialog, in dem ich durch Gesichtsausdruck, Gesten und mit begleitenden Worten vermittle, dass ich ihren Zustand aufnehme und aushalten kann.

Nach einer Weile sagt Vicky ganz in sich gekehrt: »Es ist eigenartig hier ohne die Lizzy.«

Ich frage, ob die Lizzi ihre Katze sei.

Sie sagt: »Ja.«

Ich sage: »Da warst du jetzt immer mit der Katze zusammen. Hast du sie sehr gern?«

Vicky sagt: »Ja. Die schnurrt die ganze Zeit und lässt sich auch streicheln.«

Ich erlebe das als einen Moment, in dem sie ihren regressiven Bedürfnisse näher kam. Ich nehme das gefühlsmäßig auf und sage wie zu mir selbst: »Es ist so schwer, wenn plötzlich dieses Gefühl, mit der Lizzy zu sein, unterbrochen ist, aber man kann sich daran erinnern.«

Während mehrerer Wochen kommt Vicky nun mit Krücken. Sie entwickelt ein neues Ritual, indem sie ihre Sachen bei mir versteckt. Eine Krücke versteckt sie unter meinem Schreibsekretär. Dann sucht sie einen Platz für die andere Krücke zum Verstecken. Sie steckt sie hinter die Behandlungscouch. Ihren Anorak versteckt sie in einer anderen Ecke. Ihre Schuhe steckt sie in das hölzerne Butterfass. Es macht ihr sichtlich Freude, ihre verschiedenen Utensilien in meinem Raum zu verstecken.

Ich sage: »Du nimmst richtig Besitz von dem Raum, in jeder Ecke ist etwas von dir versteckt.«

Für mich wird spürbar, wie sehr der Behandlungsraum für Vicky ein Ort geworden ist, von dem aus »sie sich bewusst werden kann« (Winnicott, 1971, S. 175). Ein psychischer Ort, in dem es zu einer Begegnung kommen kann. Zunächst werden die physischen Eigenschaften des Ortes besetzt.

Vicky geht nun zu dem Container mit den Holzbausteinen für die Klickerbahn. Mit einem Schwung kippt sie den Kasten um. Doch damit nicht genug, sie wirft dann die Holzklötze im Zimmer herum. Ich verstehe das so, dass sie in aggressiver Weise mein Zimmer und damit auch mich besetzt. Vicky bewegt sich auf dem Popo rutschend oder auf einem Bein hüpfend sehr geschickt im Zimmer. Es ist ihr sehr wichtig, ihre Einschränkungen durch den Gips zu überspielen. Sie beginnt eine Klickerbahn aufzubauen. Sie arbeitet sehr sorgfältig, probiert aus, nimmt Maß, ob die Bauklötze passen, und überlegt, was sie noch für ein Bauteil braucht. Am Anfang darf ich ihr nicht helfen und auch nichts sagen. Sie verzieht dann ihr Gesicht zu einer weinerlich-bösen Miene. Ich sitze dabei auf meinem Hocker und sage ab und zu etwas kommentierend zu dem, was sie gerade baut.

In den folgenden Stunden verändert sich die Atmosphäre zwischen uns. Ich soll mitmachen. Vicky baut zwei Bahnen. Eine Bahn bedient sie mit Murmeln, die andere in der Gegenrichtung soll ich bedienen, so dass die Kugeln immer zu ihr zurückkommen. Sie spricht zu den Murmeln wie zu kleinen Menschen. Es ist ihr ganz wichtig, dass die Kugeln nicht aus der Spur springen. Sie baut immer wieder um und baut schützende hohe Mauern. Ich habe nebenbei die hölzernen Bauteile geordnet und spiele, dass ich ihr Zulieferer bin.

Ich verstehe die Stunde so, dass Vicky die Beziehung zu mir als Container wiederherstellt, indem sie meinen Raum besetzt, ihre Dinge – Selbstanteile – bei mir versteckt, aber auch wie sehr sie sich selbst schützen muss, »dass die Murmeln nicht aus der Bahn springen«. Ihre regressiven Sehnsüchte kann sie für einen kurzen Moment auf die Katze Lizzy bezogen aussprechen.

Nach einigen Wochen – Vicky ist jetzt ohne Krücken – wird das Spielen mit der Murmelbahn abgelöst durch ein Versteckspiel. Abwechselnd verstecken Vicky und ich Kasperlepuppen, kleine Tiere, kleine Handpuppen, eine Frosch-Handpuppe und eine Schildkröten-Handpuppe im Behandlungsraum. Die Andere muss im Praxisflur warten, bis vom Behandlungsraum aus gerufen wird. Vicky ruft mich herein und sagt: »Ich hab' einige Sachen sehr schwierig versteckt. Manche sind leicht.« Ich finde dann verschiedene Sachen. Ich hole immer eine Handpuppe und nehme sie in die Hand und spreche etwas. So zum Beispiel sage ich zum Schneewittchen: »Oh, wie schaust du mich an? Das ist fast so, als wärst du hinter einer Glasscheibe.« Ich zeige Vicky das Schneewittchen und sage zu ihr, man kann wirklich nicht erkennen, wie sie sich fühlt. Und so geht es weiter: Ich finde den Räuber, die Hexe, Gretel, auch die indische Prinzessin und den indischen Maharadscha. Am Schluss finde ich das Krokodil und klappere damit. Vicky spielt Angstreaktionen. Sie zeigt mir dann einige Verstecke, die ich sicher nicht gefunden hätte. Sie hatte wirklich schlaue Verstecke gefunden. Vicky ist bei diesem Spiel sehr mit mir in Kontakt, schaut mich an und spricht mit mir.

Das Verstecken-Spielen setzt sich zwischen uns mit Variationen bis zu den nächsten Sommerferien fort. Vicky gibt den Puppen und Tieren nun mehr Bedeutung. Sie unterscheidet nach guten und bösen Tieren. In einem der folgenden Versteckspiele geht es darum, Paare zu verstecken und die zueinander passenden wiederzufinden. Zum Beispiel zum indischen Prinzen die indische Prinzessin. Ich erfinde dazu kleine Geschichten über die Figuren. Es ist eine ruhige Atmosphäre, in der jede von uns ihren Raum hat, aber auch auf die andere bezogen ist. Es entwickelt sich in Anfängen eine stärker reziproke Beziehung zwischen uns.

Vicky wird neugierig auf mich als Person, möchte erfahren, welche Kinder nach ihr zu mir kommen. In einer der Stunden in dieser Phase bringt Vicky ihren Kuschelbären mit und beginnt ein Bild zu malen, auf dem der Bauch des Bären mit lauter guten Dingen gefüllt ist (Abb. 5: *Bär*, vgl. S. 156 im Bildteil). Sie zeigt damit ihre Neugierde und in der Beziehung zu mir wird sie viel lebendiger. Von der Mutter erfahre ich, dass Vicky zuhause wieder lustvoll isst, vor allem Nachtisch.

Nun stehen die zweiten Sommerferien bevor. In den Stunden danach beginnt Vicky, mit kleinen Puppen und Puppenzimmern etwas aufzubauen und zu spielen. Sie baut ein ebenerdiges Haus und stellt zuerst ein Hochbett hinein. Eine männliche Puppe setzt sie in einen Liegestuhl, den sie dann wieder beiseite stellt. Eine dicke Kuh findet ihr großes Interesse. Sie packt sie schließlich in das Kindergitterbett. Ich denke an die Mutter, die den Platz des Babys einnimmt. Die Babypuppe sperrt sie in einen Kasten. Als ich sage, »das Baby kriegt keine Luft«, zeigt sie mir einen schmalen Spalt und sagt: »Doch, das kriegt schon Luft.« Dann richtet sie das Haus mit Bad, Küche und Wohnzimmer ein. Sie richtet dann ihr Interesse darauf, einen Garten zu bauen, und fragt mich, ob es da Tiere gibt, was ich bejahe. Sie sucht dann nach einem Hund. Diesen Hund setzt sie in ein Bett im Wohnzimmer und er bekommt einen Futternapf. Dann findet sie zwei Hasen, die könnten eigentlich auch in das Haus und brauchen was zu fressen. Es ist ganz wichtig, dass die Tiere etwas zu fressen und ein Bett haben. Dann baut sie in dem Garten Bäume auf. Sie findet einen Engel, den sie im Garten zwischen den Bäumen aufstellt. Dann verschiedene kleine Tiere, Gänse und Hühner. Dann entdeckt sie den Fuchs. Sie ist nun sehr mit dem Garten beschäftigt und erfindet eine Geschichte: Der Fuchs schleicht sich an und schnappt sich dann eine Gans und tötet sie. Dann kommt der Engel. »Der Engel hat immer ein Messer«, sagt sie, und der Engel schneidet dann dem Fuchs den Hals ab. Der Fuchs wird dann weggelegt in die Kiste (Abb. 6: *Puppenstube*, vgl. S. 156 im Bildteil).

Vicky kann nun im Spiel in einer »als ob Qualität« (Fonagy, 1996) ihre unbewussten Phantasien zur Darstellung bringen. Das Baby, verstanden als Vickys Selbstanteil, wird noch in den Kasten gesteckt, so dass es gerade noch Luft zum Atmen bekommt. Doch in träumerischer Weise kann Vicky ein Narrativ erfinden. Der Fuchs kann dann erst mal weggelegt werden. Doch er wird wieder auftauchen.

Ich beende nun die Schilderungen aus den ersten 1½ Jahren von Vickys Analyse, die drei Jahre dauerte. Sie brauchte noch für längere Zeit den mentalisierenden Container ihrer Analytikerin. Es gab noch mehrere Einbrüche, doch das Netz der analytischen Beziehung hielt und die Löcher und Brüche konnten zusammen verwebt werden. Allerdings werden die Narben ihrer frühen Zeit bleiben. Doch Vicky hat Hoffnung entwickelt, dass sie verstanden wird und auch sich und andere besser verstehen kann. Die im weiteren Verlauf der Analyse entwickelte Symbolisierungsfähigkeit wird ihr dies weiterhin ermöglichen.

Ich konnte in diesem Beitrag nicht näher auf die Elternarbeit eingehen. Doch das Vertrauen der Eltern in mich durch die intensive, regelmäßige Arbeit mit ihnen, mal in gemeinsamen Stunden, mal im Einzelgespräch, war eine wichtige Basis für die Analyse von Vicky. Ich musste berücksichtigen, was die Mutter und der Vater zu einer bestimmten Zeit aufnehmen und tolerieren konnten. Wichtig war das Bemühen der Eltern, besonders der Mutter, anzuerkennen, dass sie trotz ihrer Schwierigkeiten Vicky eine gute Entwicklung ermöglichen wollten. Als Kinderanalytikerin muss man fähig sein, die Angst, das Schuldgefühl und die narzisstische Wunde der Eltern annehmen zu können, die um Hilfe für ihr Kind bitten, auch wenn sie es zunächst in Form von Vorwürfen und Projektionen ausdrücken. Die Schwierigkeit ist, einerseits die Übertragungen der Eltern anzunehmen und andererseits die Übertragung des Kindes, ohne dass beide in der Analytikerin in Verwirrung geraten.

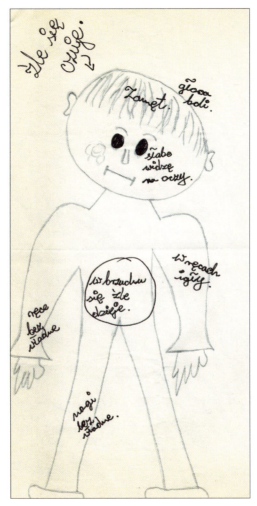

Abbildung 1: Sophia 1
Die Übersetzung der Beschriftung:
źle się czuję = ich fühle mich schlecht; zamęt = ein Durcheinander;
głowa boli = ich habe Kopfschmerzen;
słabo widzę na oczy = ich sehe schlecht; w ręcach igły = Nadeln im Arm;
w brzuchu źle się dzieje = es passieren schlechte Sachen im Bauch;
nogi bezwładne = die Beine gelähmt;
ręce bezwładne = die Hände gelähmt.

Abbildung 2: Sophia 2
Die Übersetzung der Begriffe:
Tak = Ja und Nie = Nein

BILDTEIL ZU ANGELIKA STAEHLE

Abbildung 1: rote Brezel

Abbildung 2: Baby

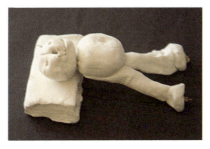

Abbildung 3: schwangere Mutter

Abbildung 4: Mutter mit Decke

Abbildung 5: Bär

Abbildung 6: Puppenstube

3. Abschließende Diskussion

Nach der Zäsur der Geburt ist es für den neugeborenen Säugling überlebensnotwendig, in einer menschlichen Umwelt willkommen geheißen zu werden, die seine physischen und noch protomentalen Bedürfnisse aufnimmt, für ihn metabolisiert und durch Handeln und sprachliche Begleitung beantwortet. Ich gehe davon aus, dass es für Vicky in den allerersten Lebenswochen einen schwierigen Bruch durch die psychische Erkrankung ihrer Mutter und die abrupte Trennung von ihr gab. Die von Bion postulierte träumerische Einfühlung der Mutter, die die protomentale Organisation des Säuglings geistig und körperlich hält, wurde schwer gestört. Oder wie Winnicott es ausdrückt: Für Vicky wurde der Bruch in ihrem »going on being« zu einer Bedrohung ihrer gesamten Existenz und wurde als Angst vor Vernichtung erlebt. Vicky entwickelte mit Hilfe einer angeborenen Begabung, »gift of the gab« (Bick), eine verfrühte Ichentwicklung, um die Defizite der mütterlichen Behälterfunktion auszugleichen. Dies kann man auch als Entwicklung hin zu einem falschen Selbst beschreiben. Sie wurde ein verbal und motorisch frühreifes Kleinkind, das eine besondere Fähigkeit entwickelte, das Bedürfnis seiner Mutter, sich als vollkommen gute Mutter mit einem vollkommenen Säugling zu fühlen – was psychotische Qualität hatte –, in primitiver Weise introjizierte. Wenn das Baby, Kleinkind und später das Latenzkind anfängt, seine eigene Wahrnehmungen und Erfahrungen zu machen und das idealisierte Mutterbild gestört wird, ist es nur durch eine Abspaltung seiner eigenen Erfahrungen möglich, sich den Glauben an das mütterliche Objekt und seine Integrität zu bewahren. Wirksam wird dies in einem Bedürfnis, mit der manischen Mutter eins zu bleiben und einer genau so starken Angst vor der Fusion mit der Mutter. Eine adhäsive, auf äußerliche Qualitäten des Objekts fixierte Beziehung wird dann zu einem Überlebensmodus. Zur Mutter findet dies bei Vicky seinen Ausdruck im verbal-kognitiven Bereich und zum Vater im Sport. In dem Symptom der Essstörung sind beide Aspekte des Dilemmas – das Bedürfnis nach Fusion und die Angst davor – enthalten. Die Nahrungsvermeidung und Kontrolle kann man als eine Abwehr, ein »No-entry-System« im Sinne von Williams verstehen, als einen Schutz vor einem archaischen Mutter-Introjekt. Die Kontrolle des Fettgehaltes der Nahrungsmittel durch Vicky könnte in konkretistischer Weise für das Schädliche der Mutter stehen. Andererseits kann man in der Nahrungsvermeidung auch eine pathologische, introjektive (nicht symbolische) Identifizierung (Sodre, 2004) mit der manischen, wahnhaften Seite der Mutter sehen: eine omnipotente Phantasie, keine Nahrung zu brauchen, um dadurch immateriell-göttlich zu werden. Bei beiden Positionen werden die eigenen Bedürfnisse und jegliche Angewiesenheit auf das Objekt, auf den Anderen, zurückgewiesen.

In der analytischen Arbeit mit Kindern, jedoch auch mit frühgestörten Erwachsenen, die mit Hilfe solcher Maßnahmen ihre frühe Zeit überleben konnten, ist es wichtig anzuerkennen, dass ihr frühestes Gefühl von sich selbst in einer Pseudoreife verwurzelt ist. Daher wehren sie hartnäckig und ausdauernd die Versuche ab, ihre Verletzlichkeit und Bedürftigkeit zu erfassen und sie selber damit in Kontakt zu bringen. Ihre eigene Bedürftigkeit und Angewiesenheit auf ein Objekt wurden schon früh eingekapselt; wurden für sie zu etwas Fremden, einem Fremdkörper. Es gibt bei diesen kleinen und großen Patienten eine große Angst, mit dem Baby-Selbst in emotionale Verbindung zu kommen. Es ist dann als Psychoanalytikerin so wichtig, das Zurückgewiesen-Werden auszuhalten, ohne sich zu verschließen. Wir müssen unser Gefühl, dass wir zurückgewiesen und als ein schlechtes, böses Objekt erlebt werden, ertragen und verdauen können und trotzdem verletzbar und berührbar bleiben. Dies habe ich schon in der ersten Begegnung mit Vicky und ihrer Mutter sehr intensiv zu spüren bekommen. Vickys Wimmern und ihr Gesichtsausdruck lösten in mir Ablehnung, ja fast Ekel aus. Erst als ich ihren Ausdruck wie die eingefrorene Maske eines schreienden Säuglings wahrnehmen konnte, wurde ich wieder aufnahmefähig. Ähnlich ging es mir mit Vickys Mutter, die ich zunächst nur übergriffig, vereinnahmend und kaum zur Empathie fähig wahrnahm, was mich abstieß. Ich brauchte Zeit, um auch bei ihr wahrzunehmen, dass sie unter einem unerbittlichen, verfolgenden Über-Ich litt, das auch bei ihr mit einer vorzeitigen Ich-Entwicklung zusammenhing und sie von ihren Gefühlen abschnitt. Die Schwierigkeit für mich war, das »schreiende Baby-Selbst« in Vicky zu halten und sehr gewahr zu sein, dass dies das labile Selbstgefühl ihrer Mutter gefährdete. Denn auch sie hatte ein unterdrücktes Baby-Selbst, auf das zu hören für sie äußerst bedrohlich war, da es ihr auf kognitiver Leistung basierendes Identitätsgefühl, vermischt mit manischer Selbstüberhöhung, gefährdete. Die Gefährdung war immer jäh gegenwärtig, in eine schwarze

Depression, ein schwarzes Loch zu fallen. Das Erleiden und Halten dieser unerträglichen Zwangslage, in der sich Vicky befand – die auch das »gute Baby« bleiben musste –, war ein mühsamer Prozess, in dem ich viel Unsicherheit und Nichtwissen aushalten musste, bis ich Verbindungen herstellen und damit zu einem Verständnis finden konnte. Einem Verständnis im Sinne von Bions K und nicht durch den Rückgriff auf vertraute Theorien. Die stille, nachträgliche Analyse der eigenen Gegenübertragung ist sehr mühsam, da auch das eigene Baby-Selbst aus der eigenen Frühzeit berührt wird.

Für mich war das Verständnis der Übertragung als Gesamtsituation von Betty Joseph, zu dem alle nonverbalen, atmosphärischen und verbalen Aspekte dazugehören, in dieser Kinderanalyse sehr hilfreich. In der analytischen Behandlung von Kindern, in der man an ihrem Spielen – auf welchem Niveau auch immer – teilnimmt und miteinbezogen wird, sitzt man lange Zeit vollständig im Dunkeln, bis man eine Verbindung herstellen kann und einen emotionalen Zugang und dann eine Sprache zu dem findet, was sich an Emotionen und Ängsten im Feld zwischen dem Kind und der Analytikerin gerade aktualisiert. Wichtig ist für mich immer wieder, dass ich – trotz aller Schwere – in mir ein Bild, eine Vorstellung, man könnte es auch Hoffnung nennen, halten kann oder wiederfinden kann, in denen etwas vom Entwicklungspotential und den verschütteten oder abgekapselten Selbstanteilen des Kindes aufscheint.

4. Literatur

Bick, E. (1968): The Experience of the Skin in Early Object-Relations. *Int. J. Psycho-Anal.*, 49, S. 484–486. Dtsch.: (1990): Das Hauterleben in frühen Objektbeziehungen. In: Bott Spillius, E. (Hrsg.): *Melanie Klein Heute. Bd. 1, Beiträge zur Theorie.* München: International Psychoanalyse, S. 236–240.

Bion, W. R. (1962a): A theory of thinking. *Int. J. Psychoanal.*, 40, S. 308–315. Dtsch.: (1990): Eine Theorie des Denkens. In: Bott Spillius, E. (Hrsg.): *Melanie Klein Heute. Bd. 1, Beiträge zur Theorie.* München: International Psychoanalyse, S. 225–235.

Bion, W. R: (1962b): Learning from Experience. London: Reprinted by Karnac (1984). Dtsch.: (1990): *Lernen durch Erfahrung.* Frankfurt a. M.: Suhrkamp.

Bion, W. R. (1973): Brazilian Lectures, London. Karnac (1990). Dtsch.: (2010): *Die brasilianischen Vorträge.* Frankfurt a. M.: edition diskord im Brandes & Apsel Verlag.

Fonagy, P. & Target, M. (1996): Playing with reality: I. Theory of mind and the normal development of psychic reality. *Int. J. Psychoanal.*, 77, S. 217–233.

Fraiberg, S. et al. (1975): Ghosts in the nursery: a psychoanalytic approach to the problems of impaired infant-mother relationships. *J. Amer. Acad. Psychiat.*, 14, S. 387–421. Dtsch.: (1990): Schatten der Vergangenheit im Kinderzimmer, 11712. Kassel: Wissenschaftliches Zentrum.

Freud, S. (1985): *Studien zur Hysterie.* GW, I, S. 85.

Freud, S.(1923b): *Das Ich und das Es.* GW, XIII, S. 235–289

Joseph, B. (1985): Transference: the total situation. *Int. J. Psychoanal.*, 66, S. 447–454, Dtsch.: E. Bott Spillius (Hrsg.) (1991): *Melanie Klein Heute. Bd. 2*, Weinheim: Verlag Internationale Psychoanalyse, S. 84–100.

Klein, M. (1930): The importance of symbol-formation in the development of the ego. *Int. J. Psychoanal.*, 11, S. 24–39. Dtsch.: Die Bedeutung der Symbolbildung für die Ichentwicklung. In: *Melanie Klein. Gesammelte Schriften*, Bd. 1, T. 1, S. 347–368, Stuttgart: frommann-holzboog.

Langer, S. (1942): *Philosophie auf neuem Wege, Das Symbol im Denken, im Ritus und in der Kunst* (2. Aufl.). Mittenwald: Mäander, 1979.

Meltzer, D. et al. (1975): Explorations in Autism, Perthshire: Clunie Press. Dtsch.: (2011): *Autismus. Eine psychoanalytische Erkundung*, Frankfurt a. M.: edition diskord im Brandes & Apsel Verlag.

Pierce, Ch. S. (1986*): Semiotische Schriften.* Bd. 1, Ch. Kloesel & H. Pape (Hrsg.), Frankfurt a. M.: Suhrkamp.

Meltzer, D. (1974): Adhesive Identification. In: A. Hahn (Hrsg): *Sincerity and other Works. Collected Papers of Donald Meltzer.* London: Karnac Books 1994, S. 335–350.

Rhode, M. (2015): Aspects of the body image and sense of identity in a boy with autism: implications for eating disorders. In: L. Mitrani & Th. Mitrani (Hrsg.): *Francis Tustin Today*, London: Routledge, S. 100–114.

Segal, H. (1991): *Traum, Phantasie und Kunst,* Stuttgart: Klett-Cotta, 1996.

Sodre, I. (2004): Who's who? Notes on pathological identifications. In: E. Hargreaves & A. Varchevker (Hrsg.): *In Pursuit of Psychic Change. The Betty Joseph Workshop.* London: Routledge, S. 53–65.

Williams, G. (1997): Internal Landscapes and Foreign Bodies. London: Gerald Duckworth & Co. Dtsch.: (2003): *Innenwelten und Fremdkörper. Abhängig-*

keitsbeziehungen bei Eßstörungen und anderen seelischen Erkrankungen. Stuttgart: Klett-Cotta.

Winnicott, D. W. (1945): Die primitive Gefühlsentwicklung. In: *Von der Kinderheilkunde zur Psychoanalyse.* (1958/1974) München: Kindler. S. 57–74.

Winnicott, D. W. (1971): *Vom Spiel zur Kreativität.* Stuttgart: Klett Cotta (1973).

Elisabeth Brainin

»MEIN KÖRPER GEHÖRT MIR«

Zur Entwicklung von Körper-Ich und Ich-Strukturen

Wie gelingt es jungen Menschen, sich ihren Körper anzueignen? Welche Rolle spielt das Körper-Ich bei der Ausformung des Ich und wie wirkt sich dies schließlich auch auf die Objektbeziehungen junger Menschen aus? Diesen Fragen möchte ich im Weiteren nachgehen.

1. Psychoanalyse und Neurowissenschaften zur Kinderentwicklung und zum Körper-Ich

Die Wahrnehmung der Außenwelt und der Objekte ist mit der Wahrnehmung des eigenen Körpers und mit dessen Veränderungen eng verbunden. Der Ausgangspunkt dieses ständigen Wechsels zwischen äußerer und innerer Wahrnehmung ist das Stadium des »purifizierten Lust-Ich«, wie Freud es in »Triebe und Triebschicksale« (Freud, 1915, S. 228) nannte. Dies entspricht dem Stadium, das Freud später mit dem primären Narzissmus bezeichnete.

In der frühen Kinderentwicklung kann man beobachten, wie mit der zunehmenden Beherrschung der Motilität und der Möglichkeit motorischer Kontrolle und Abfuhr ein Abwehrapparat entsteht, der dem Ich gefährlich erscheinende Triebimpulse abwehrt. Otto Fenichel führt in seinem Aufsatz über »Frühe Entwicklungsstadien des Ich« (1937) aus, wie sich daraus Introjektion, Projektion und auf der Basis negativer Halluzinationen – so bezeichnet er das »Nichtbemerken unliebsamer Außenzustände« (Fenichel, 1937, S. 52) – die Verleugnung entwickelt. Die Entwicklung vom Körper-Ich und die damit verbundene Entwicklung des Abwehrapparates betrachte ich als die Grundlage dessen, was in den heute vorherrschenden psychoanalytischen Entwicklungstheorien mit dem Begriff der Mentalisierung bezeichnet wird oder was in neueren Theorien als »embodied« Phänomene bezeichnet wird (Lemma, 2014; Lemma, 2010).

Der Begriff des »Embodiment« stammt eigentlich aus den Kognitionswissenschaften, wobei sich heute auch die Neurowissenschaften für Körperempfindungen und die Repräsentation aktueller Körperzustände in verschiedenen kortikalen und subkortikalen Strukturen interessieren. Als Psychoanalytiker sind wir gewohnt, von vorbewussten oder unbewussten Vorgängen auszugehen. Neurowissenschaftler stellen sich die Frage nach der neuronalen Grundlage des Selbst, die meines Erachtens nach in die Richtung von Freuds Vorstellung von Ich-Strukturen geht, die einerseits im Bewusstsein fußen und andererseits vom Es beeinflusst sind.

Empfindungen beziehen sich, anders als Gefühle, nach Antonio Damasios Auffassung vor allem auf den Körper, »[…] weil sie uns die Erkenntnis unseres viszeralen und muskuloskeletalen Zustands ermöglichen« (Damasio, 2001, S. 218). »Mittels Juxtaposition statten Körperbilder andere Vorstellungen mit einer Qualität von Gutsein oder Schlechtsein, von Lust und Unlust aus« (ebd., S. 219), wobei »gut« und »schlecht« mit unseren Begriffen von Lust und Unlust zu verbinden wären. Körper-Empfindungen würden Psychoanalytiker zunächst als vorbewusst bezeichnen, da sie bewusstseinsfähig sind und nicht wie Konflikte der Verdrängung unterliegen.

In der Entwicklung vom Säugling zum Kleinkind beschreibt Gérard Szwec das Entstehen der Triebmischung, die im und durch das Objekt zustande kommt. Besetzungsverschiebungen zwischen einzelnen Körperregionen kommen angesichts der Triebverschränkung, die sich mit zunehmendem Lebensalter entwickelt, eine Bedeutung zu. Erst dadurch werden verschiedene Verdrängungsmechanismen und Abwehrformen möglich! Szwec wirft ein spezielles Licht auf die Bedeutung der Zärtlichkeit zwischen Mutter/Caretaker und Säugling. Das Fehlen oder der Mangel an körperlicher Zärtlichkeit bringt den Säugling letzten Endes dazu, seine Libido nicht nur vom Objekt, sondern auch vom eigenen Körper abzuziehen. Das Ergebnis wären Körper-Empfindungen, die nicht libidinisiert sind und damit schließlich das Risiko somatischer Desorganisation mit sich bringen (Szwec, 2010).

Robert Fliess (1956) beschrieb dies mit dem Begriff des physiologischen Lust-Körper-Ich, das wiederum einen Anteil des Körper-Ich ausmacht. Ebenso steht es in der Tradition von Didier Anzieu (1991), der das »Haut-Ich« als Hülle einer gesamten sexuellen Erregung beschreibt. Auf beide Aspekte werde ich später noch eingehen.

Psychoanalysen geben uns Gelegenheit, körperliche Phänomene zu beobachten, die vorbewusst ablaufen und unbewusst der Triebbefriedigung dienen. Sie können zu einem Widerstand im psychoanalytischen Prozess werden, der sich als Übertragungswiderstand äußern kann, oder auch in einem Widerstand, der sich direkt gegen unbewusste Prozesse richtet. Meine Beobachtungen zu Entwicklung und Körper-Ich gehen von Freuds Überlegung aus, dass unser Ich »vor allem ein körperliches« (Freud, 1923, S. 253) ist, was seinen unbewussten Ausdruck in Phantasien und Träumen findet. Phänomene wie Abwehr und Widerstand in Behandlungen sind häufig mit Körpersymptomen verbunden. Ihr lustvoller Charakter bleibt nicht nur den Patienten unbemerkt und verborgen. Viel eher können wir deren Auswirkungen auf die Objektbeziehungen junger Menschen wahrnehmen. Wie sehr sie sich in ihren Beziehungen gehemmt, eingeengt und beschämt fühlen, wie sehr sie sich auch vor dem Analytiker oder der Analytikerin für ihren Körper genieren und sich am ehesten in eine virtuelle Welt zurückziehen wollen, um den Konflikten zwischen den Ansprüchen der Realität und ihren Triebansprüchen zu entkommen.

2. Klinische Beobachtungen

Anhand einiger klinischer Beobachtungen in Psychoanalysen möchte ich die Bedeutung von Körper-Ich-Symptomen, Körpersensationen und ihrer psychischen Verarbeitung betonen. Sie in unserer klinischen Arbeit zu unterschätzen oder zu vernachlässigen würde bedeuten, einen Teil des Unbewussten oder unbewusste Phantasien in Analysen unbearbeitet zu lassen. Abwehr und Widerstand sind oft mit körperlichen Phänomenen verbunden. Wir kennen auch die umgekehrte Richtung: Erschreckende unbewusste Phantasien und Erinnerungsbilder können eine Regression hervorrufen, die wir als Körpersymptome in Analysen beobachten und die Ausdruck der Abwehr werden, gerade weil ihr lustvoller Charakter unbemerkt und verborgen bleibt. Die Tendenz des Lustprinzips, Lust zu erlangen und Unlust zu vermeiden, gerät nur zu leicht in Vergessenheit. Auch das innere narzisstische Gleichgewicht beruht auf dem Versuch des Ich, ein Libidogleichgewicht herzustellen, das ebenso dem Lustprinzip unterliegt.

2.1 Alexander

Der 19-jährige Alexander war wegen seiner Schüchternheit, verbunden mit massiven Kastrationsängsten in Analyse. Er hatte das Gefühl, sein Penis wäre zu klein und missgestaltet. Er hatte immer Angst, seine Hosen, ohne es zu merken, nass zu machen. Als Schutz dagegen benützte er ein Taschentuch, das er wie eine Windel in der Hose trug. An anderer Stelle sprach ich bereits über den Verlust der Windel beim Windelwechsel, der von Kleinkindern wie der Verlust eines Körperteils erlebt werden kann und einer Kastration gleichkommt (vgl. Brainin, 1999). Alexander benutzte die »Taschentuchwindel« ganz bewusst, um seine Ängste und Kleinheitsgefühle zu bekämpfen. Damit in Zusammenhang stand auch die Angst vor dem Verlust der Sphinkterkontrolle, welche seine Unsicherheitsgefühle noch verstärkte. Besonders fürchtete er, in den Analysestunden mit nasser Hose zu erscheinen oder gar während der Stunden die Kontrolle zu verlieren. Dies bezog sich aber nicht nur auf die Sphinkterkontrolle, sondern ebenso auf die Angst vor wahrnehmbaren Zeichen von Erregung wie eine Erektion. Erregung und Kastrationsangst waren eng miteinander verknüpft. Der befürchtete Verlust der Sphinkterkontrolle wurde für ihn wie eine Kastrationsdrohung wirksam, dagegen benutzte er die »Taschentuchwindel«, zugleich diente sie aber auch auf einer anderen Ebene der Abwehr seiner Kastrationsangst, sein Penis wurde umhüllt und geschützt und letzten Endes erschien er ihm dadurch auch größer. Zugleich konnte er sich der Illusion hingeben, dass sein Penis auch der Analytikerin größer erschien und er somit als Sexualpartner seiner Analytikerin in Frage käme.

In der Pubertät kommt es zu einer drastischen Veränderung des Kräfteverhältnisses zwischen den psychischen Instanzen. Die Triebe sind drängender als je zuvor, die inneren Konflikte werden angefacht. Libido und Aggression werden gesteigert und infantile Triebinteressen erwachen aufs Neue. Der Körper verändert sich in kurzer Zeit in einem Ausmaß, wie nie zuvor im Leben eines jungen Menschen. Die Proportionen ändern sich, das

Genitale wächst, die sekundären Geschlechtsmerkmale werden zu einem Kampfplatz der Rivalität und des Vergleichs mit Alters- und Geschlechtsgenossen. Das Ich ist im Vergleich zu vorangegangenen Perioden üblicherweise viel konsolidierter, es bedient sich aller zur Verfügung stehenden Abwehrmechanismen. Wobei es verschiedene Ausgänge gibt: das Ich kann vom Triebansturm überwältigt werden, weil die Abwehr mit den Triebanforderungen nicht Schritt halten kann; das Ich bleibt Sieger und kann mit einem hohen Energieaufwand die Libido in Schach halten. Anna Freud bezeichnet diesen Ausgang als dauernden Schaden, denn die »Ich-Instanzen bleiben gewöhnlich auch im ganzen späteren Leben unnachgiebig, unangreifbar und für Revisionen, die die veränderliche Realität verlangen würde, unzugänglich« (Sandler, 1989, S. 338).

Alessandra Lemma meint dazu:

Being-in-a-body poses challenges to us all. Throughout life the body is the arena of a potentially terrifying lack of control. The body is disturbing because it always bears the trace of the other. This fundamental psychic truth must somehow be integrated into our image of ourselves (Lemma, 2010). Facing the reality of the body thus involves a paradox: it means simultaneously taking ownership of the body, including its desires and limitations, and integrating the fact that the body is the site where we meet the other, where we negotiate the meaning of sameness and difference, dependency and separation. The extent to which the body may then be felt to be a hospitable or inhospitable home for the self will reflect the quality of the earliest identifications. (Lemma, 2010, S. 698)[1]

Bei dem erwähnten jungen Mann stand seine Schüchternheit im Vordergrund, wobei nicht klar werden konnte, wie sehr sie mit aggressiven Phan-

---

[1] »Im-Körper-Sein bringt Herausforderungen für uns alle mit sich. Während des ganzen Lebens ist der Körper ein Kampfplatz für einen möglichen und erschreckenden Kontrollverlust. Der Körper ist verstörend, weil er immer die Spur des anderen in sich birgt. Diese fundamentale psychische Wahrheit müssen wir in unser Selbstbild integrieren. Mit der Realität unseres Körpers konfrontiert zu sein, mündet in einem Paradox: Es bedeutet, den Körper einschließlich seiner Bedürfnisse und Grenzen in Besitz zu nehmen und zugleich die Tatsache zu integrieren, dass der Körper der Ort der Begegnung mit dem anderen ist. Mit ihm handeln wir die Bedeutung von Gleichheit und Unterschied, Abhängigkeit und Getrenntheit aus. Das Ausmaß, in dem der Körper als ein gastliches oder ungastliches Zuhause für das Selbst erlebt wird, spiegelt die Qualität der frühesten Identifizierungen wieder.« (Übers. d. Autorin)

tasien verknüpft war. Die sadomasochistische Komponente seines Charakters kam in den Kastrationsängsten und Wünschen zum Vorschein, die ihm große Angst bereiteten. Seine Exhibitionswünsche waren nicht bewusstseinsfähig, das heißt, sie konnten von mir nicht gedeutet werden, solange er sich nicht sicher genug in der Übertragung fühlte, solange er nicht in der Lage war, Deutungen in diese Richtung ich-synton zu verarbeiten.

Die Übertragungsphantasien beschäftigten sich mit mir und meinem Körper, meinen Brüsten, meiner Frisur, meinem Make-up. Eine lange Zeit der Behandlung war jedoch die Voraussetzung, um diese Phantasien aussprechen zu können und schließlich zu deuten, nicht gegeben. Die Rekonstruktion in der Deutung, die wiederum die Phantasien über die Mutter betrafen, war zu bedrohlich. Dies konnte erst am Ende der Behandlung, eigentlich in den Nachbesprechungen, zum Vorschein kommen.

Anna Freud meint dazu, dass es »Vorstellungen von direkter sexueller Besitzergreifung der Mutter und ihres Körpers, ohne jede Abmilderung« gäbe (A. Freud, zit. nach: Sandler, 1989, S. 351). Aggressive Wünsche wären weit weniger ängstigend und würden daher auch weniger abgewehrt. Bei einem jungen Mann mit heftigen Kastrationsängsten stehen wir vor einer ebenso starken Abwehr aggressiver Regungen. Alexanders Ausweg waren sadomasochistische Phantasien, in denen er den masochistischen Part übernahm, was wiederum in der Behandlung Folgen hatte. In seinen Übertragungsphantasien wurde ich zu einer grausamen Domina, die ihn für seine sexuellen Wünsche bestrafte. Das Aussprechen der Phantasien und die nachfolgende Deutungsarbeit waren erst möglich, als Alexanders Schamgefühle über seine masochistische Position und seine Unterwerfungswünsche bearbeitbar wurden.

2.2 Jüngere Mädchen

Bei ihnen ergibt sich eine Verarbeitungsmöglichkeit des oben erwähnten, frühen »Kastrationsgefühls«, das durch das Entfernen der Windel entstand, wie ich es mehrmals beschrieben hatte: in der Nachträglichkeit und zwar mit dem erstmaligen Einsetzen der Menstruation. Junge Mädchen erleben die Menarche häufig als Verlust der Sphinkterkontrolle. Auch wenn sie noch so genau und gut über weibliche Körperfunktionen aufgeklärt wurden, kann das Erleben der ersten Menstruation mit der Vorstellung verbunden sein, die Sphinkterkontrolle zu verlieren. Dagegen hilft wie in frühen Kinderzeiten eine Windel oder, wie das für erwachsene Frauen genannt wird, eine Binde, die doch ähnliche Funktionen erfüllt.

Wie vorher erwähnt, spricht Alessandra Lemma ganz allgemein von einem Mangel an Kontrolle des Körpers, der sich als Bedrohung durch das gesamte Leben zieht. Sie beschränkt sich nicht auf die Sphinkterkontrolle, die ich hier in den Vordergrund stellte, weil sie mir entwicklungspsychologisch für Jugendliche näherliegend erscheint. Ich denke auch im Alter, wenn die gesamte Körperkontrolle nachlässt und im Besonderen die Sphinkterkontrolle, wird dies wiederum zu einer zunehmenden Bedrohung. Diese Bedrohung kann man auch bei körperlichen Erkrankungen beobachten, die mit einer wenn auch nur temporären Einschränkung der Sphinkterkontrolle einhergehen. Die meisten Menschen machten irgendwann in ihrem Leben die Erfahrung einer Diarrhö; die Beunruhigung und das Krankheitsgefühl, das damit in Verbindung steht, hängen in erster Linie mit dem Verlust der Sphinkterkontrolle zusammen, deren Erwerb mit Kastrationsängsten und Objektverlustängsten einherging. Die Internalisierung von Objekten und Objektbeziehungen entstehen im selben Entwicklungsstadium wie die Wahrnehmung der Ausscheidungsfunktionen, die mit Objektverlustängsten und Phantasien einhergehen. Abgesehen vor der eventuellen Angst vor Bestrafung, wenn die Sphinkterkontrolle noch nicht so gut funktioniert und etwas in die Windel oder Hose geht, werden die Ausscheidung und der Verlust der Faeces wie ein Objektverlust erlebt. Der Erwerb der Sphinkterkontrolle fällt mit zunehmender Autonomie durch den eigenständigen Gang, den Spracherwerb und zunehmender kognitiver Fähigkeiten zusammen. Eine Bedrohung einer dieser Funktionen zieht Ängste vor dem Verlust von Autonomie, aber ebenso Objektverlustängste nach sich. Das, was allgemein als Kastrationsangst bezeichnet wird, umfasst alle diese Aspekte: Verlust von Autonomie, Körperkontrolle und Objektverlust.

2.3 Ein Fall von Hüsteltic

In der Analyse einer jungen Frau gelang es, ein Körperphänomen direkt in der Analyse zu beobachten und es schließlich für die Rekonstruktion ihrer Körper-Erfahrungen als kleines Mädchen zu benützen. Während der Analyse dieser Patientin fiel mir auf, dass sie immer wieder in sehr unterschiedlicher Frequenz während des Sprechens hüstelte. Manchmal klang es aggressiv und gereizt, manchmal mehr verlegen oder geniert, aber ich konnte das Hüsteln nie ganz verstehen. Es diente direkt der Abwehr, weil es ihren Redefluss, der zeitweise sehr stockend war, nochmals unterbrach. Lange Zeit hindurch verstand ich das Hüsteln als einen analen Ausdruck diffuser Erregungszustände. Wie Otto Fenichel beschreibt: »Husten könnte ein [...] Ersatzventil zur Linderung eines durch Verdrängung erzeugten inneren Drucks sein.« (Fenichel, 1943, S. 270) Das Hüsteln war wie eine Reinigung, eine Befreiung von Schleim, der ihr Hustenreiz verursachte und sie am Reden hinderte. Das Räuspern empfand sie wie ein »Durchputzen« der Kehle. Wem fiele da nicht das »chimney sweeping« von Freuds Patientin ein? Der Übertragungswiderstand kam in diesem Vorgang zum Ausdruck, er richtete sich gegen »das Inhalieren derselben Luft, wie eine andere Person«, was eine Vereinigung mit ihr bedeuten kann, »während das Ausatmen Trennung bedeutet« (ebd., S. 271). Zugleich hatte es den Charakter eines Tics, der sich gegen die exhibitionistische Befriedigung des Sprechens in der Analyse richtete. Der Tic wurde zum »automatischen körperlichen Äquivalent einer Emotion [...], die nicht mehr gespürt wird« (ebd., S. 274).

Bei dieser Patientin bestand eine ausgeprägte Analerotik, die durch verschiedene infantile Erlebnisse fixiert worden war. Ich begriff das Hüsteln in erster Linie als eine Verschiebung der Erregung von unten nach oben, kam aber damit nicht weiter. Dies führte mich zur Überlegung über ihre genitalen Erregungsgefühle, die sich bei der Patientin jedoch nach ihrer Beschreibung in erster Linie urethral äußerten. Besonders wenn sie aufgeregt war, musste sie sehr häufig urinieren und aus verschiedenen Erinnerungen und Träumen konnte ich schließen, dass der urethrale Bereich sehr stark besetzt war.

Ebenso wie in der Analyse von perversen Patienten bleibt das eigentliche Symptom verborgen, das der illusionären Kompensation von Kastrationsangst dient, indem sie sich die Möglichkeit phantasieren, sich unabhängig vom Objekt Befriedigung verschaffen zu können. Die Patientin betätigte durch das Hüsteln die Bauchpresse und übte damit einen Druck auf ihr inneres Genitale aus, was ich als Onanie-Äquivalent deuten konnte.

Masud R. Khan spricht von »starker Libidinisierung der Abwehr und/oder erotischer Ausbeutung von Körperorganen anstelle von Ich-Bezogenheit« (Khan, 1983, S. 40). Im Falle meiner Patientin konnte die libidinisierte Fixierung zu einem Übertragungswiderstand in der Analyse werden. Das Festhalten am Hüsteln als einem Onanie-Äquivalent ließ sie in der Illusion über einen immer in ihr vorhandenen und zur Verfügung stehenden Penis verharren. Die Patientin benutzte besonders häufig meine Toilette, sowohl vor als auch nach den Stunden. Ihre Aufregung oder auch genitale Erregung vor und auch nach den Stunden versuchte sie durch Urinieren loszuwerden.

Solche Körperphänomene werden vorbewusst wahrgenommen. Ihrer Aufdeckung wird massiver Widerstand entgegengesetzt, nicht zuletzt, weil sie als äußerst beschämend erlebt werden. Die Scham bezieht sich darauf, dass Körpervorgänge unbemerkt ablaufen und der Befriedigung dienen. Letztlich können sie unter dem Primat des Lustprinzips zu einem Verlust der Kontrolle über Körpervorgänge führen. Die Abwehr richtet sich gegen das Aufgeben der lustvollen Betätigung und gegen die Scham.

2.4 Sphinkterkrämpfe einer jungen Patientin

Eine andere sehr junge Patientin, ca. 20 Jahre alt, deren Analysestunden ebenso wie die eben beschriebene von langen Schweigeperioden gekennzeichnet war, litt zudem noch an häufigen Sphinkterkrämpfen. Fenchel beschreibt in seiner Arbeit über »organlibidinöse Begleiterscheinungen der Triebabwehr« die Bedeutung von Sphinkterkrämpfen. Sie seien die typische Konflikterledigung zwischen Ausscheidungslust und Retentionslust. Die Retention bereite eine narzisstische Machtfülle, wie sie auch im Schweigen zum Ausdruck kommt, die Selbstbeherrschung wird als neue Lustquelle erschlossen (vgl. Fenichel, 1928).

> Bei der Retention wird also ursprüngliche Sicherung gegen verbotene Lust selbst Lustgewinn. Diese Sicherung und dieser Lustgewinn sind gegeben im Sphinkterenkrampf, also in Muskelinnervationen, die über das physiologisch Zweckmäßige hinaus fortgesetzt werden. (ebd., S. 122)

Und weiters schreibt er: »Die Retentionslust ist Lust und auch der spastisch-hypertonische Ausdruck der Angst, also der Triebabwehr, kann ebenso wie ja der Angstaffekt selbst sekundär libinisiert und in den Dienst der Triebabfuhr gestellt werden.« (ebd., S. 123) Das Zittern vor Angst kann in diesem Sinne als motorische Abfuhr des Angstaffektes verstanden werden. Die anale Retention wiederum kann zum Masturbationsäquivalent werden, wobei die Erregung in der analen Region verbleibt und es nicht zu einer genitalen Ausbreitung der Erregung kommt, dies würde dann in meinem Verständnis zum Sphinkterkrampf führen.

Der Konflikt zwischen Retentionslust und Ausscheidungslust äußerte sich während der Stunden nicht nur im häufigen, beharrlichen Schweigen der Patientin, sondern auch in ihrer Körperhaltung, sie lag stocksteif und unbeweglich auf der Couch. Ihr ganzer Körper schien zu einem Phallus erstarrt. Das Zurückhalten ist mit großer Anspannung verbunden, die schließlich zu einer erstarrten Körperhaltung führt. Die Phantasie vom Körper als Phallus oder vom analen Phallus, der den inkorporierten väterlichen Phallus darstellt, ist bei Mädchen und Frauen häufig aufzufinden und miteinander verbunden.

Bei den beiden Fällen junger Frauen, die ich beschrieb, spielt die Besetzungsverschiebung eine bedeutende Rolle. Sie ist nur möglich, weil es mit zunehmender Entwicklung zu einer Triebverschränkung kommt, die Libidoverschiebungen möglich macht. Konversion und »Somatisierung« im späteren Leben sind nur auf dieser Basis verständlich. Auch das Konzept der Pénsée operatoire basiert auf einem ökonomischen Modell (Danabédian, 2012).

Robert Fliess, ein Analytiker der in den 1950er und 1960er Jahren ein theoretisches Gegengewicht zur starren Ich-Psychologie entwickelte, beschreibt den Teil des Körper-Ich, der libidinisiert wird, als das physiologische Lust-Körper-Ich. Er definiert das »pleasure-physiologic body-ego«, das physiologische Lust-Körper-Ich, als ein Element des Body-Ego, des Körper-Ich, das sexualisiert wurde. Jeder Körperteil kann somit Teil des »pleasure-physiologic body-ego« werden. Verschiebung, Konversion, Körpersymbolik finden so einen Begriff, der das Lustprinzip mit einschließt. Die Analkrämpfe der Patientin waren ein Hinweis darauf, dass ihr Anus Teil des (lustvollen physiologischen Körper-Ich) »pleasure physiologic body ego« werden konnte, während das Genitale anscheinend nicht im gleichen Ausmaß ins physiologische Lust-Körper-Ich integriert wurde. Höchstwahrscheinlich handelte es sich sogar um eine Gegenbesetzung, um die oben erwähnten Kastrationsängste oder auch den Penisneid, der für beide oben erwähnten Patientinnen eine Rolle spielte, abzuwehren.

Freud sprach davon, dass Teile von Ich und Über-Ich unbewusst bleiben können. Das Lust-Körper-Ich beschreibt Fliess dementsprechend als Teil des Ich, das aber dennoch in seiner Funktion den Gesetzen des Primärprozesses gehorcht. Dies erklärt die Vorgänge von Verschiebung, Symbolisierung und Überdeterminiertheit eines Körperelements oder einer Körperfunktion, wie sie nur im Primärprozess möglich sind.

Robert Fliess wies immer wieder darauf hin, in welcher Weise jeder Sphinkter die libidinöse Besetzung eines anderen Sphinkter übernehmen könne. Freud sagt in »Das Ich und das Es«: »Der eigene Körper und vor allem die Oberfläche desselben ist ein Ort, von dem gleichzeitig äußere und innere Wahrnehmungen ausgehen können. Er wird wie ein anderes Objekt gesehen.« (Freud, S., 1923, S. 253) Die Sphinkteren stellen die Grenze zwischen innen und außen dar und werden von Paul Schilder (1935) als Übergang von innerer und äußerer Wahrnehmung beschrieben, wobei den Sphinkteren mit der Möglichkeit der Kontrolle darüber, was man eindringen und was man herauskommen lässt, eine besondere Bedeutung zukommt. Er beschreibt, dass die sensorische Wahrnehmung dieser tatsächlichen Körpergrenzen einige Zentimeter vor den Körperöffnungen liegt, was wiederum die besondere Besetzung der Schleimhäute als Übergang von Innen nach Außen verstehbar macht.

Die Möglichkeit der Besetzungsverschiebung zwischen einzelnen Körperregionen wirft ein neues Licht auf Phänomene, die zunächst als typisch weiblich erscheinen. Das Rectum in seiner Nähe zum inneren Genitale kann, wenn es gefüllt ist, zu einer Reizung von Portio und oberen Scheidenanteilen führen. Das ergäbe eine Erklärungsmöglichkeit für die Verbreitung von Obstipation bei Frauen, die an ein Onanie-Äquivalent denken lässt. Anale Fixierung bei Frauen könnten wir dann auch unter diesem Aspekt untersuchen. Auch die Phantasie eines analen Phallus könnte man unter diesem Gesichtspunkt überlegen. Der Phantasie des analen Phallus kommt in der weiblichen Entwicklung für die Bewältigung des Penisneides eine zentrale Rolle zu, ähnlich wie bei zentralen Masturbationsphantasien. Das Gefühl von Autonomie und Unabhängigkeit ist für viele Mädchen, aber ebenso für erwachsene Frauen mit der Phantasie des analen Phallus verknüpft. Er wird zum Trost für vermeintliche Verlustgefühle und Verlustängste. Der Titel meiner Arbeit »Mein Körper gehört mir« entspricht diesen Phantasien und Vorstellungen. Das Autonomiegefühl, das die Patientin mit den Sphinkterkrämpfen schweigend empfand, sie konnte erst viel später darüber berichten, vermittelte ihr die Phantasie von Überlegenheit und Unverletzbarkeit, die sie in den Stunden sehr genoss.

3. Entwicklung der weiblichen Sexualfunktionen

Innerhalb der Psychoanalyse gab es eine jahrelange Kontroverse über die Entwicklung der weiblichen Sexualfunktionen. Ein immer wieder vorgebrachter Kritikpunkt ist Freuds Ansicht über die Rolle der Vagina in der psychosexuellen Entwicklung von Mädchen. Freud meinte, der Klitoris käme in der genitalen Masturbation kleiner Mädchen eine vorrangige Stellung zu und erst mit dem Geschlechtsakt, quasi mit »Hilfe« des Penis wird die Erregung von der Klitoris auf die Vagina umgeleitet. Sie wird also erst durch den Penis zum leitenden Organ sexueller Erregung und Befriedigung. Heute wissen wir, dass es auch von kleinen Mädchen ausgeübte vaginale Masturbationspraktiken gibt, die zumindest den Introitus vaginae und die Schamlippen betreffen, wodurch die Vagina schließlich eine ähnliche Besetzung erfahren kann.

3.1 Die Wahrnehmung des inneren Genitales
bei Mädchen und Frauen

Aus der Neuropsychologie wissen wir, dass ein Körperteil mit all seinen Funktionen nur dann ins Körperschema, in eine bewusste Vorstellung seiner Existenz und Funktion integriert werden kann, wenn es zu inneren und äußeren Reizen an ebendiesem Körperteil kommt. Die Funktion eines Organs, im weitesten Sinne seine Betätigung, macht es erst wahrnehmbar. Das beschreibt im übrigen auch Gerard Szwec in seinem Aufsatz über den nicht liebkosten Säugling, den ich vorher erwähnte. Die Besetzung des eigenen Körpers wird erst durch seine Besetzung durch das mütterliche Objekt möglich.

Ich denke, ähnlich können wir die Wahrnehmung von Uterus und Uteruskontraktionen und von tieferliegende Anteilen der Vagina sehen. Uterus und Uteruskontraktionen werden wahrscheinlich erst mit der Menarche wahrnehmbar. Menstruationsbeschwerden und Schmerzen könnten für das junge Mädchen eine Funktion erfüllen, nämlich das innere Genitale bewusst wahrzunehmen. Dazu kommen die regressiven Bedürfnisse junger Mädchen, die gerade während der Menstruation besondere Zuwendung von der Mutter wünschen. In heftigen Menstruationsbeschwerden können sich Strafängste und Wünsche junger Mädchen manifestieren, die mit Triumphgefühlen der Tochter über die Mutter zusammenhängen. Die Tochter hat ihr reproduktives Leben noch vor sich, während die Mutter in der Phantasie der Tochter es bereits hinter sich hat.

Die tieferliegenden Anteile des Scheidengewölbes werden wahrscheinlich erst durch einen ausgeführten Geschlechtsverkehr wahrnehmbar. Dass die Wahrnehmung von ersten Kindesbewegungen bei der zweiten Schwangerschaft zu einem früheren Zeitpunkt als bei der ersten Schwangerschaft erfolgt, ist ebenso unter diesem Blickwinkel erklärbar (die Tatsache der Funktion eines Organs spielt in der Neurorehabilitation eine große Rolle).

3.2 Außen und Innen

Judith Kestenberg (1968) beschäftigte sich in ihren Arbeiten zur psychosexuellen Entwicklung mit dem »Außen und Innen«, den unbewussten sexuellen Phantasien von Kindern und Jugendlichen über ihr Körperinneres, die wiederum ihre Phantasien über die äußeren und inneren Geschlechtsorgane und die Wahrnehmung der Außenwelt beeinflussen. Sie führt die Externalisierung der inneren Wahrnehmung, der Körperwahrnehmung, darauf zurück, dass sich die Jugendlichen davor schützen, durch die Erregung überwältigt zu werden. Eglé und Moses Laufer (1984) beschreiben dies als adoleszenten Zusammenbruch.

Judith Kestenberg beschreibt ähnliche Phänomene wie Schilder, der, wie ich bereits sagte, betont, dass die sensorische Wahrnehmung der tatsächlichen Körpergrenzen einige Zentimeter vor den Körperöffnungen liegt. Für die Erregbarkeit eines Organs ist dies bedeutend, es ist vor allem der Introitus vaginae und es sind nicht die oberen Anteile der Vagina, die der Portio näher liegen, die für die Erregbarkeit und die weitere Ausbreitung von Erregung über die anderen Anteile des weiblichen Genitales eine Rolle spielen. Die besondere Besetzung der Schleimhäute als erogene Zonen, als Übergang von innen nach außen, wird dadurch noch einmal verständlicher. Kestenberg beschreibt zudem Besetzungsverschiebungen von tiefer liegenden genitalen Organen bei Jugendlichen beiderlei Geschlechts auf Organe und Regionen, die eher der Abfuhr von Erregung prägenitaler Regionen dienen. Dabei finden sowohl anale, urethrale als auch orale Zonen Verwendung.

3.3 Der Fall Christine

Dieses Beispiel zeigt, welche besondere Rolle der Haut zukommt. Das junge Mädchen, das ich bereits erwähnte, kam zu einem Erstgespräch und berichtete vom Drang, sich zu schneiden, wobei nicht nur die Oberarme, sondern auch die Oberschenkel und der Rücken betroffen waren. Christine empfand das Schneiden als große Erleichterung. Sie spürte nicht, wenn die Klinge die Hautschichten durchtrennte, die Wunde selbst empfand sie als angenehm, das Blut strömte warm und feucht heraus. Bei der Schilderung dieses Vorganges wirkte Christine sehr verlegen. Offensichtlich genierte sie sich für ihre Empfindungen, hatte auch Schuldgefühle dafür und versicherte mir zuletzt, dass sie nicht versprechen könne, dieses Symptom aufzugeben. Es sei für sie unkontrollierbar, obwohl die Eltern bereits alle Messer und Klingen versteckt hätten.

Die Mutter wollte sich durch lange Jahre den Zugriff auf Christines Genitale und ihren Körper sichern, sie cremte ihr Genitale ein, bis sie zwölf Jahre alt war. Christine symbolisierte durch das Schneiden so etwas wie Autonomie gegenüber der Mutter, die über das Anbringen der Schnitte keine Kontrolle hatte. Sie fühlte sich vom Anblick der klaffenden Wunden, aus denen das Blut quoll, fasziniert. Wahrscheinlich symbolisierte die Wunde ihr Genitale. Die Schilderung ließ mich an sexuelle Handlungen denken, was durch das Dranghafte des Vorganges Bestätigung fand.

In diesem Zusammenhang erzählte sie über die Geburt der kleinen Geschwister. Sie war bei den Geburten, es waren Hausgeburten, anwesend gewesen und Christine war mehr oder weniger gezwungen gewesen, deren Ablauf zu beobachten. Christine war bei der Geburt der Kinder noch selbst ein kleines Mädchen und sie erlebte die Geburten als ein gewalttätiges, bedrohliches Ereignis, das Genitale der Mutter erschien ihr verletzt und zerstört.

Im Sinne einer unbewussten Identifizierung mit der Mutter ist das Schneiden Christines zu verstehen. Das Schneiden war das Symptom Christines das mich am meisten beunruhigte. Es schien mir mehrfach determiniert: 1. Das Schneiden verstand ich als unbewusste Identifizierung mit dem Genitale der Mutter, das sie während den Geburten beobachten musste. 2. Sie hatte durch ihre ganze Kindheit an einer Neurodermitis[2] gelitten, die die Mutter benutzte, um den Körper Christines zu manipulieren.

Didier Anzieu meinte, dass die »Schmerzhülle«, mit der sich die Patienten umgeben, die umschließende Funktion der Haut wiederherstellt, die von der Mutter nicht wahrgenommen wurde. Der Körper wird erst im Schmerz zu einem realen Objekt. Das Ekzem, die Neurodermitis, ist nach Anzieu ein Versuch, die Körperoberfläche des Ichs von außen zu spüren, die neben dem Schmerz wärmt und diffus erogen erregt. »Das Haut-Ich stellt die Grundlage der sexuellen Erregung dar [...] Das Haut-Ich bindet auf seiner gesamten Fläche die libidinöse Besetzung und wird so zur Hülle einer globalen sexuellen Eregung.« (Anzieu, 1991, S. 138) Bereits René Spitz vermutete, »dass das Kind sich durch das Ekzem auf somatischem Gebiet selbst Reize verschafft, die ihm die Mutter vorenthält« (Spitz, zit. nach: Anzieu, 1991, S. 53).

Auch in der Neuropsychologie findet die Haut eine besondere Beachtung. Der Übergang von innen nach außen, insbesondere die Körpergrenzen, beschäftigten nicht nur Psychoanalytiker. Damasio meint dazu:

---

[2] Ich sah in den letzten beiden Jahren mehrmals junge Mädchen, die sich durch Schneiden selbst verletzten und seit ihrer frühen Kindheit an Neurodermitis litten. Dieses Phänomen, das einer besonderen Besetzung der Haut entspricht, scheint mir absolut untersuchenswert.

Die Repräsentation der Haut könnte ein natürliches Mittel sein, um die Körpergrenze zu bezeichnen, denn sie ist die Schnittstelle, die sowohl dem Inneren des Organismus zugewandt ist als auch der Umwelt, mit der der Organismus in Wechselwirkung steht. (Damasio, 2001, S. 307)

Das Schneiden war so die Symbolisierung von Christines vorbewusstem Wunsch »aus der Haut zu fahren«. Es wurde Ausdruck des Kampfes um den eigenen Körper, um die Kontrolle über den eigenen Körper und seine Empfindungen, es symbolisierte eine Deflorationsphantasie und wurde schließlich zu einem Onanie-Äquivalent, in der sie das verhasste und erregte Genitale zerstörte und zugleich an verschiedenen Körperstellen neu schuf. Bis dahin gab es in ihrem sadomasochistischen Universum keine wirkliche Onanie-Erfahrung, in der sie ihre Erregung in befriedigender Weise lösen konnte. Das »Schneiden« sollte die dranghaften Spannungsgefühle auflösen und wegmachen, unter denen sie immer wieder litt und deren sexueller Ursprung für mich nie in Zweifel stand.

Dazu schreibt Lemma, ausgehend von den Laufer'schen Konzepten über die Adoleszenz:

[…] is the body felt to belong to the young person or to the mother? In their detailed work on adolescence, Moses and Eglé Laufer (1984) have highlighted the need to change one's relationship to the body as the key task of adolescent development. Its outcome, they suggest, determines the final sexual identity on which the sense of self is based. […] This is inextricably tied to the resurgence of primitive anxieties about dependency and separation from parental figures, and of oedipal conflicts. When there have been deficits in the baby's earliest relationship with the mother and her body, this will compromise the child's relationship to his body, and hence to reality. By the time of puberty, the adolescent's fantasies related to his new body can become profoundly disturbing. The young person may fear losing control over his body and mind. This may lead to an experience of the body as a persecutor that must be attacked. (Lemma., 2010, S. 699)[3]

---

[3] »[…] gehört der Körper dem jungen Menschen oder seiner Mutter? In ihrem Werk über die Adoleszenz beschreiben Églé und Moses Laufer (1984) die Notwendigkeit, das Verhältnis zum eigenen Körper zu verändern, als eine Schlüsselaufgabe der adoleszenten Entwicklung. Das Ergebnis sei bestimmend für die endgültige sexuelle Identität, auf der das Selbstgefühl beruht. […] Das ist untrennbar mit dem Auftauchen früher Ängste um Abhängigkeit und Ablösung

4. Die Adoleszenz als Entwicklungsphase

Freud zeigte die Problematik von Adoleszenten auf, die sich zwischen heftigen Triebansprüchen und Verdrängung bewegen. Wie zwischen Scylla und Charybdis muss der Analytiker einen Weg finden, die Deutungen so zu platzieren, dass sie ich-synton verarbeitet werden können und nicht die Abwehr verstärken oder zu einer Regression führen. Freuds Auffassung von der »Plastizität der seelischen Vorgänge« (Freud, 1904, S. 21) ist durchaus mit modernen neurowissenschaftlichen Erkenntnissen von der Plastizität des Gehirns vergleichbar. Die biologische Reifung in der Pubertät ist die Zeit, in der sich die Reifung der Frontallappen vollendet, die Myelinisierung abgeschlossen wird und in allen Kulturen Rituale der sozialen Reifung vollzogen werden (vgl. Goldberg, 2001).

Kurt R. Eissler (1958) spricht von einer »Verflüssigung« früherer Strukturen während der Adoleszenz, die als zweite Chance gesehen werden kann, wenn sie genützt wird, um Fixierungen von Konflikten und deren Abwehr zu vermeiden oder aufzulösen (Eissler, 1958, S. 250). Die Unterscheidung von Entwicklungskrisen und neurotischen Störungen ist nicht immer einfach. Peter Blos (1962) und Anna Freud (1936) wiesen auf die phasenspezifischen Anforderungen an das Seelenleben des Jugendlichen hin, auf die notwendige Labilisierung psychischer Strukturen, den regressiven Sog, der von ödipalen und präödipalen Strebungen für den Jugendlichen ausgeht, auf die hohen adaptiven Anforderungen ans Ich, die auch sozial dieser Lebensphase abverlangt werden. Der oftmals stürmische Verlauf und die für Jugendliche charakteristische Unfähigkeit, Versagung und Aufschub zu ertragen, bringen jedoch einige technische Schwierigkeiten mit sich, auf die ich im Weiteren eingehen werde.

---

von den Elternfiguren verbunden und von ödipalen Konflikten begleitet. Wenn es Defizite in der frühen Beziehung des Babys mit der Mutter und ihrem Körper gab, wird das die Beziehung des Kindes mit seinem Körper und mit der Realität beeinträchtigen. Mit Eintritt der Pubertät kann die adoleszente Phantasie über den Körper tief gestört sein. Der junge Mensch fürchtet die Kontrolle über seinen Körper und seinen Verstand zu verlieren. Das kann dazu führen, den Körper als Verfolger zu erleben, der attackiert werden muss.« (Übers. d. Autorin)

4.1 Fragen der Behandlungstechnik

Als Psychoanalytiker in der Arbeit mit Jugendlichen ist man gezwungen, nicht rigide eine bestimmte Technik anzuwenden, sondern entsprechend der wechselnden Pathologie, die übrigens auch in einer Behandlungsstunde wechseln kann, sich verschiedener Techniken zu bedienen. Viele Analytiker, die sich mit der Behandlung Adoleszenter beschäftigten, meinen, dass die Behandlung von Jugendlichen sich in erster Linie auf der Ebene der aktuellen Objektbeziehungen bewegen sollte. Rekonstruktive Deutungen bergen, im unpassenden Moment gegeben, die Gefahr massiver Krisen. Die intrapsychischen Anforderungen, die an das Ich eines Jugendlichen gestellt werden, sind größer als während der meisten anderen Lebensperioden. Moses und Egle Laufer wiesen auf die Bedeutung der zentralen Onaniephantasie in der Adoleszenz hin, die unter den oben beschriebenen Ich-Bedingungen technisch nicht so einfach analysierbar ist. Dies gilt ebenso für Körperphänomene, an die wir in der Behandlung denken sollten, um sie vielleicht im richtigen Moment anzusprechen.

Am schwierigsten scheint mir, die Deutung von Übertragungsvorgängen für die Rekonstruktion zu benützen. Die Jugendlichen, die im Begriff sind, sich von den Primärobjekten zu lösen, können Übertragungsdeutungen als einen Versuch auffassen, sie neuerlich in Bindung und Abhängigkeit gefangen zu halten. Ebenso ist das Agieren von Übertragungsgefühlen nur schwer der Deutung zugänglich. Wir müssen davon ausgehen, dass das Agieren auf eine Abwehrschwäche hindeutet, die bei Jugendlichen Folgen haben können, die wir lieber vermeiden wollen. Die bereits erwähnte Christine zeigte immer wieder Anzeichen einer homosexuellen Übertragung, die sich zu Hause mit ihrer Mutter in heftigen Auseinandersetzungen äußerte. Die Labilisierung der Abwehr wird von Jugendlichen als sehr bedrohlich erlebt, Wut und Aggression wären eine Möglichkeit, mit dieser Bedrohung umzugehen. Im Falle von Christine ging die phantasierte Bedrohung von der Mutter aus, weshalb sich auch die Wut gegen die Mutter richtete. In den Sitzungen wollte sie um keinen Preis über homosexuelle Gefühle, besonders wenn sie mich betrafen, sprechen. Und wenn in Träumen Material dazu auftauchte und ich versuchte, dies zu deuten, hatte es schreckliche Folgen: Christine schnitt sich wieder in einem Zustand höchster Erregung. Die Wut und Aggression gegen die Mutter oder ein mütterliches Objekt äußerten sich in heftigsten Attacken gegen den eigenen Körper, den Christine zu diesem Zeitpunkt noch immer nicht als ihren eigenen erleben konnte. Er gehörte noch immer zur mütterlichen Domäne. Die Deutung homosexueller Übertragungsgefühle wurde erst möglich, als Christine außerhalb der Analysestunden homosexuelle Gefühle bewusst wahrnahm. Dies erfolgte jedoch erst nach Ende der Analyse, als Christine nur mehr sporadisch und in Konfliktsituationen zu mir kam.

Der Geschlechtsunterschied wird in der Adoleszenz als endgültig wahrgenommen. Der Abschied von den kindlichen Allmachtsgefühlen findet mit der Geschlechtsreife statt, was von schmerzhaften Gefühlen begleitet ist. Jugendliche drücken den unbewussten Konflikt, sich für eine der sexuellen Identitäten zu entscheiden und sich dem anderen Geschlecht zuzuwenden, in ihrem Verhalten und im Outfit aus. Homosexuelle Episoden in der Adoleszenz lassen nicht unbedingt auf die weitere sexuelle Entwicklung schließen, sie sind Ausdruck der Suche nach einer sexuellen Identität, häufig Ausdruck der Abwehr heterosexueller Strebungen und damit verbundener Kastrationsängste. Fetischistische Tendenzen sind häufig und werden von der so genannten Jugendkultur noch verstärkt. Bestimmte Kleider, Schuhe, Markennamen haben den Charakter sexueller Attribute, ohne die ein Jugendlicher sich völlig »out« fühlt. Sie können aber auch mehr bedeuten und eine unabdingbare Voraussetzung für eigene sexuelle Erregung und Akzeptanz werden. Diese »Fetische« führen zu einem Gefühl von narzisstischem Zuwachs, erlauben ein Gefühl von Vollkommenheit und Intaktheit, das wieder aufkeimende Kastrationsängste kompensieren soll.

Welche Schwierigkeiten kann es jungen Menschen machen, in einer Welt zu leben, in der alles machbar und kontrollierbar scheint? Das Geschlecht zu verändern, tatsächlich oder nur im äußeren Erscheinungsbild, ist mithilfe mehr oder weniger massiver chirurgischer und hormoneller Eingriffe heute möglich. »One's freedom should include the right to choose one's gender while claiming ownership of one's body«, schreibt Patricia Gherovici in ihrem Buch. »Please select your gender.« (Gherovici, 2010,

S. 247)[4] Dies scheint wie eine Konsequenz von Allmachtsphantasien. Infantile Allmachtswünsche erleichtern nicht gerade das Aufgeben prägenitaler infantiler sexueller Strebungen. Sie können so drängend wie in der frühen Kindheit werden und schließlich in Verbindung mit infantilen Sexualtheorien als gravierende Symptome zum Durchbruch kommen. In der prägenitalen Periode der Kindheit wird Triebaufschub nicht geduldet, er ist erst das Ergebnis von »Erziehung«. Das Drängende, Unaufschiebbare, als jugendliches Ungestüm imponierend, ist aber ein Charakteristikum der Adoleszenz und ein Ausdruck der drängenden Triebansprüche, der die Abwehrleistungen, die Ich-Funktionen, nicht mehr Herr werden können, was im Übrigen eine neuerliche narzisstische Kränkung nach sich zieht.

Die Beschäftigung junger Menschen mit ihrem Gesicht, bei Mädchen besonders mit Make-up und Hautunreinheiten, kann auf eine Verschiebung von unten nach oben, von der Genitalregion auf das Gesicht, den Mund, die Augen, die Nase hindeuten. Gesicht und Genitale können für Mädchen nicht visuell wahrgenommen werden, außer sie bedienen sich eines Spiegels. Gesicht und Genitale sind aber für die Entwicklung eines eigenen Körperbildes, einer eigenen Identität, ganz zentral. Um einen Körperteil ins Körperbild integrieren zu können, bedarf es verschiedenster Wahrnehmungsformen, die durch äußere und innere Reize bestimmt werden. Der visuellen Wahrnehmung kommt eine hervorragende Bedeutung zu. Die stundenlangen Prozeduren vieler junger Menschen (das ist bei beiden Geschlechtern ähnlich) vor dem Spiegel lassen sich durchaus in diesem Sinne verstehen. Es ist nicht nur das narzisstische Bedürfnis, sich zu betrachten oder zu bewundern, das die Jugendlichen vor dem Spiegel hält, es sind gar nicht selten Ängste vor psychischer Desintegration, eine tiefe Verunsicherung, die sie mit dem Spiegel und ihrem Spiegelbild in den Griff bekommen wollen. Die Veränderungen am Genitale, die veränderten Empfindungen und Sensationen sollen durch Manipulationen am Gesicht zurechtgerückt werden.

Bei Mädchen stehen die verschiedensten Formen von Ess-Störungen im Vordergrund. Fressanfälle werden von strengen Diäten abgelöst, die bis zu

---

[4] »Die persönliche Freiheit soll das Recht einschließen das eigene Geschlecht zu wählen, als Forderung über den eigenen Körper zu verfügen.« (Übers. d. Autorin)

schweren anorektischen oder bulimischen Zustandsbildern führen können. Auch dahinter stehen häufig Phantasien der Kontrolle des eigenen Körpers, nicht nur der Triebkontrolle, sondern ebenso die Illusion, den eigenen Körper formen zu können. Die Beschäftigung mit dem Körpergewicht bestimmt das Leben vieler Frauen von der Pubertät an, das Abnehmen und wieder Zunehmen ist zum Teil vom hormonellen Zyklus abhängig, hat aber eine wichtige psychogene Komponente. Der eigene Körper wird in der Phantasie wie ein Phallus besetzt, dünn und dick wechseln einander ab, wie Erektion und Erschlaffung des Penis. So kann bei bulimischen Zustandsbildern das Erbrechen eine symbolisierte Ejakulation darstellen. Zu den Gewichtsproblemen vieler junger Mädchen gibt es noch einen weiteren Aspekt: Das Gefühl, besonders dick zu sein, einen unförmigen, plumpen Körper zu haben, hängt damit zusammen, wie kleine Mädchen den Körper ihrer eigenen Mutter erleben. Brüste, Bauch, Hüften der Mutter sind in Relation zum Körper des kleinen Mädchens überdimensioniert und übermächtig. Geschlechtsreif zu werden bedeutet für das Mädchen, einen ebenso überdimensionierten Körper wie die Mutter zu haben. Dies entspräche einer unbewussten Identifizierung mit der Mutter, die sich sehr körperlich ausdrückt, entsprechend dem unbewussten Wunsch, so zu werden wie die Mutter. Schließlich steckt in der Diät und dem Schlankheitswunsch der Aspekt der Abwehr eben dieses Wunsches, wie die Mutter zu werden, nämlich mächtig, groß, üppig und omnipotent. Ein anderer Aspekt des Hungerns wäre die unbewusste Identifikation mit dem Vater bzw. mit seinem Penis. Weibliche Körperattribute zu vermeiden käme dem unbewussten Wunsch entgegen, ein Partialobjekt des Vaters, nämlich wie sein Phallus, zu werden. Fenichel spricht vom Phallusmädchen. Zugleich gelingt es dem Mädchen so, dem ödipalen Konflikt auszuweichen, der Mutter im homosexuellen Verharren als Sylphide verbunden zu bleiben und dabei die Rivalität mit der Mutter zu vermeiden. Das Mädchen bleibt ein geschlechtsloses Wesen ohne weibliche Rundungen.

Natürlich ändert sich die Körperwahrnehmung in der Pubertät. Dabei sind es nicht nur die sichtbaren sekundären Geschlechtsmerkmale, die sich entwickeln und die Wahrnehmung verändern, es sind die Empfindungen an den Genitalien, die sich verändern. Bei den Buben sind es Erektion, nächtliche Pollutionen und Ejakulation, die nicht erst durchs Hinsehen von ihnen selbst wahrgenommen werden. Sie werden unmittelbar empfunden, durch innere oder äußere Reize ausgelöst. Sie sind mit bewussten und unbewussten Phantasien verbunden und im besten Fall mit Erregung, Lust und Befriedigung. Die Erregung ist als Erektion auch für andere deutlich sichtbar, was in einer Reaktionsbildung zu heftigen Schamgefühlen führen kann. Erröten, das Gefühl, von anderen angestarrt zu werden, besondere Schüchternheit, all das kann Ausdruck von Ängsten sein, die sich in erster Linie aufs Genitale beziehen und häufig aufs Gesicht verschoben werden.

Buben werden durch die »mysteriösen«, unsichtbaren Kräfte in ihrem Körper, die ihren Penis lenken, verwirrt, meint Kestenberg über Spontan-Erektionen und Ejakulationen in der Pubertät. Sie bezieht sich aber auch auf Bewegungen der Hoden. In einer Fallvignette beschreibt sie das Ballspiel mit einem präadoleszenten Buben, das in erster Linie sein Bedürfnis symbolisierte, über die Bewegung seiner Hoden Kontrolle zu erlangen, seine Ängste in Schach zu halten, der Hoden könne sich eindrehen, in die Höhe steigen etc.

Es ist Kestenbergs Verdienst, die Bedeutung der unbewussten und vorbewussten Wahrnehmung des Körperinneren und von Körpervorgängen für die psychosexuelle Entwicklung von Buben und Mädchen in der Adoleszenz zu zeigen. Sie knüpft die Bedeutung der Wahrnehmung der inneren Genitalorgane nicht an ein bestimmtes Geschlecht, sondern zeigt, wie die Reorganisation dieser Körperwahrnehmungen in der Pubertät das weitere Sexualleben bestimmt (vgl. Kestenberg, 1968).

4.2 Ein Fall von sadomasochistischer Perversion in der Adoleszenz

Hansi Kennedy beschrieb einen Fall von sadomasochistischer Perversion in der Adoleszenz (Kennedy, 1989). Die Behandlung des zu Beginn 13-jährigen Peter dauerte während seiner gesamten Adoleszenz an. Hansi Kennedy beschrieb seinen Onaniekonflikt, der sich in den Stunden in einem erregenden Spiel mit einem Lineal ausdrückte. Erst im Laufe der Behandlung konnte sie die mehrfache Determiniertheit dieses Spiels klären, Lineal heißt auf Englisch »ruler«, was eine zweifache Bedeutung hat, das Lineal und der Herrscher. Außerdem symbolisierte es ein langes Schuhhorn, das seiner Mutter gehörte und mit dem er heimlich im Schlafzimmer der Mutter auf ähnliche Weise spielte. Der sadomasochistische Aspekt wurde vor allem in der Übertragung sichtbar. Hansi Kennedy schreibt dazu:

> Die Übertragung und auch der Behandlungsprozess selbst können vom Patienten als sexuelle Befriedigung missbraucht anstatt zur Förderung der analytischen Arbeit genutzt werden. Zu Beginn der Behandlung schlug Peter z. B. vor, dass ich ihm direkte Fragen stelle, anstatt abzuwarten, bis er frei sprechen könne, was ihm so schwer fiel. Es stellte sich bald heraus, dass er eine Art Gestapo-Verhör wollte, in dem er gefesselt und gezwungen wurde, seine Verbrechen unter Folter zu bekennen. Während solche Phantasien sexuell befriedigend waren, schienen für Peter die analytische Arbeit und die Situation im Allgemeinen höchst gefährlich und angsterregend. (Kennedy, 1989, S. 352)

Hansi Kennedy beschreibt, dass sie den ödipalen Inhalt seiner Phantasien zu Beginn der Behandlung nicht deutete, sondern sich auf seine Abwehr konzentrierte, in erster Linie Externalisierung und Projektion. Peters ambivalente Gefühle gegenüber Hansi Kennedy verwandelten sich allmählich in Liebesgefühle und er sagte Dinge wie: »Sagen Sie mir mal, liebe ich Sie oder hasse ich Sie?«, oder sehr verführerisch: »Liebling – ich möchte Dich ermorden!« (ebd., S. 354) Die sadomasochistische Einstellung des Patienten zeigte sich auch außerhalb der Analyse, die Bindung an die Mutter bewegte sich immer noch auf körperlicher Ebene. Peter war mit zwei Jahren wegen einer Phimose am Penis operiert worden. Die Mutter brachte ihn auch weiterhin wegen jeder kleinen körperlichen Schwäche zum Arzt und verlangte drastische Eingriffe. Die Mutter verstärkte Peters Kastrationsängste, indem sie z. B. seine Haare besonders kurz schnitt. Ihre Beschäftigung mit seinem Körper trug zur sexuellen Erregung Peters bei und nährte seine sexuellen Phantasien. Das Alleinsein mit einer Frau im Analysezimmer erlebte er anfangs verführerisch und beängstigend. Trotzdem gelang es, als Peter während einer Behandlungsstunde einen Heuschnupfenanfall hatte und er seine Nase mit Taschentüchern sadistisch attackierte, die Phimoseoperation zur Sprache zu bringen. Hansi Kennedy verbalisierte seine Schmerzen beim Urinieren nach der Operation und die Schmerzen, die er empfand, als seine Mutter damals seinen Penis reinigen musste. Er machte sich über die Deutung lustig, meinte, sie sähe überall nur Sex, hörte aber auf, seine Nase zu attackieren! Der Heuschnupfen wurde leichter! Hansi Kennedy unterstreicht zum Schluss ihrer Arbeit, dass die Affekte die Ich-Funktionen überwältigt hatten und erst die Psychoanalyse sie psychisch verarbeitbar machte. Die Analyse der Ich-Funktionen machte die Analyse der Übertragungsphantasien erst möglich, die zur Auflösung der sadomasochistischen Einstellung im ödipalen Konflikt führen konnte. Die körperliche Erfahrung seiner Erregung, auch während der Stunden, konnte Gegenstand der Deutung werden.

5. Zusammenfassende Bemerkungen

Die Angst vor sexueller Erregung in der Adoleszenz entsteht aus Schuldgefühlen, die wiederum mit dem Onanieabwehrkampf zusammenhängen und aus der Angst vor dem Verlust der Affektkontrolle. Diese Ängste können als Angst vor dem Verlust der Sphinkterkontrolle verstanden werden. Sie sind auf sehr tiefliegende Ängste vor einem Persönlichkeitszerfall, vor einer totalen Desintegration zurückzuführen. Der psychische Zusammenbruch von Jugendlichen wäre eine Desintegration. Vorübergehende psychotische Episoden von Jugendlichen, nicht zuletzt nach überwältigenden sexuellen Phantasien oder Erlebnissen oder nach Drogenkonsum, sind auf Ängste dieser Art zurückzuführen. Steigender Triebdruck, der Wunsch nach Ablösung von den Eltern, der regressive Sog, der die Jugendlichen zurückhält und bindet, sozialer Druck und Anforderungen von Seiten der Peergroup, Wünsche nach Autonomie und Zärtlichkeit schaffen einen Sturm der Gefühle, dem die Jugendlichen oft nicht gewachsen sind.

In der Behandlung von Jugendlichen kann man nicht rigide an einer bestimmten »Technik« festhalten, ohne dieses Wechselbad der Gefühle in Betracht zu ziehen. Wie auch sonst in Psychoanalysen, wo wir um Einsicht und Rekonstruktion ringen, geht es darum, in unserer Deutungstechnik von oben nach unten, von bewusstseinsnahen in tiefere Schichten vorzudringen. Dabei ist immer in Betracht zu ziehen, dass Deutungen ich-synton verarbeitet werden müssen, um synthetisch wirksam sein zu können. Wenn die Deutung als ich-fremd erlebt wird, kann sie im besten Fall abgelehnt werden. Bei instabilen Ich-Funktionen werden ich-fremde Deutungen zu einer Destabilisierung führen, die bei Jugendlichen verheerende Folgen haben kann.

Die instabilen Ich-Funktionen von Jugendlichen haben oft zur Folge, dass sie nicht auf der Couch liegen wollen. Alexander, von dem ich oben sprach, begann seine Behandlung sitzend, mehrmals in der Woche, als er 16 Jahre alt war. Nach zwei Jahren und einer kurzen Unterbrechung der Behandlung von einem halben Jahr wünschte er eine klassische Analyse im Liegen, vier Mal pro Woche. Diesen Wunsch führte ich auf ein Erstarken seiner Ich-Strukturen zurück, die ihm die nötige Flexibilität gaben, um sich eine temporäre Regression während der Behandlungsstunden zu erlauben. Ich sah aber auch Jugendliche, die während der Behandlung das Setting veränderten, mal sitzen wollten und dann wieder liegen, je nach Abwehrstruktur und Übertragungssituation. In Christines Behandlung wurde die Analytikerin zu einem idealisierten mütterlichen Objekt, das ihr aber schließlich einen neuen inneren Raum ermöglichte, in dem sexuelle Befriedigung nicht erschreckend und blutrünstig sein musste. Dieser innere Raum verschaffte Christine schließlich ein Autonomiegefühl, unabhängig von der Mutter oder anderen mütterlichen Objekten sein zu können. Die Suche nach neuen Identifikationsobjekten in der Adoleszenz kann zum Zwecke der Abwehr benutzt werden, sie ist aber auch in hohem Grade ein normaler Entwicklungsvorgang. Ich habe vorsichtshalber bisher nicht über jugendliche Patienten gesprochen, die von Beginn an einen grundsätzlichen Widerwillen und ein tiefes Misstrauen gegen die Behandlung haben. Wenn es uns gelingt, dieses Misstrauen, das ein charakteristisches Merkmal der Adoleszenz ist, zu überwinden, kann oft nach langer Zeit eine vertrauensvolle Beziehung hergestellt werden. Anna Freud beschreibt aber auch rätselhafte Fälle von Kindern und Jugendlichen, die zu ihren Sitzungen kommen, in denen nichts zu geschehen scheint und sich dennoch der Zustand bessert. Der Psychoanalytiker wird durch »seine bloße Gegenwart als Therapeut und seine persönlichen Charakteristika« (Sandler, 1982, S. 75) zu einem neuen Objekt von therapeutischer Bedeutung, was wir oft nicht sehen und anerkennen können. Der Schmerz, der nur zu oft mit der Deutung und besonders der Übertragungsdeutung verbunden ist, birgt besonders bei Jugendlichen die Gefahr des Scheiterns der Behandlung in sich, kann aber, wenn die Übertragungsbeziehung stabil genug ist, um Deutungen zugänglich zu machen, neue Perspektiven lustvollen Erlebens erschließen: Den sich entwickelnden Körper mit all seinen Funktionen lustvoll zu erleben und zu benützen, um ihn sich schließlich anzueignen.

6. Literatur

Anzieu, D. (1991): *Das Haut-Ich*. Frankfurt a. M.: Suhrkamp

Blos, P. (1962): *Adoleszenz: eine psychoanalytische Interpretation*. Stuttgart: Klett-Cotta, 1995.

Brainin, E. (1999): Körper-Ich und Unbewusstes. *Kinderanalyse*, 7, S. 223–239.

Damasio, A. R. (2001): *Descartes' Irrtum. Fühlen, Denken und das menschliche Gehirn*. München: List.

Danabédian, D. (2012): *L'Adolescent et son corps*, Paris: PUF.

Eissler, K. R. (1958): Notes on Problems of Technique in the Psychoanalytic treatment of Adolescent. *The psychoanalytic study of the child*, 13, S. 223–254.

Fenichel, O. (1928): Über organlibidinöse Begleiterscheinungen der Triebabwehr. In: O. Fenichel (1985): *Aufsätze*, Bd. II, S. 116–137. München: Ullstein.

Fenichel, O. (1937): Frühe Entwicklungsstadien des Ich. In: O. Fenichel (1985): *Aufsätze*, Bd. II, S. 32–57. München: Ullstein.

Fenichel, O. (1943): Psychopathologie des Hustens. In: O. Fenichel (1985): *Aufsätze*, Bd. II, S. 269–275. München: Ullstein.

Ferenczi, S. (1921/22): Beiträge zum Verständnis der Psychoneurosen des Rückbildungsalters. *Bausteine zur Psychoanalyse*, 3, S. 180–188.

Fliess, R. (1956): *Erogeneity and Libido*. New York: International Universities Press.

Fliess, R.(1961): *Ego and Bodyego*. New York: Schulte.

Freud, S. (1905a, [1904]): *Über Psychotherapie*. GW V, Frankfurt a. M.: Fischer.

Freud, S. (1905d): *Drei Abhandlungen zur Sexualtheorie*. GW V, Frankfurt a. M.: Fischer.

Freud, S. (1915c): *Triebe und Triebschicksale*. GW X, Frankfurt a. M.: Fischer.

Freud, S. (1923b): *Das Ich und das Es*. GW XIII, Frankfurt a. M.: Fischer.

Freud, S., (1926d [1925]): *Hemmung, Symptom, Angst*. GW XIV, Frankfurt a. M.: Fischer.

Freud, S. (1932a [1931]): *Zur Gewinnung des Feuers*. GW XVI, Frankfurt a. M.: Fischer.

Freud, A. (1936/1980). Abwehr aus Angst vor der Triebstärke (dargestellt am Beispiel der Pubertät). *Gesammelte Werke*, Bd. I, München: Kindler.

Goldberg, E. (2001). *The Executive Brain, Frontal Lobes and the Civilized mind*. Oxford: University Press.

Gherovici, P. (2010): *Please select your gender*. New York: Routledge.

Greenacre, P. H. (1955): Further Considerations Regarding Fetishism. In: Greenacre (1986): *Emotional Growth, Psychoanalytic Studies of the Gifted and a Great Variety of Other Individuals*. Vol. I, Madison: IUP. S. 58–66.

Laufer, M. & Laufer, E. (1984/1989). *Adoleszenz und Entwicklungskrise*. Stuttgart: Klett-Cotta.

Lemma, A. (2010): An Order of Pure Decision: Growing up in a Virtual World and the Adolescent's Experience of Being-in-A-Body. *Journal of the American Psychoanalytic Association*, 58, S. 691–714.

Lemma, A. (2014): The body of the analyst and the analytic setting, *The International Journal of Psychoanalysis*, 95, S. 225–244.

Lewin, B. (1930): Smearing of feces, menstruation and female supereg. In: B. Lewin (1973): *Selected Writings*. The psychoanalytic quarterly, S. 12–25.

Kennedy, H. (1989): Sadomasochistische Perversion in der Adoleszenz: Eine entwicklungspsychologische Betrachtung. In: *Zeitschrift für psychoanalytische Theorie und Praxis*, IV (4), S. 348–360.

Kestenberg, J. (1968): Outside and inside, male and female. *Journal of the American Psychoanalytic Associaton*, 16, 457–520.

Khan, M. R. (1983): *Entfremdung bei Perversionen*. Frankfurt a. M.: Suhrkamp.

McDougall, J. (1998): *Theater des Körpers*. Stuttgart: Internationale Psychoanalyse.

Rickman, J. (1926): A psychological factor in the aetiology of descensus uteri, laceration of the perineum and vaginismus. *International Journal of Psychoanalysis*, 7, S. 363–365.

Sandler, J. & Freud, A. (1989): *Die Analyse der Abwehr*. Stuttgart: Klett-Cotta.

Sandler, J., Kennedy, H. & Tyson, R. L., (1982): *Kinderanalyse. Gespräche mit Anna Freud*. Frankfurt a. M.: Fischer.

Schilder, P. (1935/1950): *The Image and Appearance of the Human Body: Studies in the Constructive Energies of the Psyche*. New York: International. University Press.

Szwec, G. (2010): Défaillance de la psychisation du corps chez le bébé non câlin. *Revue française de psychanalyse, 5/74, S.* 1687–1691.

Sabine S. Klemz

WIE ES SICH ANFÜHLT, *ICH* ZU SEIN

Zur Körperlichkeit transsexueller Jugendlicher – Ein Bericht aus der psychoanalytischen Praxis

1. Vorwort

Alle Menschen sind frei und gleich an Würde und Rechten geboren. Dies beinhaltet die Akzeptanz aller erwachsenen Menschen als mündig und fähig, selbst zu wissen, wer sie sind, welchem Geschlecht sie angehören, Entscheidungen über sich selbst zu fällen und die Verantwortung für die Folgen zu übernehmen. In diesem Sinne ist jeder Mensch fähig, selbst über seinen Körper und über sein Geschlecht zu bestimmen.

Auch minderjährige Menschen haben eine Würde, die nicht verletzt werden darf. Dazu gehört es, ihre Entscheidungen und Willenserklärungen zu respektieren, zu achten, geschlechtliche Selbstbestimmung und Selbstakzeptanz zu ermöglichen und nicht zu verhindern bzw. ihnen ihre geschlechtliche Selbstwahrnehmung nicht abzusprechen.

(*Stuttgarter Erklärung*, 28. Mai 2015, S. 14).

Im Geiste dieser *Stuttgarter Erklärung* aus dem Jahre 2015 will mein Beitrag ein tieferes Verständnis für den Aspekt der Körperlichkeit in der Transsexualität fördern. Denn die wohl größte Verzweiflung bei Trans-*Mädchen* und Trans-*Jungen* resultiert daraus, sich gerade wegen ihres körperlichen Seins *als nicht zugehörig* zu empfinden und sich *als nicht gesehen werden* zu erleben. Ihr Leidensdruck darüber, in einem *falschen Körper* geboren worden zu sein, mit ihm leben zu müssen und in diesem *inkongruenten* Zustand von ihrer Umwelt wahrgenommen zu werden, ist sehr hoch und permanent. In Reaktion darauf haben die Betroffenen, die ich begleite, zum Teil erstaunliche Verarbeitungsmodi entwickelt, um die zunächst nicht abwendbare Erkenntnis, dass »mit mir etwas nicht stimmt«, zu kompensieren und damit ihr Überleben zu sichern.

Meine folgenden Darlegungen haben bewusst Einführungscharakter. Sie sind die aktuelle Essenz der Erlebnisse und Erfahrungen aus meiner langjährigen Arbeit mit zahlreichen transsexuellen Jugendlichen in der eigenen psychotherapeutischen Praxis – nicht mehr, aber auch nicht weniger. Das Alter meiner *jugendlichen* Patienten liegt in der Regel zwischen dem 14. und 19. Lebensjahr.

In meinen Therapiesitzungen bin ich zu der Überzeugung gelangt, dass das erwähnte Dilemma des Empfindens der *Nicht-Zugehörigkeit* und des Erlebens des *Nicht-gesehen-Werdens* bei *diagnostizierten* transsexuellen Patienten (siehe hierzu Kapitel: *Behandlungsmuster*) psychoanalytisch, psychotherapeutisch nicht aufgelöst werden kann. Diese rein praktisch gewonnene, subjektive Erkenntnis war, ist und bleibt für mich als Psychotherapeutin für Kinder und Jugendliche tägliche Herausforderung.

2. Körperlichkeit in der Psychoanalyse

Der psychoanalytische Aspekt der Körperlichkeit beinhaltet Körper-*Schema*, Körper-*Erleben*, Körper-*Wahrnehmung* und Körper-*Selbst*. Die Bedeutung des Körpers für die Entwicklung gesunder seelischer Strukturen betont Sigmund Freud:»Das Ich ist vor allem ein körperliches, es ist nicht nur ein Oberflächenwesen, sondern selbst die Projektion einer Oberfläche.« (Freud, 1925, S. 254)

Über frühe Erfahrungen im Umgang mit körperlichen Kontakten, Berührungen und mentalen Austauschprozessen entwickelt der Mensch ein Gefühl für seinen Körper und daraus ein Körperbild, das ihn nach innen fühlen und nach außen in einer bestimmten Weise auftreten und handeln lässt. Auch sein späterer Umgang mit Sexualität, Gesundheit und Krankheit wird davon stark beeinflusst. Ein Zusammenspiel von Körper und Geist ist dabei unerlässlich und prägt die menschliche Persönlichkeit. »Wir *sind* Körper (als Subjekt) und wir *haben* einen Körper (als Objekt).« (Kutter/Müller, 2008, S. 156)

In diesem Zusammenhang bleibt festzuhalten, dass das geschlechtliche Zugehörigkeitsgefühl transsexueller Jugendlicher mit ihren körperlichen Geschlechtsmerkmalen divergiert. Dies verhindert die adäquate Entwicklung eines gesunden Körperbildes mit körperlichen Selbstrepräsentanzen. Und es gelingt den Betroffenen deshalb nicht, den eigenen Körper in Besitz zu nehmen und als Ausdruck innerpsychischer Zustände und Lebenserfahrungen zu nutzen.

Transsexualität im psychoanalytischen Kontext wird immer noch als *krankheitswertig* i. S. einer *neurotischen Perversion* angesehen, und das transsexuelle Symptom, mit dem *wahren* Geschlecht im *falschen* Körper zu leben, gilt als massiver Identitätskonflikt. Diesen unbewussten Konflikt, so *R. Herold* versucht der Betroffene durch eine geschlechts-*umwandelnde* Operation zu lösen (vgl. Herold, 2016, S. 7). Hintergründe der Geschlechtsdysphorie vermutet die Psychoanalyse in der frühkindlichen und höchstwahrscheinlich kumulativen Traumatisierung durch das Primärobjekt, das den späteren transsexuellen Patienten in seiner Identitätsentwicklung nicht ausreichend bzw. nicht adäquat gespiegelt hat, »sondern stattdessen die mehr oder weniger bewussten und unbewussten Anteile und Wunschvorstellungen der Mutter als sein Eigenes hingespiegelt werden« (ebd., S. 14).

Diesen generellen psychoanalytischen Erklärungsansätzen kann ich aus meiner Erfahrung heraus so nicht folgen. Lediglich der Hypothese einer frühen, nicht adäquaten Spiegelung vermag ich zuzustimmen, allerdings nur in dem Sinne, dass der transidente Mensch, der mit einem *weiblichen* bzw. *männlichen Gehirn* und einem männlichen bzw. weiblichen Körper zur Welt kommt, zunächst einzig entsprechend seiner körperlichen Geschlechtsmerkmale wahrgenommen, aber nicht ganzheitlich angemessen, *passend* gespiegelt und beantwortet wird.

Es gibt einige Modelle, die potentielle Ursachen für eine transsexuelle Entwicklung nennen, aber noch keine, die das Phänomen ausreichend erklären könnten. Neben sozio-kulturellen, genetischen und psychologischen Annäherungen erscheint mir der neurobiologische Ansatz als besonders interessant. Er geht von folgender Grundannahme aus:

> Geschlechtsidentität ist ein derart basaler (im Regelfall nicht einmal bewusst reflektierter) Aspekt menschlichen Seins, Fühlens, Erlebens und Verhaltens, dass er im Gehirn verankert sein muss. Menschen mit einer Geschlechtsidentität, welche ihrer biologischen (chromosomalen, gonadalen, gonoduktalen und genitalen) Geschlechtszugehörigkeit widerspricht, müssten folglich Strukturen und/

oder Funktionen des Gehirns aufweisen, die mehr dem anderen biologischen Geschlecht entsprechen. (Stalla/Auer, 2015, S. 24)

Nähere Informationen zur Ätiologie in diesem Kontext sind nachzulesen im Therapieleitfaden Transsexualität (vgl. ebd.).

3. Geschlechtsdysphorie
bei Jugendlichen bzw. jungen Erwachsenen

Die Diagnose *Transsexualismus* wird laut *ICD-10* unter *F64.0* erst *nach* der Pubertät gestellt und »wenn der Wunsch nach geschlechtsangleichenden Maßnahmen mindestens zwei Jahre durchgehend besteht.« (ebd., S. 71). Aus diesem Grund verwende ich im Praxisalltag bei pubertär-spezifischer Zweifel zur Diagnosestellung die Ziffer *F64.2*: *Störung der Geschlechtsidentität im Kindesalter.*

Im Gegensatz zur *ICD-10* wird im *DSM-5* unter *302.85* der Begriff der Geschlechts*identitätsstörung* durch den der Geschlechts*dysphorie* (*Gender Dysphoria*) bei Jugendlichen und Erwachsenen ersetzt, »unter Berücksichtigung des Umstandes, dass bei den Betreffenden ja nicht die ›Geschlechtsidentität‹ gestört ist, sondern diese in sich zwar mehr oder weniger stimmig ist, aber eben nicht zum körperlichen Geschlecht ›passt‹« (ebd., S. 31).

Auch ich bevorzuge statt des Begriffes *Transsexualität* eher die Bezeichnungen *Geschlechtsdysphorie* bzw. *Transidentität*, da letztere meiner Meinung nach die Grundproblematik besser abzubilden helfen. Im vorliegenden Artikel verwende ich allerdings alle Begriffe synonym.

Die transidenten Jugendlichen, die mir in den vergangenen Jahren in meiner Praxis begegnet sind, waren so unterschiedlich und individuell wie all die anderen Patienten, aber auf bizarre Weise verband alle das gleiche innerpsychische Erleben. Ohne Ausnahme beschrieben sie sehr deutlich die große Diskrepanz zwischen ihrem Körper und ihrem geschlechtlichen Körperempfinden, in der Art, wie es auch *Alessandra Lemma* schildert, nämlich »als eine Kluft, ein Ausschließen oder eine Inkongruenz […], die in ihrem Erleben zwischen ihrem tatsächlichen Körper und dem Körper, den sie als wahres körperliches Zuhause empfanden, bestand« (Lemma. In: Mauss-Hanke, 2014, S. 69).

Desweiteren äußerten alle Betroffenen ebenso den tiefen Wunsch, doch endlich als *Der* gesehen zu werden, der *Ich eigentlich bin.* Zu diesem Verlangen stellt *D. W. Winnicott* fest:

> Wir gehen mit größter Selbstverständlichkeit davon aus, dass die Psyche ihren Platz im Körper hat, und vergessen dabei, dass auch dieses Wohnen der Psyche im Körper einen Entwicklungsschritt darstellt, eine Errungenschaft, die keineswegs allen Menschen zuteil wird. (Winnicott, zit. nach: Lemma, ebd.)

Ausgehend von der These, dass sie mit dieser Diskrepanz zur Welt kommen, erleben diese Patienten, »dass ihr kindliches Gefühl der Inkongruenz auf körperlicher Ebene, unabhängig von dessen Ätiologie, immer wieder unzulänglich gespiegelt und mentalisiert wurde« (ebd., S. 70). Für die Entwicklung eines kohärenten Selbst ist es aber unerlässlich, dass das eigene körperliche Erleben vom Gegenüber nachvollziehbar ist und bestätigt wird. Wenn sich das Kind immer wieder als nicht abgelöstes, nicht eigenständiges Objekt wahrnimmt, also nicht ausreichend gespiegelt wird, »läuft es Gefahr, ein ›fremdes Selbst‹ zu entwickeln« (ebd., S. 69).

Die frühen Körpererfahrungen transsexueller Jugendlicher und ihr Körpererleben wurden durch ihre äußeren Geschlechtsmerkmale bestimmt und durch die Geschlechterbilder und sexuellen Phantasien der Bezugspersonen geprägt. Ihr Selbst-Erleben steht in völligem Widerspruch zu den Spiegelungen ihres Umfelds, sie werden ständig hinterfragt, sie zweifeln an sich selber und vertrauen ihren eigenen Gefühlen nicht mehr. Eine Antwort auf die wichtige Frage: *Wer bin ich?* wird nicht gegeben, denn es existiert keine Kontinuität und Einheit zwischen der Selbstwahrnehmung und der Einschätzung der anderen. Die adoleszente Krise der *Identität versus Identitätsdiffusion*, wie es *Erik H. Erikson* beschreibt, bleibt *unbewältigt*, mit der Folge einer *Identitätsverwirrung*. Transsexuelle Jugendliche befinden sich nach *Erikson* »jenseits der Identität«, vermeiden zwischen-menschliche Nähe oder bleiben dabei emotional an der Oberfläche, was schließlich zu einem tiefen Gefühl von Isoliertheit führt. Denn als *Wer* soll er/sie in Beziehung gehen (vgl. Erikson, 1988)?

Die transidenten Jugendlichen tragen ihre Unsicherheiten, ihre Verwirrtheit über ihren Zustand und ihre Ängste, *anders zu sein* als die anderen, lange im Verborgenen, und es braucht viel Mut, sich endlich jemandem anzuvertrauen. Der folgende Brief eines 15-jährigen Trans-*Jungen* (biologisch Mädchen) an seine Mutter zeigt sehr drastisch und anrührend dessen innerpsychische Zerrissenheit und Verzweiflung:

> Für Mama.
>
> Ich schreibe Dir diesen Brief, weil ich es Dir nicht von Angesicht zu Angesicht sagen kann, was ich Dir zu sagen habe.
>
> Und ich habe zu große Angst, Deine Reaktion darauf zu sehen, wenn Du verstanden hast, was ich Dir versuche zu sagen. Also, was ich Dir sagen möchte, ist [...], dass ich denke, transsexuell zu sein, was bedeutet, dass ich ein Junge bin, der in einem Mädchenkörper gefangen ist. Und ich möchte mich nicht mehr so fühlen müssen. Ich möchte mir meine Haare schneiden lassen und Jungenklamotten tragen und zu einem Therapeuten gehen, um herauszufinden, ob ich wirklich transsexuell bin. Und bitte glaube nicht, dass ich mir da irgendetwas einbilde oder ich nur rumspinne, das ist nicht der Fall. Ich denke darüber schon seit vielen Jahren nach und es hat mich so traurig und wütend gemacht, es niemandem erzählen zu können.
>
> Jetzt wird es endlich Zeit, es Dir zu sagen und damit meinem Wunsch, endlich ein Junge zu sein, einen Schritt näherzukommen. Aber ich glaube, dass Du schon seit längerem gemerkt hast, dass mit mir etwas nicht stimmt. Aber ich weiß, dass Du jetzt trotzdem über diesen Brief geschockt sein wirst. Mein großes Problem ist die Schule, da die meisten dort und auch die Leute aus meiner Klasse Probleme mit Homosexuellen und Transsexuellen haben. Du glaubst das jetzt sicher nicht, aber es ist eine Tatsache. Zurück zum eigentlichen Problem... Du fragst Dich wahrscheinlich, warum ich mich gerade jetzt an Dich wende und nicht schon früher. Der Grund dafür ist, dass ich zwar immer wusste, dass ich anders bin, aber ich wusste nicht warum. Erst als ich einige Videos zu diesem Thema auf Youtube entdeckt und gesehen habe, dass andere Leute das gleiche Problem und die gleichen Gefühle haben wie ich, und erlebt habe, wie sie damit umgegangen sind, also wie sie es ihren Eltern gesagt haben, dann zu einem Therapeuten gegangen sind und schließlich Hormone bekommen haben, ja erst dann habe ich verstanden: genauso fühle ich! Ich hoffe, Du verstehst mich jetzt, warum ich mich so verhalte und warum ich Jungenklamotten tragen möchte. Ich weiß nicht, was ich jetzt noch sagen soll, außer dass ich Dich liebe.[1]

In der Adoleszenz sollte sich der Jugendliche bereits auf den Weg durch eine gesunde Pubertätsentwicklung gemacht haben, dabei sein, sich zu

---

[1] G. und seine Mutter haben mir freundlicherweise erlaubt, diesen Brief zu verwenden, ich bedanke mich für ihr Vertrauen.

einem sexuell gereiften Individuum zu entwickeln und seine geschlechtliche Identität zu finden, sollte sich durch Ausprobieren und geschlechtliches Experimentieren weitgehend sexuell orientiert und seinen Platz in der Gesellschaft bzw. seiner *Peergroup* eingenommen haben. Transsexuelle Jugendliche zeigen in diesen wichtigen Entwicklungsbereichen deutliche Defizite und Retardierungen, da sie, bedingt durch die Ich-Diffusion (intrapsychische Trennung von Körperrepräsentanz und Selbstrepräsentanz), ihren Körper als getrennt von sich wahrnehmen, als untauglich und unbrauchbar. Er wird erlebt als eine auf physiologische Prozesse reduzierte Hülle. Das im Gehirn fest *verdrahtete* Körper-*Schema* stößt in der Peripherie auf einen gegensätzlichen, fremden Geschlechtskörper, und daraus resultieren, so der kalifornische Gehirnforscher *Vilayanur Ramachandran* in seiner Fallstudie, Körperdissoziationen: Der Körper wird als *nicht zugehörig* bzw. *abgespalten* erlebt (vgl. Ramachandran, zit. nach: Haupt, 2011). Und *H. J. Haupt* ergänzt: »Fortan bilden Hirngeschlecht und körperliches Geschlecht kein wirkliches Zusammenspiel mehr.« (ebd., S. 6)

4. Behandlungsmuster

Transidente Patienten kommen in der Regel über die *Kinder- und Jugendlichen-Psychiatrie*, niedergelassene *Kinder- und Jugendlichen-Psychiater*, *Kinder- und Jugendärzte* oder über Kollegen mit dem Verdacht auf eine transsexuelle Entwicklung zu mir in die Praxis.

In der *Probatorik* geht es zunächst darum, den Betroffenen als auch die Eltern/Bezugspersonen in ihrer Verunsicherung und großen Sorge aufzunehmen, zu entlasten und zu stabilisieren. Schließlich wird in einem gemeinsamen Gespräch (je nach Alter des Patienten mit oder ohne die Bezugspersonen) die weitere Vorgehensweise besprochen.

In der Regel beantrage ich eine *tiefenpsychologisch* orientierte Psychotherapie, die zunächst der Klärung dient, ob sich bei dem/der Jugendlichen tatsächlich eine transsexuelle Entwicklung abzeichnet oder ob die Symptomatik Teil einer *neurotischen Abwehr* ist.

Transsexuelle Jugendliche haben sehr häufig *Komorbiditäten* entwickelt. Sie leiden unter Depressionen, Schuldgefühlen, massiven sozialen

Anpassungsstörungen, Selbstwertdefiziten, suizidalen Krisen, Selbstverletzungen und Essstörungen. Diese Symptomatik steht zunächst im Fokus der therapeutischen Behandlung. Je älter der/die Jugendliche ist, umso höher wird die Wahrscheinlichkeit, dass sich der Verdacht der Transsexualität erhärtet.

Aktuell orientieren sich Behandler auf dem Gebiet Transsexualität international an den *Standards of Care (SoC)* der *World Professional Assosiation for Transgender Health (WPATH)* (siehe Qualitätszirkel Transsexualität, Behandlernetzwerk München). Diese Standards besagen, dass bei Jugendlichen mit einer *ICD-10*-Diagnose *Transsexualismus* die Behandlung nach den Grundregeln der Behandlung erwachsener *transsexueller* Patienten erfolgt. Ziel ist dabei nicht, die Geschlechtsidentitätsstörung zu therapieren, sondern den Patienten zu stabilisieren und zu begleiten. Ferner soll abgeklärt werden, ob sich hinter der vorliegenden Symptomatik nicht vielmehr *nur* eine *Sexuelle Reifungskrise* nach *ICD-10, F 66.0* verbirgt, da gerade Jugendliche auf Grund von Unsicherheiten in diesem Bereich durchaus ähnliche Symptome wie bei einer Geschlechtsidentitätsstörung entwickeln können (vgl. AWMF online).

Behandlungsvorgaben sind im einzelnen:

- Eine mindestens *einjährige psychotherapeutische Begleitung* soll klären, ob eine Unterstützung geschlechtsangleichender Maßnahmen (gegengeschlechtliche Hormongabe, chirurgische Eingriffe, Namens- und Personenstandsänderung) indiziert ist.
- Bleibt der Wunsch nach geschlechtsangleichenden Maßnahmen bestehen, muss ein mindestens *einjähriger* sog. *Alltagstest* absolviert werden. Dabei soll der Patient in allen Bereichen seines Lebens in seiner *angestrebten Geschlechterrolle* leben.
- Gemäß *SoC* der *WPATH* sollte eine pubertätshemmende *Hormontherapie* frühestens nach Erreichen des *Tanner II-Stadiums* aufgenommen werden, also nicht prophylaktisch präpubertär. Voraussetzung dafür ist – nach Übereinstimmung mit allen am Prozess beteiligten Genderspezialisten – eine hohe Wahrscheinlichkeit einer transsexuellen Entwicklung.

– Eine *gegengeschlechtliche* Hormonbehandlung sollte nicht vor dem 16. Lebensjahr begonnen werden (diese Empfehlung wird aktuell unter den *Gender*-Fachleuten sehr kontrovers diskutiert).

– Geschlechtsangleichende *chirurgische Eingriffe* sollen nicht vor dem 18. Lebensjahr erfolgen.

In meiner Behandlung bzw. Begleitung transsexueller Jugendlicher hat sich von besonderer Wichtigkeit herausgestellt, die Eltern bzw. Bezugspersonen von Patienten, die noch in einem gemeinsamen Haushalt leben, umfangreich aufzuklären und sie frühzeitig und intensiv in den therapeutischen Prozess zu integrieren. Denn für den schweren und belastenden Weg der Transition brauchen Trans-*Mädchen* und Trans-*Jungen* in gleichem Maße dringend die Unterstützung von Familie und Freunden.

Die folgenden Fallbeispiele, in denen aus meinen Gesprächsprotokollen mit Erlaubnis meiner Patienten zitiert wird, zeigen das körperliche Erleben der Betroffenen in Bezug auf Basisaffekte wie Ekel, Scham, Wut und Traurigkeit. Dramatisch hervorgehoben wird hier ebenso der massiv ablehnende und z. T. autoaggressive Umgang mit der *verhassten* äußeren *Hülle*.

5. Fallbeispiele aus Gesprächsprotokollen

5.1 Patientin T. (15), *biologisch männlich*

»Ich habe schon immer das Gefühl, ein Mädchen zu sein. Etwas anderes kommt für mich gar nicht in Frage. Schon im Kindergarten haben sie mich ›Halbmädchen‹ genannt. In der Schule werde ich gemobbt und als ›alte Schwuchtel‹ bezeichnet. Andere Mädchen empfinden mich als extrem komisch und wollen mit mir nichts zu tun haben. Ich halte diesen Zustand nicht mehr aus. Ich hasse mein Geschlechtsteil und habe deshalb schon mehrfach versucht, den Penis durch Abbinden ›loszuwerden‹ oder die Hoden in heißem Wasser zum Schrumpfen zu bringen. Leider hat alles nichts geholfen. Wenn ich nicht bald Hormone bekomme, hat mein Leben keinen Sinn mehr. So jedenfalls kann ich nicht weiterleben.«

5.2 Patient G. (18), *biologisch weiblich*

»Das hat nichts mit wollen zu tun, man ist ein ›Mann‹. Ich habe noch nie gerne mit Mädchensachen gespielt und von allen *Barbies* die Köpfe abgerissen. Bis zu meinem 10. Lebensjahr habe ich mir wenig Gedanken über meinen Körper gemacht, aber als ich dann plötzlich Brüste bekam, die Hüften breiter und die Beine dicker wurden, kam Panik auf: Das gehört nicht zu mir. Beim Blick in den Spiegel habe ich mich nicht erkannt und ich wurde sehr traurig darüber. Ich habe mich so geschämt für diese Brüste. Seither trage ich einen Brustbinder, kann es aber kaum ertragen, wenn ich mich abends ausziehen und den verhassten Körper waschen muss. Ich trage schon seit meinem 12. Lebensjahr nur schwarze, übergroße Kleidung und auch im Sommer mehrere Schichten, damit die weiblichen Rundungen auf keinen Fall zu sehen sind.«

5.3 Patient R. (17), *biologisch weiblich*

»Ich habe mich bis zum meinem 13. Lebensjahr nicht als dysphorisch erlebt. Aber als dann meine Brüste gewachsen sind und ich meine Tage, die rote Pest, bekam, habe ich mich mehr und mehr zurückgezogen. Schamgefühle kamen auf, und ich wollte meinen Körper nicht mehr zeigen. Gleichzeitig fühlte ich mich total hilflos, weil ich diese Entwicklung ja nicht aufhalten, nichts dagegen tun konnte.

Ich war so wütend darüber. Ich konnte mich aber niemandem anvertrauen, da es eh keiner verstehen würde. Ich dachte, es ist besser, wenn ich niemandem davon erzähle und warte, bis ich 18 Jahre alt bin. Dann mache ich alles alleine. Wie sehr habe ich auch all die anderen beneidet, die in einem richtigen Körper geboren worden sind und keine Probleme damit haben, außer vielleicht ein bisschen zu dick zu sein. Ich empfinde eine große Distanz zu meinem Körper. Wenn ich in den Spiegel schaue, erkenne ich mich nicht und fühle mich wie in einem Videospiel. Ich kann zwar alles machen, aber ich bin es nicht selbst. Im Spiegel sehe ich eine Person, die ich nicht kenne. Sie hebt zwar die Hand wie ich, aber ich bin es nicht. Ich kann es nicht beeinflussen, wie die anderen mich wahrnehmen, denn die erwarten, dass ich mich wie ein Mädchen benehme. Aber ich bin keines und das frustriert mich dann, weil ich ständig missverstanden werde. Ich habe mich auch nicht getraut, es meiner Mutter zu sagen, weil sie immer wieder mit leuchtenden Augen davon erzählt hat, dass sie ihr Hochzeitskleid extra für mich aufgehoben hat: ›Du wirst sicher eine schöne Braut.‹«

5.4 Patient D. (16), *biologisch weiblich*

»Meine Eltern sind sehr religiös. Dauernd sprechen sie darüber, dass ich wohl vom Teufel besessen bin. Ich darf zuhause über meine Gefühle nicht mehr sprechen, sonst werde ich rausgeschmissen. Sie wollen von diesem ›ekelhaften Zeug‹ nichts mehr in ihren vier Wänden hören. Ich versuche, nicht mehr in den Spiegel zu schauen, da ich dann immer wieder sehe, wie andere mich sehen und das halte ich nicht aus. Wenn ich nicht mehr in den Spiegel schaue, kann ich mir mein Idealbild in meiner Phantasie vorstellen und das habe ich dann im Kopf. Dann vergesse ich eine Zeit lang, wie ich aussehe. Das überträgt sich dann auch auf meinen Körper, aber nur so lange, bis das Spiegelbild mein Kopfbild wieder zerstört und mir meine Illusion wieder nimmt. Genauso geht es mir, wenn ich mich abends ausziehe. Solange ich den Brustbinder anhabe, geht es einigermaßen, aber dann…«

5.5 Patient B. (17), *biologisch weiblich*

Das Selbstporträt von *B.*, eines Trans-*Jungen*, der sich gerade erst geoutet und noch keinerlei hormonelle Angleichung erfahren hat. Er hat ein sehr genaues *inneres Bild* von sich. Ich habe ihn darauf sofort erkannt.

Selbstbildnis des Patienten B. (Bleistift-Zeichnung), 2015

5.6 Patient M. (21), *biologisch weiblich*

Dieser Transsexuelle hat als erster in meinem Patientenkreis bereits die *Hysterektomie* (Entfernung der Gebärmutter und der Eierstöcke) und die *Mastektomie* (Entfernung der weiblichen Brust) realisiert.

»... meine Oma erinnert sich daran, dass ich mit ungefähr fünf Jahren von meinen Eltern und von ihr verlangte, dass sie mich ab jetzt nicht mehr Miriam, sondern Walter nennen sollten. Im Kindergarten spielte ich fast nur mit Jungs, baute Höhlen und spielte mit Autos.

Ich war verliebt in meine Kindergärtnerin und fühlte mich wohl. Mit fünf Jahren fing ich auch an, mir die Haare kurz schneiden zu lassen. Ich hatte viele Freundschaften mit gleichaltrigen Jungs, spielte Autos, und die Puppe, die meine Mutter mir schenkte, war ein Junge, den ich ›Sascha‹ nannte. Bei den Vater-Mutter-Kind-Spielen war ich stets der Vater. Als Kind träumte ich oft, dass es irgendwo im Haus brannte und wir machtlos gegen die Flammen waren und wegrennen mussten. Ich kann mich nur an wenige Sachen aus der Zeit erinnern, was bleibt, ist ein sehr unangenehmes Gefühl von Unwohlsein. Ich war damals schon ein Einzelgänger und wurde in Ansätzen gemobbt, da ich nicht das typische Mädchen war. Ich bin sehr ungern zur Schule gegangen und verkroch mich, wenn ich nachmittags nach Hause kam, in eine Ecke und weinte. Nach einem Schulwechsel entdeckte ich mein künstlerisches Potenzial und begann Klavierunterricht zu nehmen. In der Klasse wurde ich jetzt akzeptiert als der tolle Klavierspieler und hatte schnell die Rolle: ›Die Miriam ist halt einfach anders.‹

Ich war der komische, aber überaus nette und lustige Kauz. Diese Rolle war mir angenehm, da niemand auf die Idee kam, mich auf mein Geschlecht, die kurzen Haare oder auf mein sehr jungenhaftes Auftreten anzusprechen. So tat ich alles, um als verkapptes Künstlergenie durchzugehen, immer im Bewusstsein, dass ich es nicht war und nicht sein wollte.

Ich versteckte mich. Ich merkte, dass ich anders war als die anderen Mädchen in meiner Klasse. Ich hatte komplett andere Interessen und verspürte mehr denn je den drängenden, nun überdeutlichen Wunsch, ein Junge zu sein. Ich hatte aber große Angst, mich mitzuteilen, weil ich mich so schämte und Bedenken hatte, als abstoßend und widerlich empfunden zu werden. Ich lag abends oft im Bett und wünschte, betete zu Gott, dass er einen Jungen aus mir macht. Im Turnunterricht in der Umkleide kam ich mir vor wie ein Spion, wie jemand, der hier nicht sein durfte. Als ich meine Tage bekam, war das Schlimmste, was mir passieren konnte, eingetroffen. Nun begannen auch noch meine Brüste zu wachsen und ich empfand es als tiefe Schmach und als unwirklich. Zu meinen Abendgebeten gesellte sich nun auch der Wunsch, dass meine Brüste sich bitte wieder zurückbil-

den sollten. Ich verbarg sie unter großen Herrenhemden, Westen und Pullundern. Auf dem Schulhof wurde ich als Zwitter und Mannweib beschimpft, angerempelt und ausgelacht. Innerhalb meiner Klasse fühlte ich mich einigermaßen wohl. Hier hatte ich meine Rolle. Ich konnte sehr gut Klavier spielen, war kommunikativ, offen, ein Künstlertyp, der Gedichte schrieb, und sexuell ein Neutrum. Ich hasste meinen Körper und unterdrückte alle Gefühle, Triebe und Neigungen, die damals aufkamen, war sehr verwirrt und zog mich in meine eigene Welt zurück. Jeder neue Eintritt in eine Gemeinschaft oder auch das Kennenlernen neuer Menschen war für mich unangenehm und schwierig. Ich fühlte, wie ich bin. Das passte aber nicht zu meinem Äußeren. So musste ich schnell wieder versuchen, in meine mir bekannte Außenseiter-Rolle zu schlüpfen und mich versteckt zu halten, obwohl ich so gerne normal, der Junge, der junge Mann sein wollte. Auf einer Jugendfreizeit verliebte ich mich in ein Mädchen. Ich brauchte aber mehrere Jahre, um ihr meine Liebe zu gestehen, obwohl wir uns zeitweise wie ein Paar verhielten. Sie und ich waren nicht lesbisch, und so verleugneten wir unsere Gefühle füreinander. Ihr fiel ein Stein vom Herzen, als ich ihr von meiner Transsexualität erzählte, da sie über ihre Gefühle zu mir als Frau sehr verwirrt war.
Ich wünschte mir damals nichts mehr als endlich Sex zu haben, aber nicht mit diesem Körper. Auf keinen Fall wollte ich als Frau begehrt werden. Und wenn ich mal eine Frau kennenlernte, machte ich sofort einen Rückzieher, weil ich die Vorstellung, dass die andere Frau meinen falschen Körper sehen und eventuell auch anfassen würde, nicht ertragen konnte.«

Die Biographien und familiären Hintergründe der beschriebenen Patienten unterscheiden sich deutlich voneinander. Dennoch weisen die obigen Schilderungen ihres innerpsychischen Erlebens und die Reaktionen des Umfelds auffallende Ähnlichkeiten auf, wie ich sie bereits früher in diesem Beitrag erwähnt habe: Alle Betroffenen empfinden großen Hass auf ihren biologischen Körper, der sich durch die Pubertät massiv verändert hat. Er hat überhaupt nichts mit dem eigenen körperlichen Selbstempfinden gemein. In ihrer Hilflosigkeit und existentiellen Verzweiflung versuchen Mädchen und Jungen, ihr Körperbild zu manipulieren, zu ignorieren oder schützende, akzeptable Phantasien darüber zu entwickeln. Denn sie schämen sich für ihren Körper.

Es ist ihnen peinlich, sich mit *ihm* zeigen zu müssen, so wie man *eigentlich* gar nicht ist; so wahrgenommen zu werden, wie man auf *keinen Fall* wahrgenommen werden möchte. Jeder von ihnen sieht sich in dem Zwang, seinen Körper verbergen und verhüllen zu müssen. Und er darf auf keinen Fall zur *Spiegelung* bereitgestellt werden. Denn Angst und Ekel vor den geschlechtlichen Körpermerkmalen, die der eigenen geschlechtlichen Identität derart schmerzhaft widersprechen, sind viel zu groß und unerträglich. Viele Jugendliche probieren aus dieser Verzweiflung heraus alles Erdenkliche, um die *normalen*, pubertär entwicklungsbedingten physiologischen Veränderungen ihres Körpers dramatisch zu manipulieren.

Sie versuchen, ihre Stimme zu verändern, sie hungern, um keinesfalls weibliche Rundungen zu bekommen, sie pressen ihre Brüste mit einem Brustbinder ab, kleben das Geschlechtsteil mit Paketband nach hinten, verändern Körperhaltung und Gang so, dass die Brüste nicht mehr sichtbar sind, stopfen sich Socken in die Unterhosen, um ein Geschlechtsteil vorzutäuschen u. v. m.

Doch trotz aller individueller Versuche und persönlicher Strategien bleibt für sie im Alltag stets spür- und erlebbar, dass die Entwicklungsaufgabe, *den Körper, den man hat,* zu dem Körper zu machen, *der man ist,* unauflösbar scheint (Lemma. In: Mauss-Hanke, 2014, S. 67).

Es bleibt in der Regel nur die Flucht ins Verborgene, in die Isolation, in eine virtuelle Pseudo- bzw. Parallelwelt, in der die Betroffenen so sein dürfen wie *sie sind.* Oder auch der vermeintliche Ausweg in die geschlechtliche Neutralität, um mit Hilfe anderer Identitäten sein fragmentiertes Selbst zu stabilisieren: »Ich bin der komische Kauz [...] Ich bin ein toller Klavierspieler.«

6. Körperlichkeit in der Therapie

In der therapeutischen Begegnung erleben die transsexuellen Jugendlichen zunächst genau das, was sie so sehr fürchten. Sie sind auch in dieser geschützten Umgebung den Blicken ihres Gegenübers ausgesetzt. In diesem Wissen ist es für den Therapeuten deshalb sehr entscheidend, die Betroffenen von Beginn an in ihrer körperlichen Inkongruenz an- und wahrzunehmen. Dies erfordert ein sensibles Einfühlen in das Körperselbst »und die körperlichen Reaktionen in der Gegenübertragung, um eine Sprache entwickeln zu können, die es der Leiblichkeit ermöglicht, sich mitzuteilen« (Lemma., ebd., S. 84).

Besonders auch die Frage nach ihrem *Wunschnamen* für die gemeinsamen Sitzungen verstärkt beim Patienten das Gefühl (endlich) wirklich *gesehen* und im *wahren* Sein *angenommen* zu werden. Erfahrungsgemäß leben die Jugendlichen schon länger mit ihrer erwünschten Namensidentität im Verborgenen und geben diese, wenn überhaupt, bisher nur in einschlägigen Chats und gegenüber sehr guten, vertrauensvollen Freunden preis.

Am Beispiel einer Eingangsszene werden die Übertragungsphänomene, in diesem Fall die der *inneren Verwirrung* und *Diffusion,* deutlich, die bei meiner Arbeit mit transsexuellen Jugendlichen immer wieder auftauchen:

Der Patient hat einen Termin für ein Erstgespräch vereinbart. Ich öffne die Türe, um ihn im Wartezimmer abzuholen. Im Flur steht eine Frau mittleren Alters und neben ihr ein junger Mann, so mein erster Gedanke!

Ich merke, wie sich Verwirrung in mir breit macht. Ich zögere, auf die beiden zuzugehen, da ich nicht weiß, wie ich dem jungen Patienten begegnen soll. Am liebsten würde ich in den Erdboden versinken! Ich spüre eine starke Beklemmung und fühle mich beschämt, ob meiner Unsicherheit. Wie gerne würde ich mich jetzt erst einmal vergewissern, welches biologische Geschlecht mein Gegenüber hat. Ich überlege kurz, ob ich unter einem Vorwand nochmal kurz ins Behandlungszimmer zurückkehren könnte, um einen schnellen Blick auf den Vornamen im Anmeldeformular zu werfen.

Aber warum möchte ich das wissen, warum ist das jetzt so wichtig? Ich war mir doch vorher so sicher, dass er ein Mädchen ist, oder doch nicht? Ich suche verzweifelt nach Indizien seiner Weiblichkeit, aber ich kann nichts entdecken. Unsere Blicke treffen sich und ich hoffe insgeheim, dass er mir seinen Wunschnamen nennt und mich erlöst. Aber er schaut mich nur kurz an, sein Blick geht wieder nach unten. Ich spüre kurz Erleichterung und wende mich der Mutter zu, die ihn begleitet. Ich bitte beide ins Behandlungszimmer und wir nehmen alle Platz. Der Patient hält seinen Kopf weiterhin nach unten gesenkt. Die Mutter beginnt von i h r zu sprechen. Zwischendurch blickt der Patient immer wieder kurz auf, schaut zu seiner Mutter, so als würde er sich vergewissern wollen, ob sie noch von ihm spricht.

Schließlich spreche ich i h n mit seinem weiblichen Vornamen an. Komisch fühlt sich das an und mich beschleicht der Gedanke, ihn damit beleidigt und gekränkt zu haben.

205

Die Aufnahme einer Therapie ist für die meisten transsexuellen Jugendlichen mit großen Erwartungen, Wünschen und Sehnsüchten verbunden: *Hoffentlich geht jetzt endlich etwas vorwärts!* Wenn schließlich eine vertrauensvolle Beziehung zwischen ihnen und ihrem Therapeuten entstanden ist, können die Betroffenen endlich ihr *wahres Ich* zeigen und berichten, was so lange ungesagt bleiben musste.

Sie begegnen mir dann mit der ganzen *Wucht* ihrer Körperlichkeit und konfrontieren mich mit detaillierten, häufig sehr drastischen Schilderungen ihrer leidvollen Erfahrungen. Außerdem fokussieren sie in den Gesprächen permanent auf die wichtigste, erste Hürde im Rahmen ihrer angestrebten Transition, nämlich die lang herbeigesehnte, *erlösende* Hormonbehandlung. Für die meisten Patienten bedeutet dies zusätzlich eine quälend lange Zeit, die diese kaum ertragen können. So dekompensierte *K.*, der seit anderthalb Jahren bei mir in psychotherapeutischer Behandlung ist, suizidal, als sein langersehnter Termin beim Gutachter für die Indikation der gegengeschlechtlichen Hormone erneut verschoben wurde.

Diejenigen meiner Patienten, denen bereits geschlechtsangleichende Hormone bewilligt wurden, beschreiben den Moment, in dem sie das erlösende Rezept endlich in Händen hielten als *eine Befreiung aus den Ketten der Versklavung im eigenen Körper* und als ersten großen Schritt auf dem Wege zu sich selbst. Die kontinuierliche körperliche Veränderung durch die Hormone lässt sie Stück für Stück bei sich *einziehen* – in einen Körper, der sich langsam, aber stetig ihrem inneren geschlechtlichen Erleben angleicht. Sie gewinnen ihre Lebensfreude wieder, nehmen sich und ihr Umfeld deutlich besser wahr und trauen sich, wenn auch noch zaghaft, aus ihrer jahrelang eingeübten, gelebten *Deckung*. Und alles, was sich vorher so seltsam und falsch angefühlt hat, wird langsam stimmig.

Im Kontext von Transformation der Psyche und Rolle des Körperbildes erwähnt *K. Schier* das Märchen vom *Hässlichen Entlein*:

> Das Entlein erkannte sich im Spiegelbild des Wassers kaum wieder: Es war zu einem wunderschönen Schwan geworden! Von diesem Tage an schwamm der junge Schwan mit all den anderen Schwänen auf dem See und war sehr glücklich [...] (Schier, 2012, S. 12)

7. Begleitung statt Behandlung

Wie bereits vorher erwähnt, haben meine Erfahrungen gezeigt, dass, nach eindeutiger Diagnosestellung einer *F64.0* durch mehrere *Gender*-Spezialisten, eine psychoanalytische bzw. psychotherapeutische Auflösung der Geschlechtsdysphorie nicht möglich ist, da es dabei meines Erachtens nicht um die Identifikation mit dem Gegengeschlechtlichen – »[…] ich möchte gerne wie/ein Junge/Mädchen sein« – geht, sondern um die eigene Identität: »[…] ich bin ein Junge/Mädchen.« Auch die von V. Sigusch angedeutete Nichtbehandelbarkeit und Unfähigkeit der transidenten Patienten, ein psychotherapeutisches Arbeitsbündnis einzugehen, kann ich nicht bestätigen (vgl. Sigusch, zit. nach: Herold, 2016, S. 3). Wo keine Störung vorliegt, muss auch nicht behandelt werden. Wie wäre es sonst zu erklären, dass viele jugendliche Patienten bereits kurz nach Beginn einer gegengeschlechtlichen Hormonbehandlung zunehmend stabiler werden, ihre schulischen Leistungen sich deutlich verbessern, sie wieder zukunftsorientiert planen und sie am Leben wieder aktiv teilnehmen? Es geht bei einer Transition nicht um eine *Umwandlung* in das andere Geschlecht, sondern um eine *Angleichung* an das schon immer tief empfundene eigentliche Geschlecht. Und das Empfinden, so W. Preuss, »beschreibt, was ein Mensch in sich als gegeben vorfindet. Was ein Mensch in sich vorfindet, kann er sich nicht aussuchen« (Preuss, 2016, S. 22).

Die Patienten benötigen deshalb dringend und besonders ein therapeutisches Gegenüber, das sie wahr- und ernstnimmt und in ihrer *eigentlichen* Geschlechtlichkeit spiegelt. In diesem Sinne verstehe ich meine Arbeit mit transsexuellen Jugendlichen als eine unterstützende therapeutische Begleitung, in der keine Zweifel und kein Hinterfragen der geschlechtlichen Identität mehr existieren, sondern in der die Unterstützung, Stabilisierung und Förderung auf dem langen Weg der Transition im Vordergrund steht, bis schließlich am Ende das subjektive Körpererleben des Betroffenen seinem tatsächlichen und imaginierten innerpsychischen Spiegelbild entspricht.

»Wie es sich anfühlt Ich zu sein […] so wird der Titel meines Buches lauten, wenn ich mal eines schreibe«, sagte mein Patient M., als er drei Wochen nach seiner erfolgreichen *Mastektomie* zu mir in die Praxis kam. Er hatte nichts mehr gemein mit der schmalen, depressiven und schüchternen Person, die ich vor drei Jahren kennengelernt hatte. Er schien endlich *eingezogen* zu sein in seinen Körper, den er so lange verhüllt und verleugnet, den er wie seinen ärgsten Feind täglich bekämpft und gequält hatte. M. schien offensichtlich erreicht zu haben, was *Irvin Yalom* bezeichnet als »das Siegel der erreichten Freiheit: Sich nicht mehr vor sich selbst schämen« (Yalom, zit. nach: Tiedemann, 2007, S. 1).[2]

8. Literatur

AWMF online, Das Portal der wissenschaftlichen Medizin (2013): Online: http://www.awmf.org/leitlinien/detail/ll/028-014.html [Stand august 2013].

Brill, S. & Pepper, R. (2011): *Wenn Kinder anders fühlen. Identität im anderen Geschlecht.* München: Reinhardt.

Bründl, P. & King, V. (Hrsg.) (2012). *Adoleszenz: gelingende und misslingende Transformationen.* Jahrbuch der Kinder- und Jugendlichen-Psychoanalyse, Band 1. Frankfurt a. M.: Brandes & Apsel.

Erikson, E. H. (1988): *Jugend und Krise. Die Psychodynamik im sozialen Wandel.* München: dtv & Klett-Cotta.

Fonagy, P., Gergely, G., Jurist, . L. & Traget, M. (2006): *Affektregulierung, Mentalisierung und die Entwicklung des Selbst* (2. Aufl.). Stuttgart: Klett-Cotta.

Haupt, H.-J. (2012): *Sie sind ihr Gehirn – Transsexualität im Spannungsfeld von Neurowissenschaft und Transphobie.* Online: http://www.trans-evidence.com/Neuro_Transphobie.pdf [Stand 18. Oktober 2012].

Herold, R. (2016): *Phantasie eines Geschlechtswechsels. Zur Psychoanalyse der Transsexualität.* Online: http://www.dijg.de/transsexualitaet-geschlechtsumwandlung/phantasie-geschlechtswechsel/ [Stand 13. Januar 2016].

Joraschy, P., Loew, T. & Röhricht, F. (Hrsg.): *Körpererleben und Körperbild: Ein Handbuch zur Diagnostik.* Stuttgart: Schattauer.

Lemma, A. (2014): *Der Körper, den man hat, und der Körper, der man ist.* In: A. Mauss-Hanke (Hrsg.): *Moderne Pathologien. Ausgewählte Beiträge aus dem International Journal of Psychoanalysis. Internationale Psychoanalyse, Bd. 9.* Gießen: Psychosozial. S. 67.

---

[2] Danksagung: Herzlichen Dank sage ich allen meinen transidenten Patienten für ihre spontane und bereitwillige Unterstützung. Ohne ihre Offenheit und ihr Vertrauen wäre der vorliegende Bericht in dieser Form nicht möglich gewesen.

Mauss-Hanke, A. (Hrsg.) (2014): *Moderne Pathologien. Ausgewählte Beiträge aus dem International Journal of Psychoanalysis. Internationale Psychoanalyse, Bd. 9.* Gießen: Psychosozial.

Preuss, W. F. (2016): *Geschlechtsdysphorie, Transsexualität und Transidentität im Kindes- und Jugendalter.* München: Reinhardt.

Qualitätszirkel Transsexualität, Behandlernetzwerk München (o. J.). Online: http://www.qz-ts-muc.de/ [Stand 7. Juni 2016].

Richter-Appelt, H. & Nieder, T. O. (Hrsg.) (2014): *Transgender-Gesundheitsversorgung. Eine kommentierte Herausgabe der Standards of Care der World Professional Association for Transgender Health.* Gießen: Psychosozial.

Schier, K. (2012): »Das hässliche Entlein« – die Veränderung des Körperbildes in der psychoanalytischen Behandlung eines 18-jährigen Mädchens. In: P. Bründl & V. King (Hrsg.): *Adoleszenz: gelingende und misslingende Transformationen.* Jahrbuch der Kinder- und Jugendlichen-Psychoanalyse, Bd. 1. Frankfurt a. M.: Brandes & Apsel. S. 11–28.

Stalla, G. K. & Auer, M. (2015). *Therapieleitfaden Transsexualität* (2. Aufl.) Bremen: UNI-MED.

Stuttgarter Erklärung (2015): Alternative Behandlungsempfehlungen bei geschlechtlichen Normvariationen. Online: http://www.die-erklärung.de [Stand 7. Juni 2016].

Tiedemann, J. (2007): *Die intersubjektive Natur der Scham.* Online: http://www.diss.fu-berlin.de/diss/receive/FUDISS_thesis_000000002943 [Stand 7. Juni 2016].

Maria Rhode

WAS KANN UNS DIE PSYCHOANALYTISCHE ARBEIT MIT AUTISTISCHEN KINDERN ÜBER DAS KÖRPERBILD LEHREN?[1]

1. Einleitung

Mit meinem Beitrag hoffe ich zu veranschaulichen, wie die psychoanalytische Arbeit mit Kindern im Autismusspektrum unser Verständnis des Körperbildes erweitern kann. Probleme mit dem Körperbild sind in vielerlei klinischen Erscheinungsbildern aufzufinden – so zum Beispiel bei Magersucht, bei körperdysmorphen Störungen, psychosomatischen Symptomen und Identitätstörungen überhaupt. Ich erinnere mich noch lebhaft an eine junge Frau mit tadelloser Haut, die verzweifelt von den Riesenlöchern in ihrem Gesicht erzählte: eine wahnhafte Überzeugung, welche zur sonst realistischen Not von Adoleszenten mit vorübergehenden Hautausschlägen beitragen mag. Extreme Verzerrungen des Körperbildes treten aber auch bei »normal-neurotischen« Patienten auf. So berichteten zwei Frauen – beide verheiratet, mit gut gedeihenden Kindern und befriedigender Berufstätigkeit –, sie hätten das Erlebnis gehabt, Teile ihres Körpers zu verlieren. Eine der beiden empfand nach jeder Entbindung die Angst, dass sie auch einen Arm verlieren könnte – ähnlich dem Verlust des Babys als nun getrenntes Menschenwesen, anstatt Teil ihres eigenen Körpers zu bleiben. Das Erlebnis der zweiten Frau aber wurde ausgelöst, als sie einen wichtigen Geburtstag feierte und ihr Mann eine kurze Reise für sie organisierte. Dadurch war sie einerseits von der eigenen Mutter getrennt und musste andererseits auch für eine Behandlungsstunde fehlen. Sie erzählte mir, sie habe sich gefühlt, als breche sie in der Körpermitte auseinander, sodass sie nunmehr nur die eine Körperhälfte besaß. Dieselbe Frau erfuhr auch Panikzustände, wenn sie glaubte, sich übergeben zu müssen. Sie verlor dann ihr Bewusstsein

---

[1] Vielen Dank an Maria Gerlach für die Mit-Lektorierung des Beitrags.

und musste ihren Mann bei sich haben, um sicher sein zu können, dass sie weiterhin existiere. Besonders beängstigte sie, dass sie dabei Flüssiges, Unstrukturiertes hervorbrachte.[2] Hierin ähnelte sie Jean, der anorektischen adoleszenten Patientin Frances Tustins (1986), welche meinte, ihr Körper sei ein Wasserfall, der sich ins Nichts verschütte, sodass sie »weg« sein würde, ohne auch nur eine Leiche zurückzulassen, die ihre Existenz hätte bezeugen können. Meines Ermessens kann die Behandlung autistischer Kinder vieles zu unserem Verständnis solcher Zustände beitragen.[3]

Seit Freuds berühmter Formulierung zum körperlichen Ich ist das Körperbild ein zentrales Anliegen der Psychoanalyse geblieben. So verfasste Schilder (1935/1950) ein ganzes Buch zum Thema, in welchem er sich in einer überraschend modernen Weise zum Zusammenhang zwischen Neurowissenschaften und Psychoanalyse äußerte; Winnicott (1949b) betonte die Wichtigkeit des »indwelling of the psyche in the soma« für das Erringen einer »gesunden Personalisierung«. Aber es war vor allem die Arbeit Frances Tustins mit Kindern im Autismusspektrum, durch welche existentielle körperliche Ängste, die auch bei Erwachsenen geschildert worden sind (Winnicott, 1949a, b; Bick, 1968, 1986; Rey, 1979; Rosenfeld, 1984, 2014), eine absolut zentrale Stellung einnahmen. Typische Ängste sind es, zu fallen, sich zu verflüssigen und auszulaufen, zu verbrennen oder zu gefrieren (Tustin, 1981, 1986). Die Kinder können das Gefühl haben, ihre Haut werde ihnen weggerissen: So erwähnen sie oft Cruella deVille, die böse Frau im Disneyfilm *101 Dalmatians*, die den kleinen Hunden die Haut abreissen will, um sich daraus einen Mantel anzufertigen. Tustins

---

[2] Ähnlich betont David Rosenfeld (1992) den Wendepunkt, wenn psychotische oder hypochondrische Erwachsene erstmals empfinden, dass Substanzen, die sie aus dem Körper verlieren, nicht mehr formlos flüssig, sondern »zunehmend solid« sind.

[3] Meiner Meinung nach hat diese Angst vor Verflüssigung bedeutsame Folgen für einen Aspekt des Sprechvermögens, d. h. für die Fähigkeit des Kindes, buchstäblich den Wörtern zu erlauben, seinen Lippen zu entkommen. Wenn autistische Kinder beginnen, den eigenen Körper sowie den anderer Menschen als solid und dauerhaft strukturiert zu erleben, können Substanzen verlorengehen (etwa Milch, Urin, Erbrochenes oder Kot), ohne dass der ganze Körper beeinträchtigt würde. Das erlaubt dem Kind, die Toilette zu benützen und auch Worte von sich zu geben.

kleiner Patient John (Tustin, 1972) zeigte ihr, dass er den »roten Knopf« (so bezeichnete er die Brustwarze) als Teil seines eigenen Mundes erlebt hatte. Mit der Einsicht, dass dies nicht der Fall war, fühlte er sich, als sei sein Mund verstümmelt. Es war für ihn wie eine Offenbarung, als er beobachtete, wie ein Baby gestillt wurde, und er verstand, dass »der rote Knopf auf der Brust [*wuchs*]«. In den Worten Winnicotts (1963):

> Manche Aspekte des Mundes […] verschwinden mit dem Verschwinden der Mutter und der Brust, wenn eine Trennung zu einem Zeitpunkt stattfindet, ehe der Säugling einen Zustand der emotionalen Reife erlangt hat, der ihm hätte ermöglichen können, mit solch einem Verlust fertigzuwerden. Der gleiche Verlust einige Monate später wäre ein Verlust des Objekts ohne den hinzugefügten Verlust eines Teiles des Subjekts. (S. 222)

Das sind extreme Zustände und die Kinder greifen zu extremen Selbstschutzmaßnahmen. So beschrieb Tustin die auto-sensuelle Verkapselung, indem das Kind sich auf körperliche Sensationen, die es selbst kontrollieren kann, konzentriert, um sich von einer Umwelt zu isolieren, die beängstigend sein kann und die Gefahr traumatischer Trennungen in sich trägt. Solche Kinder muten an, als seien sie in einer autistischen »Schale« eingeschlossen. Bei Kindern, die nicht autistisch sind, deren Persönlichkeit aber das beinhaltet, was Tustin als »autistische Kapsel« bezeichnete, findet diese Verkapselung innerhalb – nicht außerhalb – des Selbst statt. Es handelt sich beispielsweise um Essstörungen, Schulphobien oder psychosomatische Symptome (Tustin, 1978).

Bei Erwachsenen wurden solche intrapsychischen Einkapselungen erstmals von Sydney Klein (1980) beschrieben. Seine Patienten waren nicht offenkundig schwer beeinträchtigt, aber die charakteristischen extremen autistischen Ängste, die in Enklaven innerhalb der Persönlichkeit abgeschottet waren, machten es ihnen unmöglich, mit dem Analytiker oder auch mit sich selbst in Verbindung zu bleiben. Seit damals haben viele zu diesem Thema beigetragen, zum Beispiel Ogden (1989), Grotstein (1983), Kate Barrows (1999), Houzel (2015), Lechevalier (2003), die Gomberoffs (1990), Nissen (2014) und Mitrani (2001).[4]

---

[4] Bei anderen Patienten fehlt die psychische Einkapselung, sodass die charakteristischen körperlichen Ängste die ganze Persönlichkeit zu durchdringen schei-

Nun wende ich mich meinem eigentlichen Thema, d. h. den Problemen des Körperbildes zu. An anderer Stelle (Rhode, 2005, 2011) habe ich vorgeschlagen, dass es nützlich sein kann, ein »autistisches« Niveau des Ödipuskomplexes zu umreißen, in dem das Kind die Eltern so erlebt, als seien sie physisch völlig verschmolzen: Es scheint kein Raum zu verbleiben, in dem es selber existieren könnte. Während der Ödipuskomplex auf dem Niveau ganzer Objekte für die sexuelle Identität ausschlaggebend ist und der Ödipuskomplex auf dem Niveau von Teilobjekten mit psychotischen Verfolgungsängsten zu tun hat (Klein, 1945; O'Shaughnessy, 1989), geht es meiner Ansicht nach bei dem »autistischen« Niveau um existentielle Ängste, die das physische Überleben bedrohen. Meine klinischen Vignetten des ersten Abschnitts beziehen sich deshalb auf Kinder, die ihren Körper dem verschmolzenen Körper eines archaischen Elternpaares gleichzusetzen schienen.

An zweiter Stelle werde ich das körperliche Entwicklungsschema diskutieren, welches die französische Psychoanalytikerin Geneviève Haag, basierend auf Ergebnissen der Säuglingsbeobachtung und der psychoanalytischen Arbeit mit autistischen Kindern, entworfen hat. Dieses Modell betont, dass es sich bei jeder Begegnung zwischen Mutter und Säugling sowohl um einen körperlichen als auch um einen geistigen Kontakt (vor allem durch den Blick) handelt (Meltzer, 1986). Eine solche Interaktion ermöglicht dem sich entwickelnden Kind, den emotionalen Besitz seines Körpers zu erlangen. Dies setzt allerdings voraus, dass das »autistische« Niveau des Ödipuskomplexes nicht allzu sehr im Vordergrund steht, sodass das Kind mit der Mutter durch den Blickkontakt kommunizieren kann, anstatt sich von einem physisch vereinten archaischen Elternpaar ausgelöscht zu fühlen. Zuletzt bespreche ich einen autistischen Jungen, dessen Körperbild und Identitätsgefühl besonders labil waren; möglicherweise, weil er tatsächlich zu verspüren schien, dass ein physisch verschmolzenes Elternpaar ihn körperlich auslöschte, sodass er sich angetrieben fühlte, sie voneinander zu trennen. Das bedeutete gleichzeitig, dass ihm intakte Elternfiguren fehlten, mit denen er sich hätte identifizieren können. Dies hatte schwerwiegende Konsequenzen für seine schwankende Selbstwahr-

---

nen. Ein hervorragendes Beispiel sind Henri Reys Borderline-Patienten (Rey, 1979, 1994).

nehmung auf körperlicher und auch auf emotionaler Ebene. Ich werde dies mit Reys Konzept der »doppelten Identifizierung« in Zusammenhang bringen, bei dem es um eine Beziehung zwischen Kind und Mutter geht, in der beide den Körper des Patienten zu bewohnen scheinen, ohne miteinander integriert zu sein (Rey, 1994).

2. Die Identifizierung
mit einem primitiven verschmolzenen Elternpaar

Vor vielen Jahren schon schrieb Schilder (1935/1950): »Die Erfahrung unseres eigenen Körperbildes und die Erfahrung der Körper der anderen sind eng miteinander verwoben. Wir nehmen das Köperbild anderer entweder teilweise oder als Ganzes in uns selber auf.« Das folgende Beispiel solcher primitiver körperlicher Identifizierungen stammt aus der Therapie von Alexander, einem Jungen im Latenzalter mit Aspergersyndrom, den ich vor langer Zeit behandelte. Er erzählte mir vom Film *Robin Hood* und zeichnete dabei Little John, einen der Kumpane von Robin Hood, der sowohl groß als auch recht behäbig war. Zuerst zeichnete er den Körperumriss: Der sah aus wie ein riesiges umgestülptes »U« mit Beinen wie Streichhölzer, die unter dem Rock hervorguckten und einem Streichholzarm zu jeder Seite. Daraufhin zeichnete Alexander den Kopf und Nacken: der passte in den Ausschnitt des Rockes hinein, der wie ein großes »V« aussah. Bemerkenswert war, wie Alexander den Stöpsel des Buntstiftes in den Mund nahm, herauszog, wiederum in den Mund nahm, erneut herauszog usw., während er den Übergang von Hals und Körper malte. Die Form von Little Johns Hals im Halsausschnitt war genau die Gleiche wie die Form des Stöpsels in Alexanders Mund. Das ließ mich vermuten, dass Alexander nur dann darauf vertrauen könne, dass sein Kopf und seine Schultern miteinander verbunden blieben, solange er den harten, sensationserzeugenden, brustwarzenähnlichen Stöpsel immer wieder in den Mund zurücksaugen konnte und nicht befürchten musste, dass er verlorengehe. Ich bemerkte auch, dass die vollendete Zeichnung einen winzigen Kopf besaß, ganz unverhältnismässig klein im Vergleich zum großen Körper. Das Bild ähnelte einer Darstellung von einer Brust mit einem kleinem Brustwarzenkopf, als wäre Alexanders Körperbild auf einer Identifizierung mit der Kombination von Brust und Brustwarze basiert: einer Kombination, die postkleinianische Analytiker wie Meltzer (1967) als das erste Beispiel eines kombinierten Elternpaares auf dem Niveau von Teilobjekten ansehen (die »weibliche«, weiche, rezeptive Brust und die harte, »männliche« Brustwarze, die die väterliche Funktion der Grenzsetzung erfüllt).

Alexanders Spiel legt nahe, dass der Verlust der Brustwarze aus dem Mund nicht nur das Erlebnis mit sich bringt, Teile des Mundes zu verlieren: Das Kind muss befürchten, der eigene Kopf gehe auch verloren. Auf dieser primitiven Ebene gestaltet sich ein Dilemma: Ist der »rote Knopf« Teil des Mundes, so kann er nicht Teil der Brust sein und dem Kind fehlt dadurch ein intaktes Objekt zur Identifizierung. Der Zustand elterlicher Figuren ist aber wesentlich für das eigene Körperbild, wie in der folgenden Vignette aus der Behandlung von Tustins kleinem Patienten John ersichtlich wird: Vor einer Behandlungsstunde rutschte Johns Vater auf der vereisten Eingangsstufe aus. John war außer sich und wiederholte: »Papa kaputt!« Er hüpfte lange Zeit auf dem Sofa, so, meinte Tustin, als wollte er den Vater wiederbeleben. Er prüfte die Knöpfe auf dem Sofa und auch den eigenen Kopf: »Ich haben einen guten Kopf auf den Schultern. Wächst auf den Schultern.« (Tustin, 1972, S. 16–17) Mit anderen Worten, er setze den Kopf auf seinen Schultern sowohl den Knöpfen auf dem Sofa gleich wie auch dem Vater auf der Eingangsstufe und dem Brustwarzenknopf, von dem er ja gesagt hatte, er *wachse* auf der Brust. War Johns Vater in Gefahr, so war es auch Johns eigener Kopf.

Ein paralleles Beispiel aus der Erwachsenenbehandlung findet sich in einer unveröffentlichten Arbeit Sydney Kleins (2004). Er beschreibt einen psychotischen Patienten, der sich als Kind »ein blaues Band um den Penis legte, den er als seinen »kleinen Prinzen« bezeichnete«. Klein fährt fort: »Ich hatte den Eindruck, er identifiziere sich mit seiner Mutter, deren kleiner Prinz er selber war.« Ähnlich sind Patienten, die sich die Haare ausreißen, ohne Schmerzen zu empfinden, als trennten sie dabei zwei Teile einer archaischen Elternfigur: eine Version von *Trauer und Melancholie* (Freud, 1917), die sich auf körperlicher Ebene abspielt.[5] Bei manchen körperdysmorphen Störungen lässt sich in ähnlicher Weise feststellen, dass sich der

---

[5] Bei solchen Arten von Selbstbeschädigung handelt es sich um einen Angriff auf ein Objekt, mit dem das Subjekt sich identifiziert, anstatt ausschliesslich um die Sensation: dies trifft auch auf manche Instanzen des Selbstschneidens zu.

Hass des Patienten auf einen bestimmten Gesichtszug, auf seinen Hass des gleichen Zuges bei einer Elternfigur, zurückführen lässt. So schreibt z. B. Alessandra Lemma (2015), dass alle die von ihr behandelten Frauen mit solchen Störungen in einer komplizierten Beziehung zur eigenen Mutter standen und dass die Züge, die sie eliminieren wollten, mit den Körpereigenschaften ihrer Mutter verbunden waren. Hier ist Reys Konzept der »doppelten Identifizierung« relevant, auf das ich später zurückkommen werde.

3. Ein Modell der körperlichen Entwicklung

Alexanders Material deutet daraufhin, dass der Verlust der Brustwarze eng mit dem Erlebnis verbunden ist, Körperteile wie z. B. den Kopf zu verlieren. Ebenso illustriert es, welche Probleme entstehen, wenn das Körperbild darauf beruht, dass die Brustwarze ein Teil des eigenen Mundes ist, anstatt auf der Brust »zu wachsen«: denn ein stabiles Körperbild kann nicht auf Kosten der Elternfiguren aufgebaut werden. Geneviève Haags Entwicklungsmodell des Körperschemas (Haag, 1991), von welchem ich einige Zeit nach der Stunde mit Alexander erfuhr, erklärt, weshalb ein stabiles Körperschema auf der emotionalen Begegnung zwischen Mutter und Säugling beruht, nicht nur auf der Sensation, die die Brustwarze im Mund auslöst. In diesem Modell werden normale Entwicklungsprozesse sowohl durch die Säuglingsbeobachtung als auch durch die Arbeit mit autistischen Kindern beleuchtet.

Haag entstammt einer französischen psychoanalytischen Tradition, hat aber sowohl mit Tustin als auch mit Bick und Meltzer gearbeitet. Eine ihrer kleinen autistischen Patienten zeichnete den Körper eines Kindes, der sich mit dem eines Erwachsenen überschnitt. Jede Person besaß eine Körperhälfte (auf gegenüberliegenden Seiten der Gesamtfigur): den mittleren Teil schienen sich beide Personen zu teilen. Ein anderes Kind fragte ängstlich: »Ist mein Popo gut zusammengeklebt?«, als fürchtete es, sein Körper könnte der Mittellinie entlang auseinander geraten, so wie bei meiner Patientin, die zu ihrem Geburtstag mit ihrem Mann verreiste. Dies fügt sich mit den Beobachtungen von Geneviève Haag eines fünf Monate alten Mädchens zusammen, das in seinem Babysessel lag und ihrer Mutter mit dem Blick folgte. Als die Mutter das Zimmer verließ, schien ihr der Arm der Kleinen zu folgen, als zöge ihn ein Magnet an. Mehrmals versuchte sie erfolglos, ihn mit der anderen Hand zurückzuholen. Dann kam die Mutter wieder ins Zimmer und das Baby führte den Arm triumphierend mit der anderen Hand zum Körper zurück.

Laut Haag besteht eine der Hauptaufgaben der ersten Lebensmonate darin, den emotionalen Besitz beider Körperhälften zu erlangen, wobei der Autoerotismus eine wichtige Rolle spielt. In ihrer Arbeit »Die Mutter und das Baby in zwei Körperhälften« (Haag, 1985) benennt sie die frühe Mutterfigur als »Hintergrundobjekt der lateralen Identifizierung«. So war auch meine Patientin, die mit ihrem Mann an ihrem Geburtstag verreiste und meinte, die eine Körperhälfte zu verlieren, besonders bekümmert, sowohl von ihrer Mutter als auch von ihrer Therapie getrennt zu sein.

Haag (1991) hat eine Entwicklungstheorie vorgestellt, die erklären soll, welche Rolle die Beziehung des Säuglings zur Mutter in seiner Fähigkeit spielt, den emotionalen Besitz des eigenen Körpers zu erlangen. Wie es Meltzer (1986) schon sagte, ist die Verbindung zwischen Mutter und Säugling sowohl emotional (und durch den Blick vermittelt) wie auch physisch (die Brustwarze im Mund). Wenn alles gut geht, führt dieser doppelte Kontakt zu einer gut funktionierenden Verkörperung (zum Innewohnen der Psyche im Soma, wie Winnicott, 1949b, es nannte), bei der sich das Kind in einer harmonischen Beziehung zum eigenen Körper befindet. Haag meinte, dieser doppelte Kontakt werde progressiv in allen Gelenken des Körpers verkörpert, in einer Entwicklungssequenz, die damit beginnt, dass das Baby das Gefühl verspürt, sein Kopf sei solide an seinen Schultern verankert (bei John und Alexander war dies noch jahrelange nicht der Fall). Im Alter von zwei bis drei Monaten kann das Baby den Kopf aufrecht halten; etwa drei Monate danach vermag es unabhängig zu sitzen und mit zehn bis 15 Monaten sind die Beine und Füße emotional mit dem Rumpf des Körpers verbunden und das Baby ist zum Kleinkind geworden, das zu stehen und zu gehen vermag. In der normalen Entwicklung geht das alles so glatt vor sich, dass keine Aufmerksamkeit auf den Prozess gelenkt wird; aber die Probleme Johns und Alexanders illustrieren, was schiefgehen kann. So schilderte eine psychotische erwachsene Patientin Winnicotts (1949b, 1988), sie fühle sich, als trenne sich ihr Kopf von den Schultern, wenn sich seine Hand nicht mehr unter ihrem Kopf befand.

Ein hochintelligentes, fließend sprechendes Mädchen mit Aspergersyndrom schleppte eines ihrer Beine hinter sich her, wenn wir nach ihrer Stunde ins Wartezimmer zurückkehrten (das geschah nie auf dem Wege zum Therapiezimmer). Als ich fragte, was denn mit ihrem Bein sei, erwiderte sie sachlich, »es hat sich losgelöst« (Rhode, 2004a). Ein fünfjähriger autistischer Junge, der schon lange laufen und rennen konnte, zog die Schuhe aus und kroch nun auf Händen und Knien. Ähnlich wie bei der Empfindung, mit der Trennung von der stillenden Mutter Teile des Mundes zu verlieren, zeigt uns das Kind: »Verschwinden meine Schuhe, so verschwinden auch meine Füsse.« An anderer Stelle habe ich beschrieben (Rhode, 2013), wie das Gehenlernen vielfältige Identifizierungen auf verschiedentlichen symbolischen Ebenen implizieren kann, wenngleich dieses Thema die Grenzen dieses Kapitels überschreitet.

4. Ein schwankendes Identitätsgefühl – Das archaische kombinierte Elternpaar wird getrennt

Anthony kam als Sechsjähriger mit ziemlich schwerem Autismus zur Therapie. Seine Behandlung illustriert Probleme mit dem Körperbild, die auftreten können, wenn die Komponente des Haag'schen Entwicklungsmodells, bei der es um den Blickkontakt geht, beeinträchtigt ist. Dem Kind fehlt somit das Erlebnis, als sich selbst gesehen zu werden, und es verlässt sich exzessiv auf den rein körperlichen Kontakt.

Wie viele Kinder aus dem autistischen Spektrum[6] schien auch Anthony zu glauben, dass seine Eltern eine undurchdringliche physische Einheit gestalteten und dass seine extremen körperlichen Ängste, von denen er meinte, dass sie unbemerkt und unverstanden blieben, daher rührten, dass er nicht Teil dieser Einheit war. Das erlebte er scheinbar als Grausamkeit und reagierte darauf, indem er selber grausame Angriffe auf die Bindung

---

[6] Gunilla Gerland (1996), die als Erwachsene eine retrospektive Apergerdiagnose erhielt, hat ihr Gefühl als Kind beschrieben, dass ihre Eltern und Schwester »eine Einheit« gestalteten, von welcher sie ausgeschlossen war.

zwischen den Eltern oder mit den anderen Kindern unternahm: Ein intaktes Elternpaar löschte ihn aus und durfte nicht bestehen bleiben. Folglich hatte er keine stabilen Objekte, mit denen er sich identifizieren konnte. Seine Welt war wie zerstückelt. Dies verstärkte und verlängerte die Empfindung, auch sein Körper sei zerstückelt, und Anthony behielt ein fragmentiertes Körperbild und schwankendes Identitätsgefühl.

Anthony verhielt sich extrem zurückgezogen. Wenn er sprach, verwendete er Stimmen, die nicht die seine waren, besonders die des grausamen, menschenfressenden Riesen im Märchen von *Jack and the Beanstalk*. Er wurde zur Therapie geschickt, weil er sich anderen Kindern und seinen Geschwistern gegenüber gewalttätig verhielt. In der ersten Familiensitzung saß er zwischen den Eltern eingeklemmt. Sie meinten, sein Lächeln zeige, dass er glücklich sei; allerdings mutete es meinen Kollegen und mich vielmehr grausam an.

Die Grausamkeit war von Anfang an ein wichtiges Thema. Immer wieder fiel Anthony kopfüber vom Schreibtisch wie in einen Abgrund, indem er sich verzweifelt bemühte, die Sicherheit eines Sessels zu erreichen. Dabei klammerte er sich an seine Hosenschnur, als sei sie tatsächlich eine Nabelschnur, die ihn mit einer Mutterfigur verbinden und vor dem Fallen schützen könne; sein Mund war wie gequält verzerrt. Es schien, als sei die physische Geburt für ihn eine psychologische Katastrophe (Tustin, 1980). Anthonys verzerrter Mund – ein Beispiel des gebrochenen Mundes, von dem Tustin meinte, er sei das wesentliche Kennzeichen dafür, wie autistische Kinder das Getrenntsein erleben – begleitete also seine gequälte Geburt vom Schreibtisch und den damit verbundenen Verlust der Nabelschnur, die ihn mit einer Mutterfigur verbunden hatte.

Anthony schien das schreckliche Erlebnis zu fallen, mit Türen zu assoziieren, die ihm gegenüber verschlossen blieben. So war es, als ob die geschlossene Tür des Puppenhauses ihn in den leeren Raum hinausschob. Er läutete an der Glocke und flehte, »Biiitte, helft mir«, mit einer fallenden Stimme, als fiele er selbt ins Leere; aber aus dem Haus kam niemals eine Antwort. So fügte Anthony wiederum der Puppenfamilie Qualen zu. Er schien sie als privilegierte Einwohner des Hauses zu erleben: ein sicherer Ort, an dem keiner fiel oder körperlich verstümmelt wurde; und er zerrte und drehte an ihren Köpfen und Gliedern, bis sie sich vom Körper loslösten. Vor einer Ferienpause schnitt er systematisch und mit ausdruckslosem Gesicht den aus hartem Kunststoff gestalteten Tieren das Maul, den Schwanz, die Ohren und die Pfoten oder Hufen ab. Die Tiere flehten, »Bitte tu mir das nicht an«, aber das erbarmunglose Schneiden ging weiter, als hätte sie niemand gehört.

Anthony schien zu glauben, dass die Eltern wie Zwillinge seien, die sich spiegelbildlich glichen und nur Augen für einander hatten und die aus diesem Grunde nicht auf seine Qual eingingen. So balancierte er eine Kuh mit dem Maul auf der Spiegelfläche und sagte dazu, »Mama und Papa«. Oft sprach er mit der Stimme seiner Mutter ins Telefon, wobei er jemanden mit »Liebling« ansprach und mich völlig ignorierte. Er kommunizierte lebhaft, dass ein jeder, der nicht zum Elternpaar gehörte, durch dieses Gespräch vollkommen ausgelöscht war: ein Beispiel der schon erwähnten autistischen Ebene des Ödipuskomplexes.

Die Grausamkeit, unter der Anthony so sehr litt, war nicht auf das Erlebnis körperlicher Verstümmelung beschränkt: Hinzu kam noch das anscheinend absichtliche Ignorieren dieser Verstümmelung durch eine Mutterfigur, die völlig mit einem »Lieblingsehemann« beschäftigt war, der ihr Spiegelbild zu sein schien. Das aktive Abschneiden von Körperteilen geschah durch eine Vaterfigur, wie etwa Darth Vader aus der *Star Wars* Trilogie, der seinem Sohn Luke Skywalker die Hand abschnitt oder wie der Riese aus *Jack and the Beanstalk,* der droht, Jack zu ermorden und aufzufressen und dessen angsterregendes Knurren Anthony oft nachahmte. Die Mutterfigur hingegen zeigte ihre Grausamkeit, indem sie das Flehen der Opfer ignorierte. So ahmte Anthony einmal eine Mutter nach, die so redete, als beruhige sie ein unvernünftiges Kind, und sagte dazu, »Grausame Mama«. Ich möchte betonen, dass Anthonys Eltern in Wirklichkeit ganz anders waren als diese Elternfiguren seiner inneren Welt: Sie sorgten liebevoll für Anthony und seine Geschwister. Aber die erschreckenden Erfahrungen, um die es ging, sprechen ein primitives Niveau an, auf welchem das Kind nicht imstande ist, die Handlungen Erwachsener realistisch einzuschätzen: Es erlebt die Eltern als allmächtige Figuren, die für alles verantwortlich sind. Wie schon Klein (1932) schrieb, werden auf einer frühen Entwicklungsstufe alle guten Erfahrungen der »guten Brust« und alle bösen Erfahrungen der »bösen Brust« zugeschrieben.

5. Undurchdringlich oder beschädigt?
Das Dilemma des Kindes
gegenüber dem verschmolzenen Elternpaar

Britton (1989, 1998) hat beschrieben, dass das Kind, dessen Kommunikation nicht aufgenommen wird, dies dem Vater zuschreibt: Dann kann es sich weiterhin, um zu überleben, an der Mutter festklammern. Dies, meint er, sei auch der Grund, warum das sogenannte »Schließen des ödipalen Dreiecks« als existentielle Katastrophe erlebt werden kann. Das scheint mir Anthonys Dilemma gut zu beschreiben, wobei ich hinzufügen möchte, dass Anthony, wie viele autistische Kinder, emotionale Erfahrungen mit physischen verwechselte. Wurde seine Kommunikation nicht aufgenommen, so bedeutete dies, physisch vom Puppenhaus ausgeschlossen und nicht Teil der Elterneinheit zu sein.

Die folgende Vignette mag als Beispiel dienen. Sie illustriert, dass Anthony zu meinen schien, er müsse sich aktiv den Verboten widersetzen, physische Hindernisse durchbrechen und das vereinigte Elternpaar verletzen, um überhaupt gesehen zu werden: Anthony zitierte aus einer Geschichte über die Lokomotive Thomas, die dem dicken Kontrolleur nicht gehorchte. Die Lokomotive Thomas fuhr dorthin, wo es verboten war, und fiel einen Schacht hinunter, aus dem man ihn retten musste.

Identifiziert mit der Lokomotive schien auch Anthony in ein Loch zu fallen, wenn er dem verschmolzenen Elternpaar nicht gehorchte. So erlebte er auch die Pause zwischen den Therapiestunden als Konsequenz eines Verbots, dem er sich widersetzte. Um überhaupt von mir gesehen und beachtet zu werden, sprang Anthony in meine Richtung und knurrte mich mit der Stimme eines bedrohlichen Riesen an. Damit durchbrach er die imaginäre Barriere eines verschmolzenen Elternpaares, befürchtete aber gleichzeitig dieses damit auch beschädigt zu haben. Dies wird aus seinem folgenden Spiel ersichtlich: Anthony bemerkte drei winzige Löcher an der Wand, die so aussahen, wie zwei Augen mit einem Mund darunter. Er zeichnete darauf mit seinem Finger den Umriss eines Gesichtes, indem er wiederholte, »armes Auge, armes Auge«.[7] Er schuf ein »Pflaster« für das

---

[7] Englisch »poor eye«, was gleich klingt wie »poor I«, also »armes Ich«.

Auge aus einem Lappenstückchen und drückte es mit Klebestoff so an die Wand, dass es das Auge verdeckte.

Anthony schien zu glauben, dass die Löcher in einem Gesicht – Mund und Augen also – den Schaden bezeugten, den das Kind verursacht, wenn es in eine undurchdringliche Mutterfigur hineinrennt,[8] von der er sich ignoriert fühlt. Deshalb musste Anthony die Struktur der beschädigten Wand wiederherstellen, indem er mit Klebestoff das »Pflaster« auf das Augenloch klebte. Ein Ende des Pflasters ragte wie eine Etikette aus der Wand hervor. Anthony zog daran, um zu prüfen, ob er es wegreißen könne; dann zog er in gleicher Weise an der Zunge des eigenen Schuhs und auch mit den Zähnen an der eigenen Nagelhaut. Dann brach er kleine Stückchen vom Klebestift ab, um sie zu essen. Am Ende der Stunde entfernte ich das Pflaster von der Wand. Anthony rollte dann den auf der Wand verbliebenen Klebestoff in kleine Kügelchen und verschluckte sie. Aß er den schleimähnlichen Klebestoff, übernahm er ganz konkret das wesentliche Element, das für die Verbindung des vereinigten Elternpaares stand. Wie der Säugling, der der Mutter ins Gesicht schaut und es auf das eigene Stillen zurückführt, wenn dort Trauer oder Rückzug zu erblicken sein sollten (Meltzer, 1975), so schien auch Anthony all dies letztlich wieder auf sich zurückzuführen.

6. Das Körperbild –
Die Identifizierung mit beschädigten Elternfiguren

Dadurch, dass Anthony das vereinigte Elternpaar eliminierte, das ihm angeblich physisch und emotional im Wege stand, besaß er nur ein beschädigtes Objekt, mit dem er sich identifizieren konnte (»armes Auge/armes Ich«). Die Integrität seiner Haut schien von der Integrität der Haut des Objektes abzuhängen: So zupfte er an seiner Nagelhaut und zog an der Zunge seines Schuhs in genau der gleichen Weise, wie er an der hervorstehenden »Pflasterhaut« des »Gesichtes« zog. Ähnlich schien er seine eigenen Nasen-

---

8 Der englische Ausdruck »a brick wall mother« bedeutet eine Mutterfigur, die so undurchdringlich ist wie eine Mauer. Ich möchte darauf hinweisen, dass das Kind versucht, diese Undurchdringlichkeit (physisch) zu attackieren und dann fürchtet, dass die Mutterfigur dadurch beschädigt wird.

schleimkügelchen den Klebestoffkugeln gleichzusetzen, ob er diese vom Klebestift anfertigte oder von der Wand losmachte, nachdem das Pflaster vom Gesicht entfernt worden war. Das Wortspiel »poor eye/poor I« – »armes Auge/armes Ich« – betont die Gleichsetzung von Selbst und Objekt.

6.1 Alternierende Rollen – auffressen und gefressen werden

Die Art, in der Anthony die Klebestoffkügelchen aß, legt nahe, dass er die Substanz des »Gesichtes« nicht zweckmäßig von Nahrung unterschied. Das Gesicht als Repräsentant des vereinten Elternpaares wurde durch die Esstätigkeit des Kindes beschädigt. Das Kind mag dann den Essvorgang (und damit im Zusammenhang natürlich auch wachsen und sich entwickeln) damit verwechseln, ein primitives Elternpaar zu verletzen und zu trennen (Rhode, 2000b). Als Folge davon fühlt sich das Kind dann der Gefahr ausgesetzt, selber von dem Elternpaar verschlungen zu werden.

So erschienen auch in Anthonys Spiel grauenvolle Inszenierungen des Kannibalismus zwischen Generationen. Kleine Lämmer fraßen erwachsene Schafe und wurden von den Schafen wiederum aufgefressen. Es war wie ein ewiger, nicht zu modifizierender Teufelskreis, in dem es keine Lösung gab: die Rollen wurden einfach vertauscht. Anthony konnte der Angreifer oder das Opfer sein, je nachdem, welchen physischen Raum er bewohnte. Im Therapieraum knurrte er in der Stimme des menschenfressenden Riesen; auf der Stiege flehte er darum, nicht aufgefressen zu werden.

6.2 Oszillierende Identitäten – Pferd, Gras und Schatten

Manchmal inszenierte Anthony auch Alternativen, die gutartiger zu sein schienen. So kippte er z. B. das Pferd, die Kuh oder den Stier so nach vorne, dass sie auf dem Maul auf dem Schreibtisch balancierten und sagte dazu: »Gras fressen«. Das schaute ganz realistisch aus und machte einen willkommenen Kontrast zum grauenhaften gegenseitigen Kannibalismus.

Nun fiel mir aber auf, dass die Tiere auf dem Tisch in der gleichen Position waren wie die Kuh, die Anthony auf dem Spiegel balanciert und als »Mama und Papa« benannt hatte. Dann bemerkte ich auch, dass er wie erstarrt in den Tisch »hinein« blickte, anstatt die Tischoberfläche oder das darauf sich balancierende Tier anzuschauen. Ich folgte seinem Blick und sah dann erstmals den Schatten des Tieres, der meistens so schwach war, dass ich ihn wahrscheinlich ohne Anthonys außergewöhnlicher Konzentration nicht bemerkt hätte.

Die scheinbar harmlosen Szenen mit weidenden Pferden kamen mir nunmehr eher problematisch vor. Setzen wir voraus, dass das Gras (das Element, das sich zwischen dem Pferd und seinem Schatten befindet) eine Position einnimmt, die der des Klebstoffs zwischen Wand und Pflaster in der Konstruktion des »Gesichtes« analog ist, so folgt, dass das Pferd sich ernährt, indem es das Gras auf Kosten des eigenen Schattens frisst. Der Schatten wird dadurch zu einem verhungerten, beschädigten und potentiell rachsüchtigen Objekt. Denken wir an Pferd, Gras und Schatten in Bezug auf verschiedene Aspekte der Persönlichkeit Anthonys, so erinnert dieses Material an Bions »imaginären Zwilling« (Bion, 1950), der sich mit der Hauptpersönlichkeit des Patienten alternierend sichtbar macht, ohne damit integriert zu sein. Das war auch bei Anthonys Oszillieren zwischen verängstigtem Kleinkind und grausamem Riesen besonders deutlich zu sehen.

Um soweit zusammenzufassen: Für Anthony bedeutete eine getrennte, unabhängige Existenz die Angst davor, körperlich verstümmelt und aufgefressen zu werden. Da er sich von einem physisch verbundenen Elternpaar ausgelöscht fühlte, versuchte er immer wieder durchzudringen, verletzte es jedoch dabei. Folglich hatte er kein intaktes Objekt zum Zweck der Identifizierung, und seine Erfahrung, körperlich fragmentiert zu sein, setzte sich fort. Um diesen Gefahren zu entgehen, benahm er sich manchmal wie ein völlig verliebtes Elternpaar, von welchem ich ausgeschlossen blieb; oder er bestand darauf, selber die Verbindung zwischen diesem Paar zu sein, wenn er z. B. zwischen den Eltern saß; manchmal klammerte er sich auch an seine Hosenschnur, als sei sie eine Nabelschnur, die die Kontinuität sichern und ihn vor einer katastrophalen psychologischen Geburt (Tustin, 1980) schützen könne. Der ständige Wechsel zwischen den drei Teilen der Konstellation Pferd-Gras-Schatten hatte zur Folge, dass sein Identitätsgefühl äußerst labil blieb, wobei dieses Fehlen einer stabilen Identität bis zu einem gewissen Ausmaß auch einen Schutz vor der Angst geboten haben mag, von einem beschädigten und rachsüchtigen Elternpaar aufgefressen zu werden. Wenn er sich auch mit Elternfiguren identifizierte, wie in der Vignette vom »Gesicht«, bedeutete der Schaden, den diese Figuren erlitten hatten, dass diese Identifizierung kein Wachstum einleiten konnte, wie es durch die Identifizierung mit intakten Elternfiguren geschieht.

6.3 Die »doppelte« Identifizierung

Später in seiner Behandlung oszillierte Anthony weniger zwischen diesen verschiedenen Identifizierungen. Stattdessen war es, als würde seine Beziehung zu wichtigen Figuren in seinem Körper inszeniert. In der folgenden Vignette schien er mit seiner Hand identifiziert zu sein, die sein eigenes Gesicht angriff, als sei es eine von Kinderrivalen bewohnte Mutter. Rey (1994) benannte solch eine Struktur als »doppelte Identifizierung«. So beschrieb er z. B. eine intelligente junge Frau, die sich wegen einer Magersucht im Krankenhaus befand und versuchte, ihr Identitätsgefühl und ihre Verweigerung von Nahrung mittels einer Zeichnungssequenz zu kommunizieren. Sie empfand, dass sie sowohl eine Mutter als auch ein Baby enthielt, die in einer destruktiven Beziehung zueinander standen – daher der Begriff der doppelten Identifizierung –, und sie hungerte, um dadurch ihr erwachsenes Falsches Selbst (die Mutter) zu töten und das Baby zu befreien (dabei ließ sie allerdings unbeachtet, dass das Baby mit der Mutter zusammen sterben würde).

Zur Illustration folgt eine Vignette aus Anthonys Behandlung, als er schon 16 Jahre alt war: Ich habe schon betont, wie labil und verletzbar Anthonys Identitätsgefühl war. So konnte er sich beispielsweise leicht durch einen Phantasierivalen katastrophal bedroht fühlen. Wie viele autistische Kinder stürzte er sich etwa auf eine Büroklammer, die ich auf dem Teppich in der Ecke des Zimmers gar nicht bemerkt hatte, und bedrohte sie mit fürchterlichen »Riesengrimassen«. Manchmal fletschte er die Zähne, wenn er Staubteilchen in einem Sonnenstrahl erblickte. Es ähnelte Tustins Beschreibung der sogenannten Baby-Nest-Phantasie (Tustin, 1972b, S. 177–178): Diese betrifft keine normal entwickelte Rivalität mit anderen Kindern, sondern vielmehr mit sogenannten primitiven »Einheiten«, die das Kind aus dem Gefühl zu existieren hinausquetschen und mit ihm um sein »Dasein« konkurrieren (man denke an den Film *The Birds* von Hitchcock).

Als Anthony die Pubertät erreichte, bekam er im Gesicht Mitesser, die er mit der gleichen Grausamkeit attackierte wie früher seine Mitschüler oder die kleinen Tiere in seiner Spielzeugkiste. Es war schmerzvoll zu sehen, wie er daran kratzte und herumwürgte, sie entzündeten sich und wurden dadurch umso prominenter. Oft ging das die ganze Stunde so, wenn er nicht bewegungslos unter einer Decke schlief, die ihn vollständig verhüllte. Nach langem Zuschauen kam mir der Gedanke, dass sein ganzer Körper unter der Decke wie ein Hügel aussah, der der Form der viel kleineren »Mitesserhügelchen« auf seiner Gesichtshaut ähnelte. Ich fragte mich, ob er sich vielleicht vorstelle, die Mitesser könnten bedeuten, dass es unter der Haut – seiner eigenen Haut – seiner Mutter Haut oder der meinigen – lauter Staubkörnchenrivalen gebe, die er zu eliminieren versuchte. Vielleicht konnte er nur einigermaßen Frieden finden, wenn er selber dieses Baby unter der Hautdecke darstellte und ich diejenige war, die man ausschloss und der er nicht antwortete. Was ich zu schildern versuche, ist, dass Anthony auf diesem Niveau der primitiven Fragmentierung die Mitesser nicht als Unreinheiten der eigenen Haut erlebte. Stattdessen erschienen sie als Rivalen, die die Haut des Objektes bewohnten: das körperliche Zeichen seiner eigenen Vertreibung in einen Zustand der Getrenntheit, der von der Erfahrung des emotionalen Exils und der Angst, physisch zu fallen, gekennzeichnet war.

In diesem Beispiel der doppelten Identifizierung schien also Anthony mit seiner Hand identifiziert zu sein und sein Gesicht mit dem Objekt, das von einem Rivalen bewohnt war. Man könnte sich natürlich auch umgekehrt denken, dass er sich manchmal mit der Haut identifizierte, die von der Hand angegriffen wird. Dies scheint mir wie die physische Inszenierung auf der eigenen Gesichtshaut von dem wechselseitigen Kannibalismus zwischen den Generationen, die vor vielen Jahren so oft in seinem Spiel erschienen war.

7. Zum Abschluss

In meinem Beitrag habe ich Vignetten aus der Behandlung autistischer Kinder angeführt, um verschiedene Arten körperlicher Identifizierungen mit Elternfiguren zu illustrieren. Ich habe vorgeschlagen, dass die Möglichkeit, so wie in Haags Entwicklungsmodell den psychologischen Besitz des eigenen Körpers zu ergreifen oder auch Winnicotts »indwelling« zu erlangen, davon abhängt, dass das autistische Niveau des Ödipuskomplexes das psychische Leben des Kindes nicht allzu sehr überschattet. Sonst kommt es zu oszillierenden oder doppelten Identifikationen. Das Kind mag versuchen, mit den körperlichen existentiellen Ängsten, die mit diesem autistischen Niveau verbunden sind, dadurch fertig zu werden, indem es behauptet, physisch ein Teil des kombinierten Elternpaares zu sein (so Anthony zwischen den Eltern). Es mag sich auch mit beschädigten Elternfiguren identifizieren (armes Auge/armes Ich) oder auf oszillierende Identifizierungen mit wechselnden Komponenten der primitiven ödipalen Konstellation zurückgreifen, was ein labiles Körperbild und Identitätsgefühl mit sich bringt (Pferd, Gras und Schatten). Schließlich können in der »doppelten Identifizierung« diese Objektbeziehungen am eigenen Körper inszeniert werden.

Solche Formulierungen sind allerdings nur spekulativ, sie illustrieren jedoch Schilders vorausschauende Formulierung, laut derer »die emotionale Einheit des Körpers von der Entwicklung voller Objektbeziehungen im Ödipuskomplex abhängt« (S. 172). Die Arbeit mit autistischen Kindern kann unser Verständnis des Körperbildes und seiner Entwicklung dadurch bereichern, was es von der Welt archaischer ödipaler Konstellationen und der Verwirrung zwischen Emotionalem und Physischem aufzuzeigen vermag.

8. Literatur

Barrows, K. (1999): Ghosts in the swamp: Some aspects of splitting and their relationship to parental losses. *Int. J. Psychoanal.,* 80, S. 549–561.

Bick, E. (1968): The experience of the skin in early object relations. *Int. J. Psychoanal.,* 49, S. 484–486.

Bick, E. (1986): Further considerations on the function of the skin in early object relations. *British Journal of Psychotherapy,* 2, S. 292–299.

Bion, W. R. (1962): *Learning from Experience.* London: Heinemann Medical.

Bion, W. R. (1970): *Attention and Interpretation.* London: Tavistock. Dtsch.: (2006): *Aufmerksamkeit und Deutung.* Frankfurt a. M.: edition diskord im Brandes & Apsel Verlag.

Britton, R. S. (1989): The missing link: Parental sexuality in the Oedipus complex. In: Steiner, J. (Hrsg.): *The Oedipus Complex Today,* London: Karnac.

Britton, R. S. (1998): Subjectivity, objectivity and triangular space. In: *Belief and Imagination,* London: Routledge.

Freud, S. (1909b): Analysis of a phobia in a five-year-old boy. S. E. 10.

Freud, S. (1909d): Notes upon a case of obsessional neurosis. S. E. 10.

Freud, S. (1917): Mourning and melancholia. S. E. 14.

Gerland, G. (1996): *A Real Person: Life on the Outside.* Trans. J. Tate. London: Souvenir Press, 1997.

Gomberoff, M. J., Noemi, C. C. & Pualuan de Gomberoff, L. (1990): The autistic object: Its relationship with narcissism in the transference and countertransference of neurotic and borderline patients. *Int. J. Psychoanal.,* 71, S. 249–259.

Grotstein, J. S. (1983): A proposed revision of the psychoanalytic concept of primitive mental states. Part II: The borderline syndrome Section 1. Disorders of autistic safety and symbiotic relatedness. *Contemporary Psychoanalysis,* 19: S. 570–604.

Haag, G. (1985): La mère et le bébé dans les deux moieti és du corps. *Neuropsychiatrie de l'Enfance,* 33, S. 107–114.

Haag, G. (1991): Nature de quelques identifications dans l'image du corps (hypotheses). *Journal de la PSychanalyse de l'Enfant,* 4, S.73–92.

Houzel, D. (2015): Precipitation anxiety in the analysis of adult patients. In: J. L. Mitrani & T. Mitrani (Hrsg.): *Frances Tustin Today.* London: Routledge.

Klein, M. (1932): *The Psycho-Analysis of Children.* In: *The Writings of Melanie Klein. Vol. 2.* London: Hogarth, 1975.

Klein, M. (1945): The Oedipus complex in the light of early anxieties. In *The Writings of Melanie Klein. Vol. 1.* London: Hogarth.

Klein, S. (1980): Autistic phenomena in neurotic patients. *Int. J. Psychoanal.,* 61, S. 395–402.

Klein, S. (2004): Barriers to analysis: Autism, omnipotence and narcissism. Unveröffentlichter Artikel.

Lechevalier, B. (2003): Autistic enclaves and somatization. *The Israel Psychoanalytic Journal,* 1, S. 403 – 34.

Lemma, A. (2015): *Minding the Body: The Body in Psychoanalysis and Beyond.* London: Routledge. Dtsch: Frankfurt a. M.: Brandes & Apsel, 2017 in Vorbereitung.

Meltzer, D. (1967): *The Psychoanalytic Process.* London: Heinemann Medical.

Meltzer, D. (1974): Adhesive identification. In: A. Hahn (Hrsg.) *Sincerity and Other Works*. London: Karnac, 1994.

Meltzer, D. (1986): Concerning the perception of one's own attributes and its relation to language development. In: *Studies in Extended Metapsychology*. Strath Tay: Clunie Press. Dtsch.: (2009): *Studien zur erweiterten Metapsychologie*. Frankfurt a. M.: edition diskord im Brandes & Apsel Verlag.

Meltzer, D. et al. (1975): The psychology of autistic states and of post-autistic mentality. In: D. Meltzer, J. Bremner, S. Hoxter, D. Weddell & I. Wittenberg: *Explorations in Autism*. Strath Tay: Clunie Press. Dtsch.: (2011): *Autismus*. Frankfurt a. M.: edition diskord im Brandes & Apsel Verlag.

Mitrani, J. (2001): *Ordinary People and Extraordinary Protections*. London: Routledge.

Nissen, B. (2014): Autistoide Organisationen. *Jahrbuch der Psychoanalyse*, 68, S. 71–88.

O'Shaughnessy, E. (1989): The invisible Oedipus complex. In: J. Steiner (Hrsg.): *The Oedipus Complex Today*. London: Karnac.

Ogden, T. (1989): The autistic-contiguous position. In: *The Primitive Edge of Experience*. Northvale: Jason Aronson.

Rey, H. (1979): Schizoid phenomena in the borderline. In: J. LeBoit & A. Capponi (Hrsg.): *Advances in the Psychotherapy of the Borderline Patient*. New York: Jason Aronson. Reprinted in E. Bott Spillius (Hrsg.): *Melanie Klein Today. Vol. 1. Mainly Theory,* London: Routledge, 1988.

Rey, H. (1994): Anorexia nervosa. In: J. Magagna (Hrsg.) *Universals of Psychoanalysis in the Treatment of Psychotic and Borderline States (The Collected Papers of Henri Rey)*. London: Free Association Books.

Rhode, M. (2004a): Introduction. In: M. Rhode & T. Klauber (Hrsg.): *The Many Faces of Asperger's Syndrome*. London: Karnac.

Rhode, M. (2004b): Sensory aspects of language development in relation to primitive anxieties. *International Journal of Infant Observation*, 6, S. 12–32.

Rhode, M. (2005): Hundert Jahre kleiner Hans: Primitive Erscheinungsformen des Ödipuskomplexes. *Analytische Kinder- und Jugendlichentherapie*, 125, S. 75–90.

Rhode, M. (2011): The »autistic« level of the Oedipus complex. *Psychoanalytic Psychotherapy*, 25, S. 262–276.

Rhode, M. (2013): Learning to walk down the corridor: Body image, catastrophic anxieties and supportive internal figures. In: A. Varchevker & E. McGinley (Hrsg.): *Enduring Migration Throughout the Life Cycle*. London: Karnac.

Rosenfeld, D. (1984): Hypochondrias, somatic delusion and body scheme in psychoanalytic practice. *Int. J. Psychanal.*, 65, S. 377–388.

Rosenfeld, D. (1992): *The Psychotic: Aspects of the Personality.* London: Karnac.

Rosenfeld, D. (2014): *The Body Speaks: Body Image, Delusions and Hypochondria.* London: Karnac.

Schilder, P. (1935): *The Image and Appearance of the Human Body.* Reprinted, London: Routledge, 1999.

Tustin, F. (1972a): Psychotic depression. In: *Autism and Childhood Psychosis.* London: Hogarth.

Tustin, F. (1972b): *Autism and Childhood Psychosis.* London: Hogarth.

Tustin, F. (1978): Psychotic elements in the neurotic disorders of children. *Journal of Child Psychotherapy*, 4, S 5–17.

Tustin, F. (1980): Psychological birth and psychological catastrophe. In: *Autistic States in Children.* London: Routledge. Second revised edition, 1992.

Tustin, F. (1981): *Autistic States in Children.* London, Routledge. Second revised edition, 1992.

Tustin, F. (1986): Spilling and dissolving. In: *Autistic Barriers in Neurotic Patients.* London: Karnac. Dtsch.: (2005): *Autistische Barrieren bei Neurotikern.* Frankfurt a. M.: edition diskord im Brandes & Apsel Verlag.

Tustin, F. (1994): Autistic children who are assessed as not brain-damaged. *Journal of Child Psychotherapy*, 20, S. 103–131.

Winnicott, D. W. (1949a): Birth memories, birth trauma and anxiety. In: *Through Paediatrics to Psycho-Analysis.* London: Hogarth Press, 1958.

Winnicott, D. W. (1949b): Mind and its relation to the psyche-soma. In: *Through Paediatrics to Psycho-Analysis.* London: Hogarth Press, 1958.

Winnicott, D. W. (1963): The mentally ill in your caseload. In: *The Maturational Process and the Facilitating Environment.* London: Hogarth, 1965.

Winnicott, D. W. (1967): The mirror role of mother and family in child development. In: *Playing and Reality.* London: Tavistock, 1971.

Winnicott, D. W. (1988): *Babies and their Mothers.* Wokingham: Addison Wesley.

DIE AUTORINNEN UND AUTOREN

Elisabeth Brainin, Dr. med., lebt und arbeitet in Wien. Sie ist Psychiaterin, Psychoanalytikerin, Kinderanalytikerin, arbeitet in privater Praxis, ist Lehranalytikerin WPV/IPA. Bis 2002 war sie ärztliche Leiterin der Child Guidance Clinic in Wien. Publikationen zur Kinderanalyse, Trauma, Antisemitismus, Geschichte der Psychoanalyse, Folgen von Verfolgung. Sie ist im Herausgeberbeirat der Zeitschrift *Kinderanalyse* und ist Mitglied der SEPEA.

Susanne Hauser; Dr. phil., Dipl.-Psych., Psychoanalytikerin für Kinder, Jugendliche und Erwachsene; niedergelassen in eigener Praxis in München; Leiterin der Babyambulanz MAP; Dozentin, Supervisorin und Lehranalytikerin (MAP, DGPT, VAKJP).

Agathe Israel, Dr. med., Fachärztin für Psychotherapeutische Medizin, Psychiatrie, Kinder-und Jugendpsychiatrie, Psychoanalytikerin für Erwachsene, Kinder- und Jugendliche (VAKJP), Lehranalytikerin DGPT, Supervisorin, Dozentin am Institut für analytische KJPth-Esther Bick-Berlin. Bis 1999 Praxis und Leitungstätigkeit in der stationären Kinder- und Jugendpsychiatrie, seitdem niedergelassene Psychotherapeutin, Arbeitsschwerpunkte analytische Säuglings-Kleinkind-Eltern-Psychotherapie (SKEPT) und Erforschung des frühen psychischen Erlebens von Frühgeborenen, Säuglingen, Kleinkindern.

Sabine S. Klemz, Diplom-Sozialpädagogin (FH); Analytische Kinder- und Jugendlichenpsychotherapeutin (MAP, VAKJP); niedergelassen in eigener Praxis in München; Mitglied im Behandlernetzwerk München für Transsexualität, Transidentität, Geschlechtsidentitätsstörungen, Geschlechtsdysphorie und Geschlechtskongruen.

Maria Rhode; Prof. em. der Kinder- und Jugendlichenpsychotherapie an der Tavistock Klinik und der University of East London, Mitglied der Association of Child Psychotherapists und Honorary Associate der British Psychoanalytical Society. Sie ist Mitherausgeberin von drei Büchern zum Thema Autismus und Psychose im Kindesalter und arbeitet zur Zeit an einem Projekt zur Frühbehandlung von Kleinkindern mit hohem Risiko einer Autismusdiagnose.

Catharina Salamander, Analytische Kinder- und Jugendlichenpsychotherapeutin; Dozentin, Supervisorin für Kinder und Jugendlichenpsychotherapie (MAP/VAKJP); niedergelassen in eigener Praxis in München; Teamtherapeutin in der Babyambulanz und der Kinder- und Jugendlichenambulanz der MAP.

Katarzyna Schier, Prof. Dr. hab., Dipl.-Psych., Psychoanalytikerin (IPA), Lehranalytikerin der Polnischen Psychoanalytischen Vereinigung (PTP), Kinderanalytikerin der IPA und Analytische Kinder- und Jugendlichenpsychotherapeutin. Professorin an der Fakultät für Psychologie (Universität Warschau). Forschungsschwerpunkte: Mechanismen in der psychoanalytischen Psychotherapie von Kindern und Jugendlichen, Psychosomatik, die Entwicklung und Störungen des Körperbildes, versteckte Formen des Missbrauchs. Zahlreiche Veröffentlichungen, u. a. mehrere Bücher.

Viktoria Schmid-Arnold, Dr. med., Frauenärztin, Fachärztin für psychosomatische Medizin; Psychoanalytikerin (MAP/DGPT); niedergelassen in eigener Praxis in Gräfelfing bei München; Teamtherapeutin in der Babyambulanz der MAP; Dozentin, Supervisorin und Lehranalytikerin der BLÄK.

Christian Schubert, Univ.-Prof. Dr. med. Dr. rer. nat., Arzt, Psychologe, Psychotherapeut. Leiter des Labors für Psychoneuroimmunologie an der Klinik für Medizinische Psychologie der Medizinischen Universität Innsbruck. Leiter der Arbeitsgruppe »Psychoneuroimmunologie« des Deutschen Kollegiums für Psychosomatische Medizin (DKPM). Vorstandsmitglied der Thure von Uexküll-Akademie für Integrierte Medizin (AIM).

Magdalena Singer, geb. 1987, Studium der Psychologie in Wien, Sydney und San Sebastian. Universitätsassistentin an der Universitätsklinik für Medizinische Psychologie der Medizinischen Universität Innsbruck. Klinische- und Gesundheitspsychologin. Klinische Tätigkeit: Konsiliar- und Liaisondienst an der Universitätsklinik für Innere Medizin IV. Forschungsschwerpunkte: Psychoneuroimmunologie und Schlaf sowie Psychoneuroimmunologie und Trauma.

Angelika Staehle, Dipl.-Psych., Psychoanalytikerin für Kinder, Jugendliche und Erwachsene, Lehranalytikerin und Supervisorin (DPV/IPV), Gruppenlehranalytikerin. Niedergelassen in eigener Praxis. Von 2004–2010 Leiterin des zentralen Ausbildungsausschusses und Mitglied des geschäftsführenden Vorstandes der DPV. Zahlreiche Veröffentlichungen zur psychoanalytischen Behandlungstechnik von Kindern, Jugendlichen und Erwachsenen, zu Träumen, Trauer, autistischen Phänomenen, Symbolisierungsstörungen und Gruppenanalyse.

Brandes & Apsel

Ann Horne / Monica Lanyado (Hrsg.)

Übergangsobjekt und Möglichkeitsraum

Die Kreativität Winnicott'schen Denkens für die klinische Praxis

Brandes & Apsel

Ann Horne / Monica Lanyado (Hrsg.)

Übergangsobjekt und Möglichkeitsraum

Die Kreativität Winnicott'schen Denkens für die klinische Praxis

Jahrbuch der Kinder- und Jugendlichen-Psychoanalyse, Bd. 5

308 S., Pb., € 34,90
ISBN 978-3-95558-178-7

»Ein sehr anregendes und wundervoll geschriebenes Buch.«
(Juliet Hopkins, Kinderanalytikerin, Tavistock Clinic, London)

»Dieses einzigartige Buch versammelt klinische Erfahrungen in unterschiedlichen Settings.«
(Prof. Gunnar Carlberg, Universität Stockholm)

»Ein exzellentes und absolut zeitgemäßes Buch.«
(Judith Edwards, Journal of Child Psychotherapy)

Wie hat das Winnicott'sche Werk die psychoanalytische Theorie, unser Verständnis von Kindern und deren Entwicklung gefördert und unsere Arbeitsweise beeinflusst?

Zu Beginn erfolgt eine Verortung Winnicotts in seiner Zeit und eine Beschreibung der Entwicklung seines Denkens und Werkes.

Der Schwerpunkt liegt auf den frühen Erfahrungen des Kindes und den Konsequenzen für seine Entwicklung, darüber hinaus auf der Art und Weise, wie wir als hinreichend gute Mütter oder hinreichend gute Therapeuten mit Kindern in Beziehung treten.

Mit Beiträgen von Lucy Alexander, Jennifer Browner, Lesley Caldwell, Anita Colloms, Deirdre Dowling, Ann Horne, Angela Joyce, Julie Kitchener, Monica Lanyado, Rachel Melville-Thomas, Caryn Onions, Adam Phillips, Gail Phillips, Helen Taylor Robinson, Mani Vastardis

Unseren Flyer »Frische Bücher« erhalten Sie kostenlos:
Brandes & Apsel Verlag • Scheidswaldstr. 22 • 60385 Frankfurt am Main
info@brandes-apsel.de • www.brandes-apsel.de
Fordern Sie unseren Newsletter kostenlos an:
newsletter@brandes-apsel.de